HENRY
MOORE

MUSEUM BEELDEN AAN ZEE, DEN HAAG
WAANDERS UITGEVERS, ZWOLLE

HENRY MOORE

VORM EN MATERIAAL
FORM AND MATERIAL

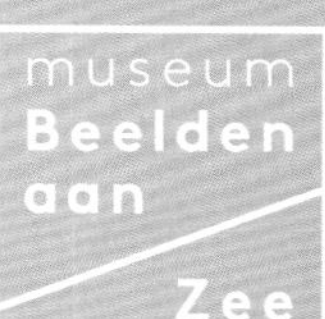

Content

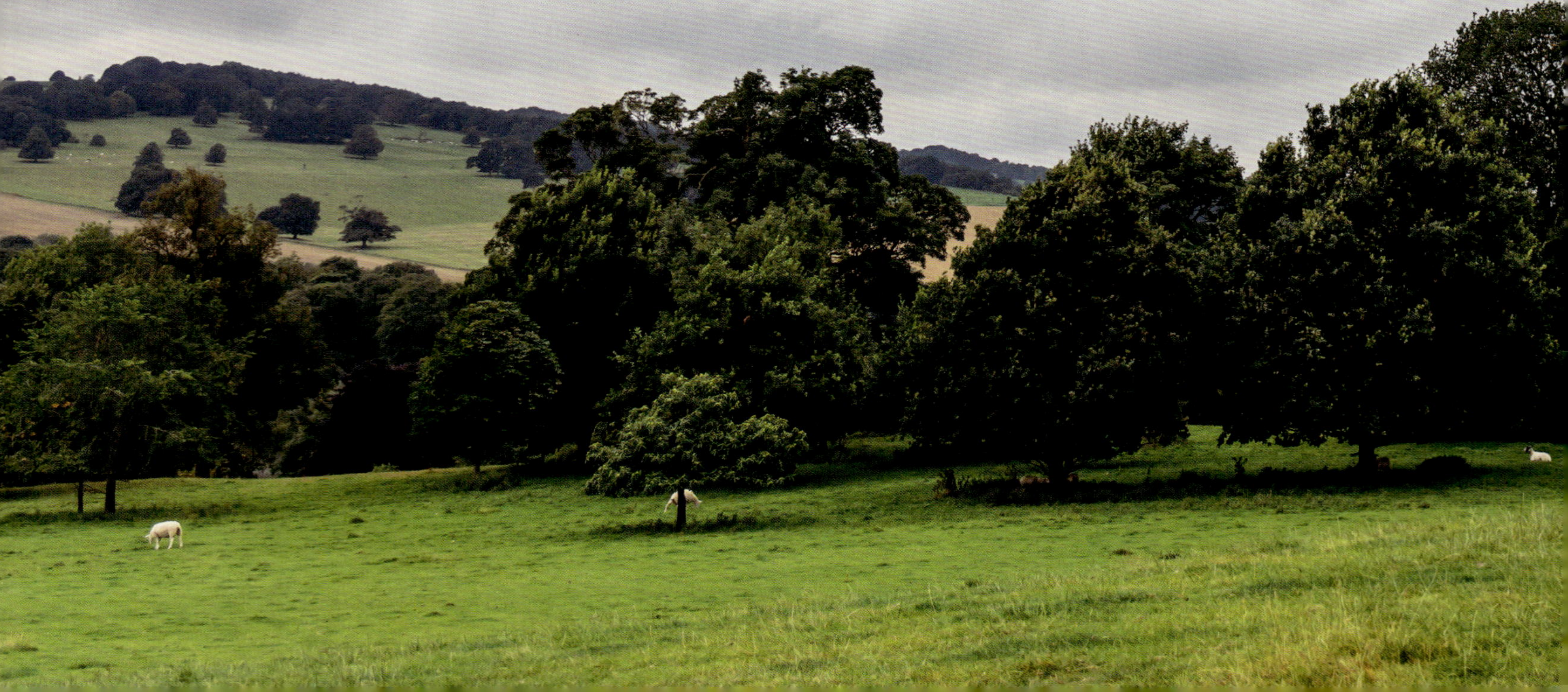

*Upright Motives No. 1 (Glenkiln Cross);
No 2; No 7*, brons / bronze,
Yorkshire Sculpture Park

Inhoud

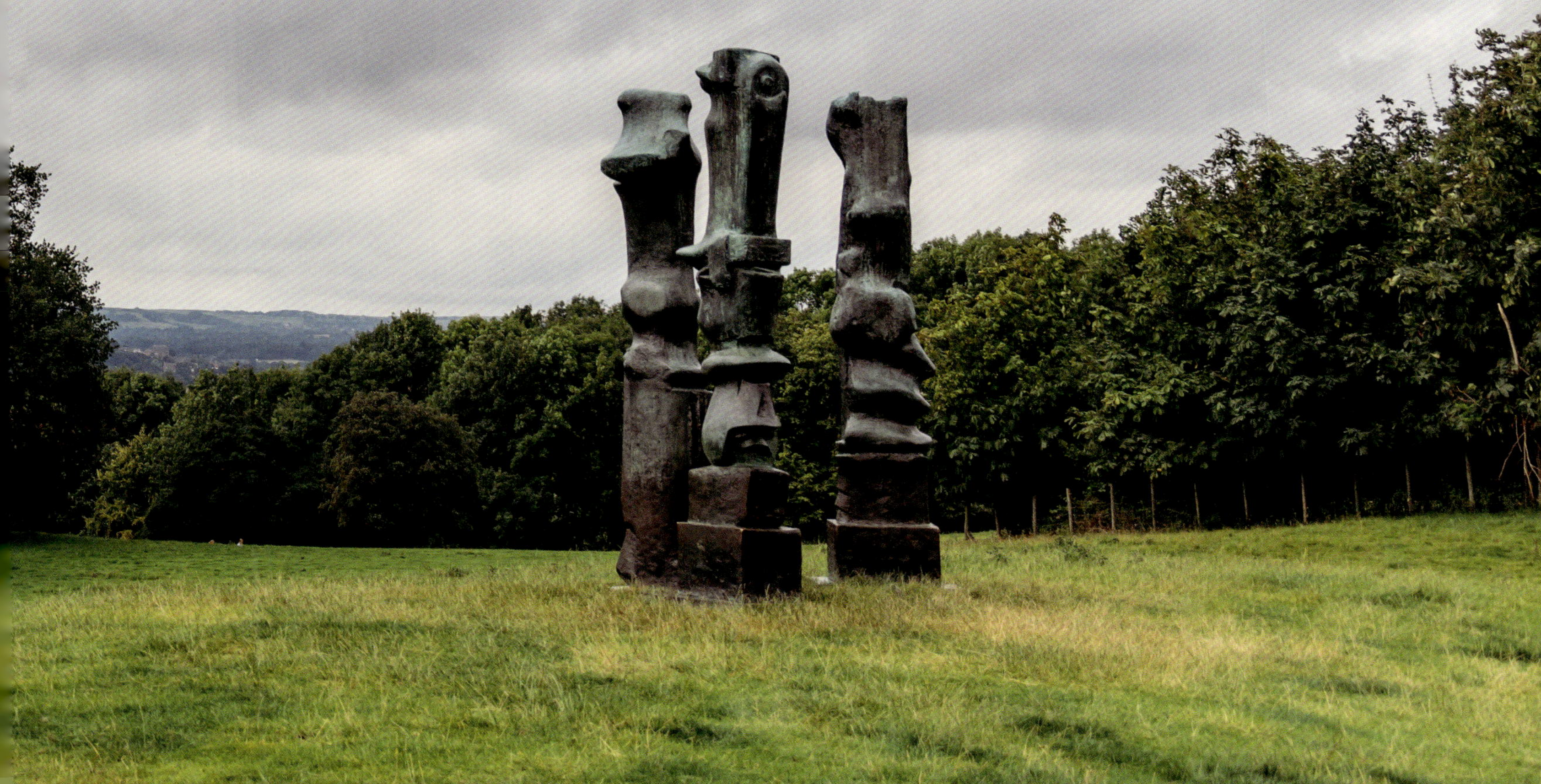

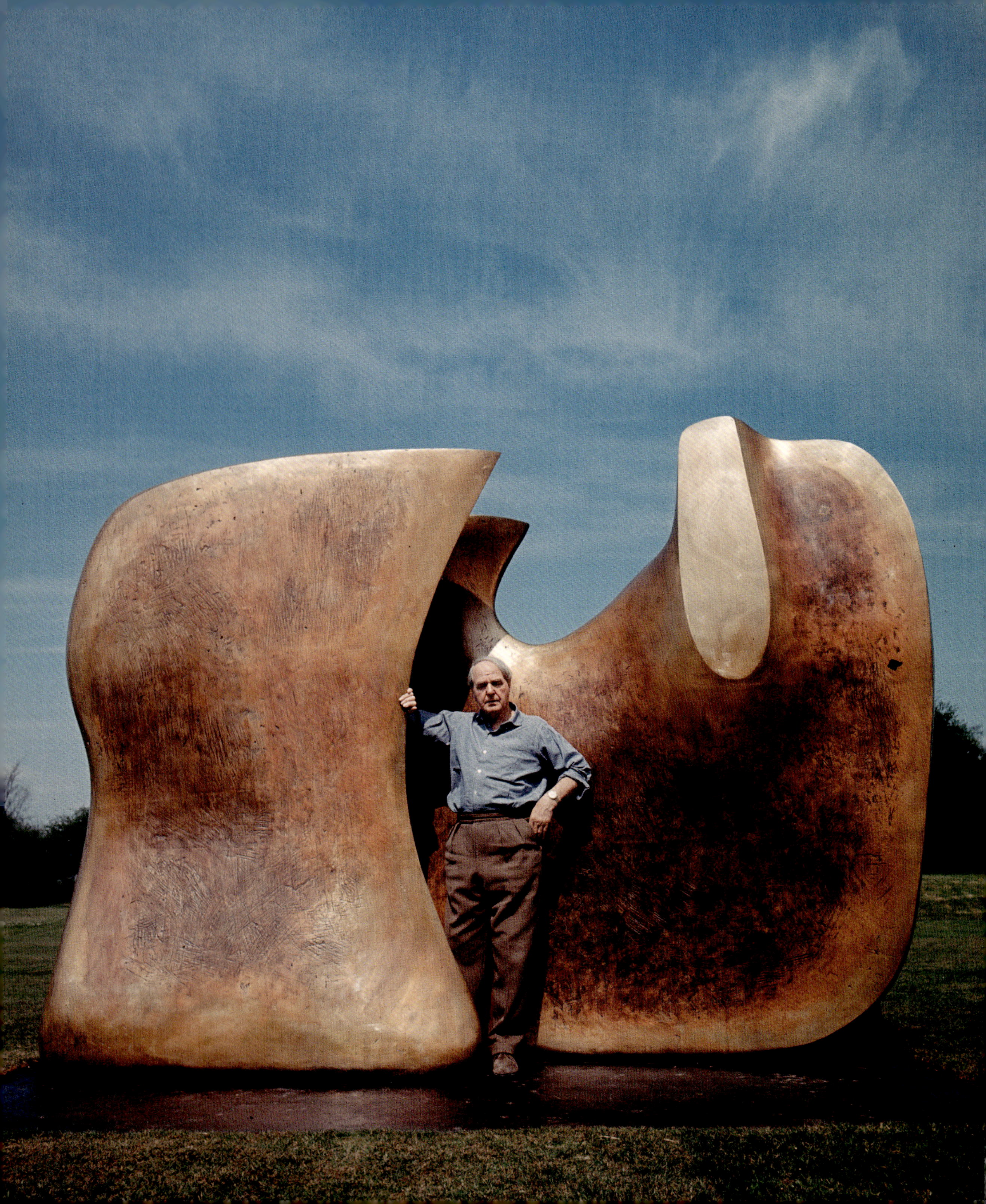

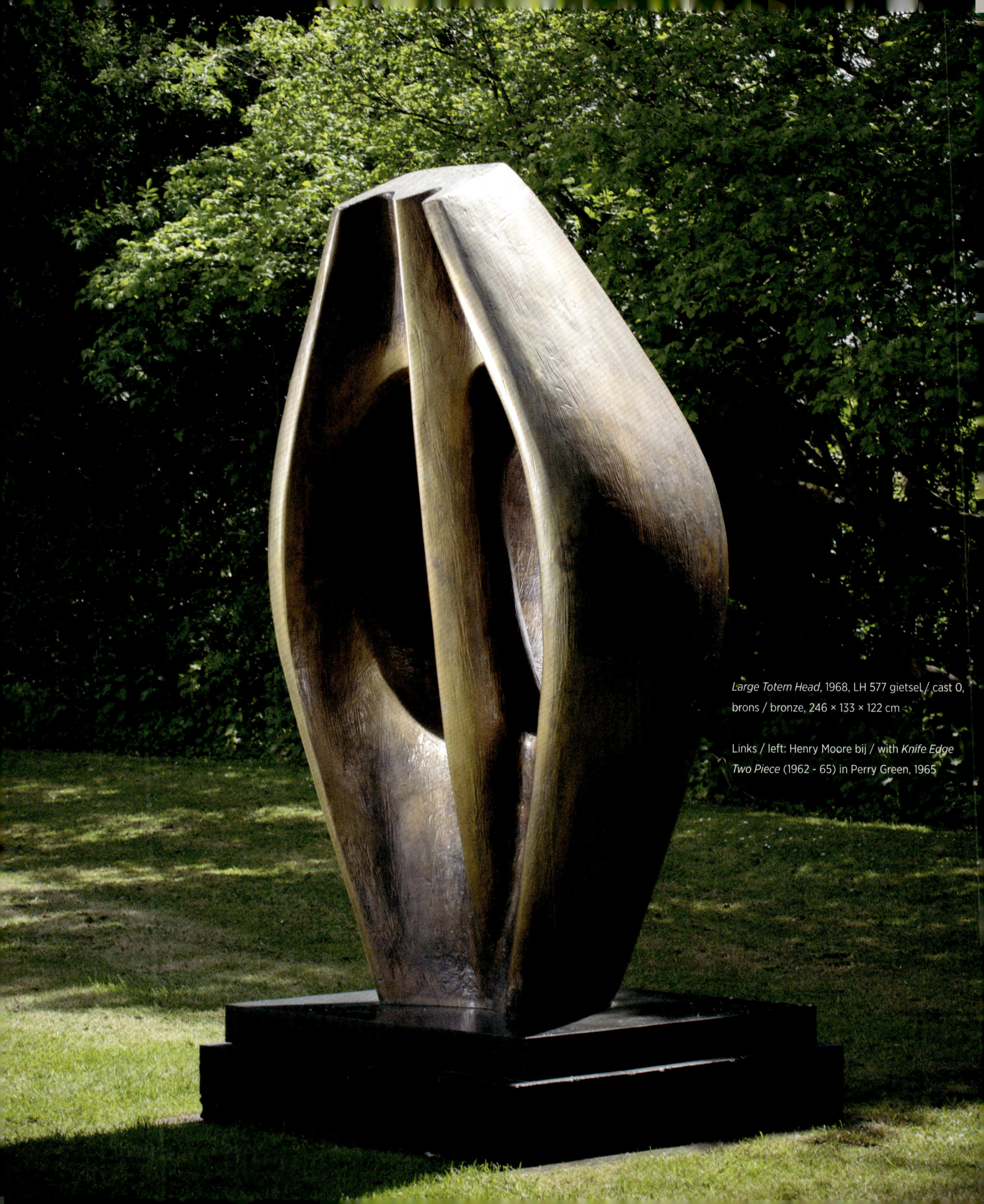

Large Totem Head, 1968, LH 577 gietsel / cast 0,
brons / bronze, 246 × 133 × 122 cm

Links / left: Henry Moore bij / with *Knife Edge
Two Piece* (1962 - 65) in Perry Green, 1965

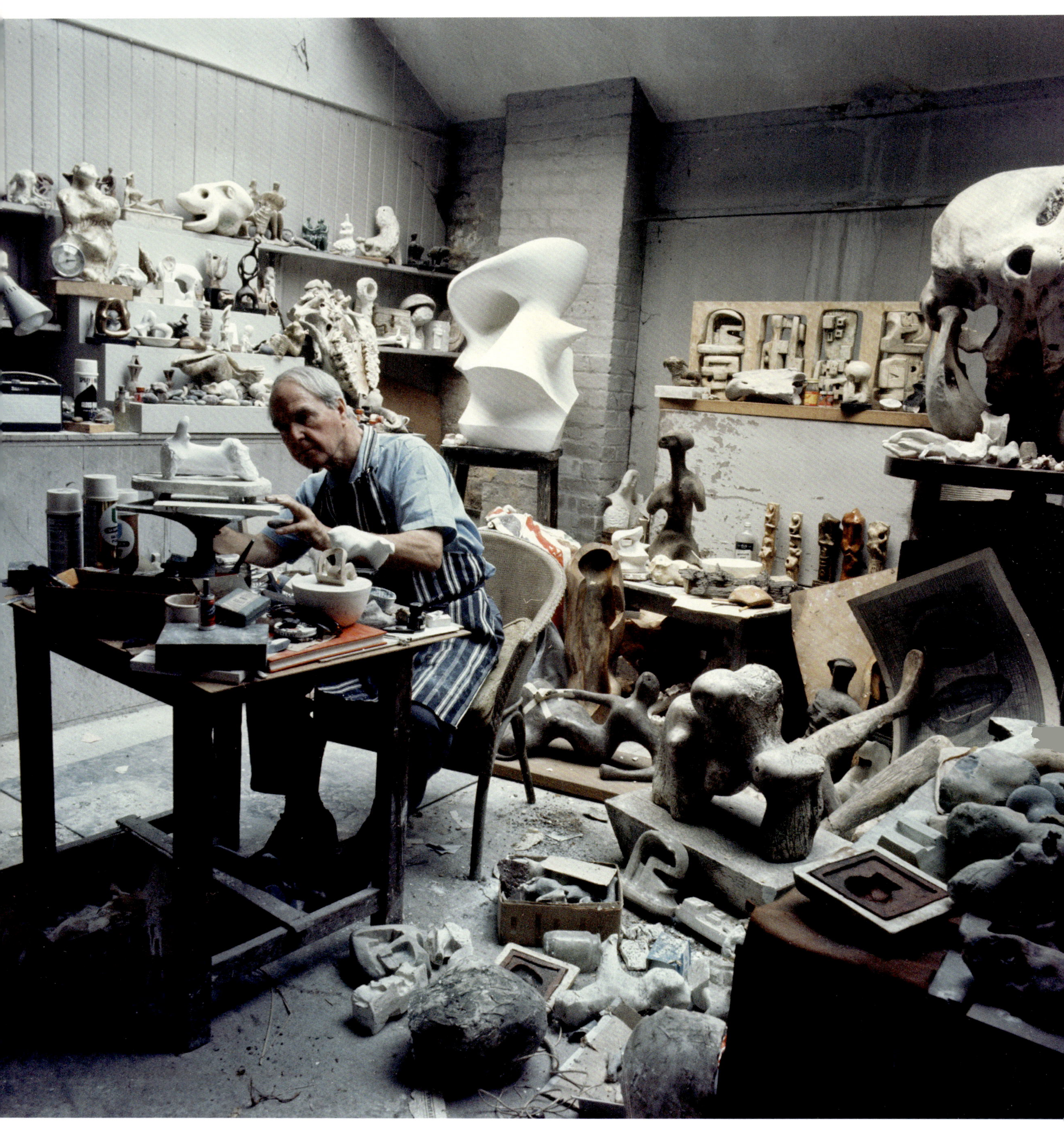

Voorwoord

Als opgroeiend meisje zag ik voor het eerst de sculpturen van Henry Moore (1898- 1986) in Tate Britain. Met name *Recumbent Figure* (1938) maakte grote indruk op mij. Ik vroeg me af hoe het mogelijk is om in een harde steensoort de zachte vormen van een vrouw vast te leggen, zo krachtig en sensueel? Om met Michelangelo te spreken; 'alsof het beeld al verborgen lag in de steen'. Zelf zei Henry Moore daarover: 'My sculpture has a force, is a strength, is a life, a vitality from inside it, so that you have a sense that the form is pressing from inside trying to burst.'

De sculpturen van Henry Moore wakkerden mijn liefde voor de beeldhouwkunst aan. Ik ben dan ook bijzonder trots dat museum Beelden aan Zee een groots overzicht van deze grootmeester van de moderne beeldhouwkunst presenteert. Aan de hand van een groot aantal objecten en sculpturen wordt het geheim van zijn beeldhouwkunst ontrafeld. Als bezoeker word je meegenomen in de ontwikkeling die Henry Moore doormaakte als zowel ambachtelijk als vernieuwend beeldhouwer.

Henry Moore: Vorm en Materiaal focust op de invloed van de natuur op zijn werk. Zijn unieke vormentaal ontleende hij grotendeels aan tijdens wandelingen gevonden voorwerpen zoals door weer, wind en water gepolijste stenen, botten en schelpen. Dergelijke objecten toonden hem niet alleen de belangrijkste principes van vorm en ritme, maar ook hoe de natuur zelf als beeldhouwer te werk gaat.

Moore's keuzes voor materialen en bewerking vormden de aanzet tot enkele van zijn meest iconische werken. Hannah Higham, Senior Curator of Collections & Research van de Henry Moore Foundation attendeert ons in haar artikel op het gebruik van Moore's belangrijkste en meest onderbelichte materiaal: 'Perhaps however, the material Moore uses to greatest effect throughout his career is space.'

De tentoonstelling kwam tot stand in nauwe samenwerking met de Henry Moore Foundation die in 1977 werd opgericht om zijn nalatenschap te beheren. Conservator moderne en hedendaagse beeldhouwkunst Joost Bergman en assistent- conservator Emanuela Varga, werden bij de samenstelling bijgestaan door Sebastiano Barassi, Head of Henry Moore Collections & Programmes. Ik dank hen, en ook projectleider Rolien van der Harten en ontwerper Bart van den Tooren voor hun geweldige inzet en kennis.

Ook wil ik graag de bruikleengevers: de Henry Moore Foundation en Museon Omniversum, het Lida Fonds, de Board of Trustees van museum Beelden aan Zee, de Vriendenloterij, Fonds 21, het Prins Bernhard Cultuurfonds, de Turing Foundation, het Mondriaanfonds, Van Lanschot Kempen en de Don Quixote Foundation, bedanken voor hun onmisbare bijdrage in de totstandkoming van dit unieke overzicht van Henry Moore in Nederland.

Henry Moore was van mening dat zijn beelden het beste konden worden getoond in het landschap. De natuur in deze tentoonstelling is, ook letterlijk, gelukkig nooit ver weg. Overal in het museum bent u immers omringd door het duinlandschap. Ik nodig u uit om na het bekijken van de tentoonstelling een wandeling te maken langs de zee. En ik beloof u, een schelp of kiezel zal, wanneer u met de ogen van Henry Moore kijkt, nooit meer hetzelfde zijn.

Brigitte Bloksma
Directeur Museum Beelden aan Zee

Henry Moore in zijn eerste maquette studio, 1966 / Henry Moore in his first maquette studio, 1966

Foreword

I first saw sculptures by Henry Moore (1898- 1986) as a young girl in Tate Britain. *Recumbent Figure* (1938) made a particularly powerful impression on me. I wondered how one could capture a woman's soft forms in hard stone so powerfully and sensually. To quote Michelangelo, 'the sculpture is already hidden in the stone'.. Henry Moore himself said 'My sculpture has a force, is a strength, is a life, a vitality from inside it, so that you have a sense that the form is pressing from inside trying to burst.'

Henry Moore's works kindled my love of sculpture, so I am very proud that Museum Beelden aan Zee is presenting a major retrospective by this grandmaster of modern sculpture. The secret of his work is laid bare through a host of objects and sculptures. As a visitor you are carried along through the evolution that Henry Moore himself underwent as both a traditional and an innovative sculptor.

Henry Moore: Form and Material focuses on nature's influence on his work. He developed much of his unique vocabulary through found objects that he came across on walks outdoors, such as stones, bones and shells polished by weather, wind and water. Objects of that kind demonstrated to him not only the most important principles of form and rhythm, but also how nature itself acts as a sculptor.

Moore's choices of materials and treatment were the basis for some of his most iconic works. Hannah Higham, Senior Curator of Collections & Research of the Henry Moore Foundation, focuses in her article on the use of Moore's main and most amorphous material: 'Perhaps however, the material Moore uses to greatest effect throughout his career is space.'

The exhibition was organised in close collaboration with the Henry Moore Foundation, which was created in 1977 to administer his estate. Curator of modern and contemporary sculpture Joost Bergman and assistant curator Emanuela Vargas were assisted in compiling this show by Sebastiano Barassi, Head of Henry Moore Collections & Programmes. I am grateful to them and to project leader Rolien van der Harten and designer Bart van den Tooren for their commitment and expertise.

I would also like to thank the lenders, the Henry Moore Foundation and Museon Omniversum, the Lida Fonds, the Board of Trustees of museum Beelden aan Zee, the Vriendenloterij, Fonds 21, the Prins Bernhard Cultuurfonds, the Turing Foundation, the Mondriaanfonds, Van Lanschot Kempen and the Don Quixote Foundation for their vital contribution to the realisation of this unique retrospective of Henry Moore in the Netherlands.

Henry Moore believed that the landscape is the best setting for his sculptures. Nature in this exhibition is fortunately never far away, literally too. For everywhere you go in this museum you are surrounded by the dune landscape. I invite you to go for a stroll along the seafront after visiting the exhibition. And I promise you that a shell or pebble will never again be the same when you look with Henry Moore's eyes.

Brigitte Bloksma
Director Museum Beelden aan Zee

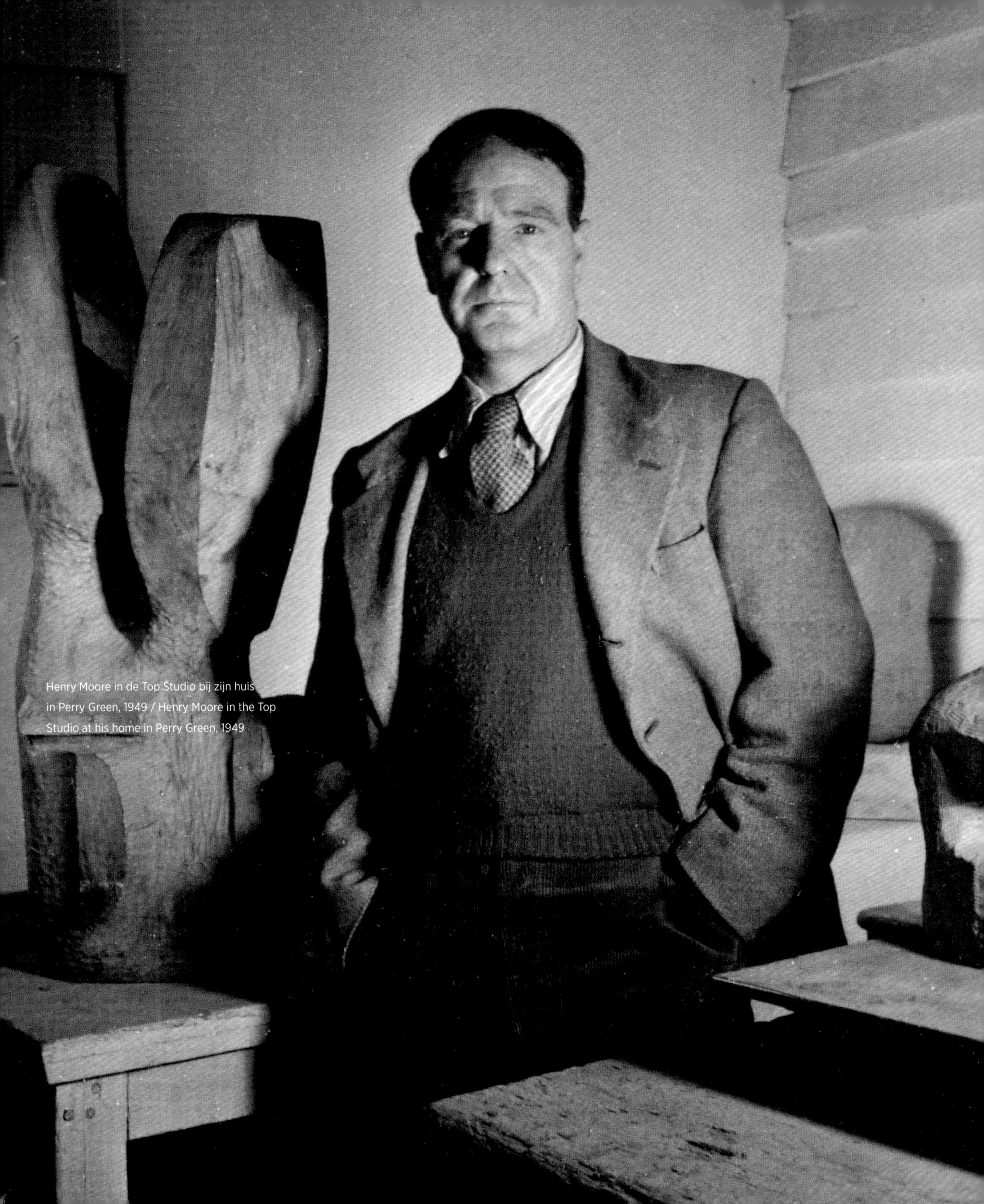

Henry Moore in de Top Studio bij zijn huis in Perry Green, 1949 / Henry Moore in the Top Studio at his home in Perry Green, 1949

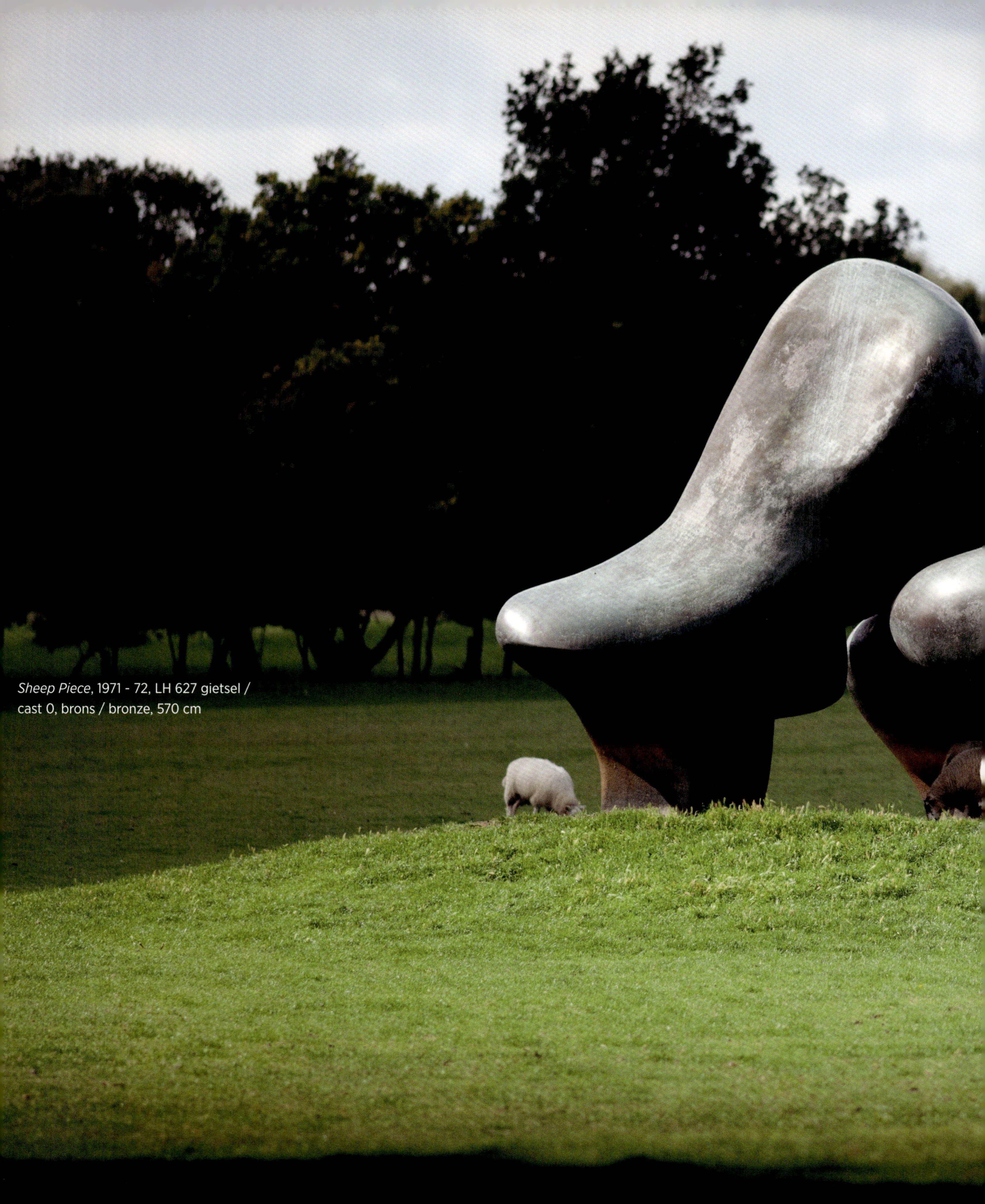

Sheep Piece, 1971 - 72, LH 627 gietsel /
cast 0, brons / bronze, 570 cm

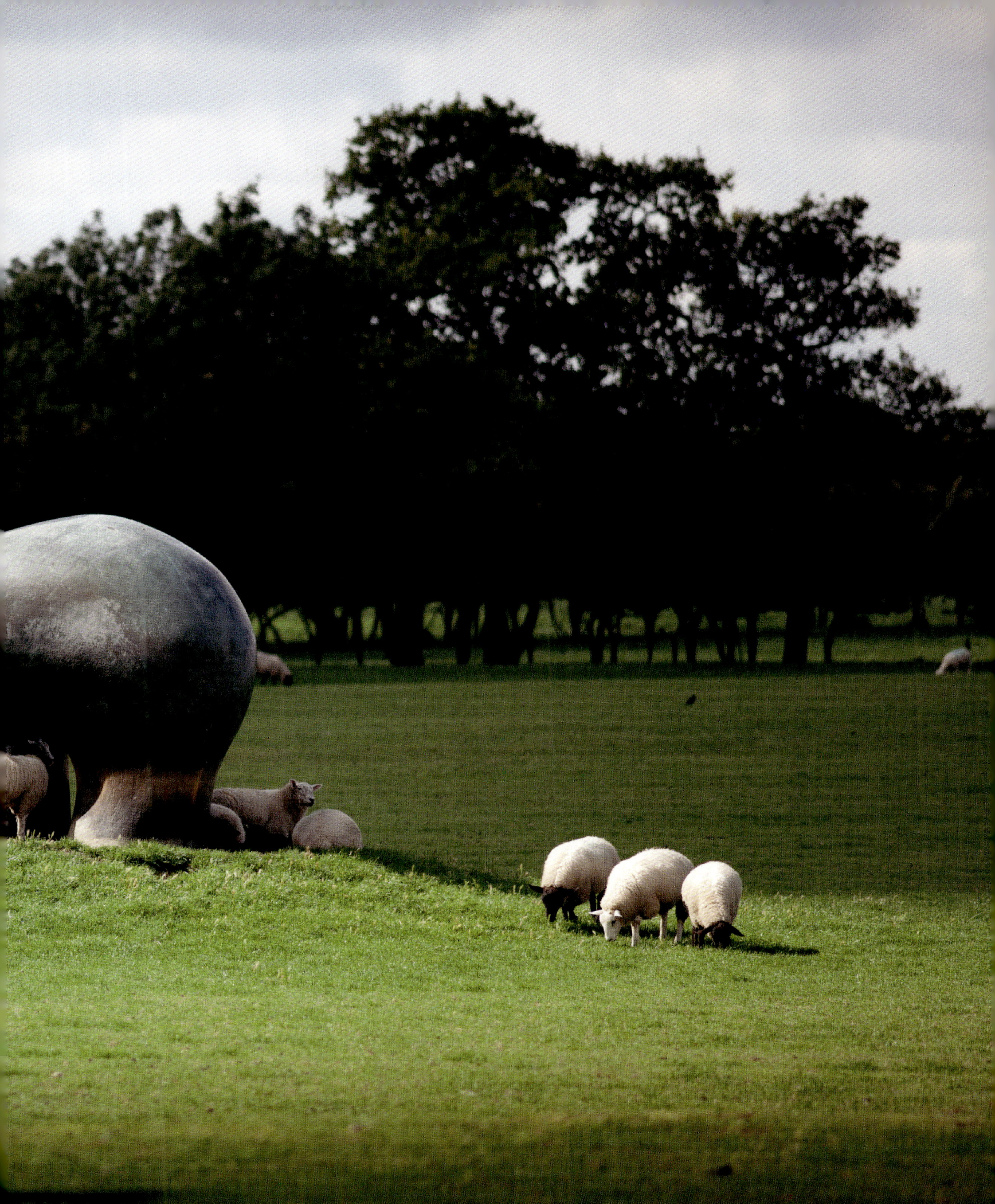

Traditie en vernieuwing: botsende tendenzen in het oeuvre van Henry Moore

Sebastiano Barassi

Tradition and Innovation: Creative Oppositions in the Sculpture of Henry Moore

In de dagen na zijn overlijden op 31 augustus 1986 werd Henry Moore wereldwijd herdacht als een van de grootste moderne kunstenaars. Van New York tot Tokyo, van Londen tot Melbourne besteedden kranten, tv- en radiozenders pagina's en uren zendtijd aan lofzangen op zijn werk en werd hij omschreven als een pionier op het gebied van modernistische vernieuwing en als de jongste – misschien wel de laatste – vertegenwoordiger van een duizenden jaren oude traditie in de beeldhouwkunst. Moore, die ondanks zijn wereldwijde roem altijd bescheiden was gebleven, zou er ongetwijfeld mee hebben ingestemd dat hij werd omschreven als representant van een sculpturale traditie die geworteld was in een ontwikkeling die van de Cycladische kunst, het Grieks-Romeins classicisme en de Middeleeuwen langs Michelangelo's late werk voerde tot aan de beelden van Auguste Rodin.

Zijn hele carrière heeft Moore enthousiast geëxperimenteerd en nieuwe wegen bewandeld. Zowel met zijn werk uit de jaren twintig en dertig, toen hij zich nog strikt beperkte tot het direct werken in steen en hout en hij zijn materiaal nog met meer respect behandelde, als in zijn naoorlogse jaren, toen hij begon te werken met in de natuur gevonden objecten en nieuwe materialen als polystyreen begon te gebruiken – altijd verkende hij de grenzen van de traditie. Toch bleef zijn beeldtaal vast verankerd in de figuratieve traditie, in die van de menselijke gestalte, die de beeldhouwkunst sinds de oudheid had bepaald. Moore heeft altijd volgehouden dat zijn werk niet puur abstract was – iets wat in zijn tijd algemeen werd beschouwd als de essentie van moderne kunst. Zelfs vroeg in zijn carrière, toen Moore nog een overtuigd aanhanger was van avant-garde bewegingen als het Constructivisme en het Surrealisme en hij geloofde dat 'abstracte vormgevingsprincipes essentieel zijn voor de waarde van een werk', voegde hij daaraan toe dat 'het psychologische, menselijke aspect' van even groot belang was. Als abstracte en menselijke vormen samensmelten in een werk, geeft dat een diepere betekenis.'[1] Jaren later zei hij: 'Als ik beweer dat ik abstract werk, bedoel ik dat ik de natuur bestudeer zonder haar te kopiëren en dat ik recht probeer te doen aan de eigenschappen van het materiaal waarmee ik werk, maar ook aan het idee dat ik daaruit probeer te bevrijden.'[2] Die laatste uitspraak, gepubliceerd in het jaar van zijn overlijden, verwoordt enkele van Moores belangrijkste creatieve opvattingen en verwijst naar de natuur als de bron van zijn levenslange inspiratie, maar ook naar het diepe respect dat hij koesterde voor de materialen waarmee hij werkte. Niet toevallig klinken in die laatste woorden de ideeën van Michelangelo door,

In the days that followed his death on 31 August 1986, Henry Moore was mourned across the world as one of the greats of modern art. From New York to Tokyo, from London to Melbourne, newspapers, television and radio stations devoted countless pages and hours of broadcasting to the celebration of his achievements, describing him as both a pioneer of modernist innovation and the most recent – or even the last – representative of a millenary tradition of sculpture. Moore, who remained quite unassuming despite his global fame, would nevertheless almost certainly have approved of this portrayal of himself as the standard-bearer of a modern, original sculptural language that had its roots in an artistic trajectory that spanned Cycladic art, Greco-Roman classicism, medieval statuary, Michelangelo's late sculpture and Auguste Rodin.

Throughout his career Moore had shown a penchant for experimentation and breaking new ground. From his steadfast commitment to the principles of direct carving and truth to materials in the 1920s and 1930s, to his post-war adoption of sculptural processes based on the use of natural objects and innovative materials such as polystyrene, he was always eager to push the boundaries of sculptural practice. Yet his visual references remained fundamentally connected with a figurative tradition centred around the human form and which harked back to the very origins of sculpture. Tellingly, Moore consistently argued that his art should not be labelled as purely abstract – a quality which at the time was widely regarded as a quintessential attribute of modernity. Even quite early in his career, when he was a committed proponent of avant-garde principles inspired by movements such as constructivism and surrealism, he believed that 'abstract qualities of design are essential to the value of a work' but that 'of equal importance is the psychological, human element. If both abstract and human elements are welded together in a work, it must have a fuller, deeper meaning.'[1] Years later he elaborated: 'When I say that I am being abstract, I mean that I am trying to consider but not simply copy nature, and that I am taking account of both the properties of the material I am using and the idea that I wish to

die beeldhouwen beschouwde als een vorm van weglaten en het tevoorschijn halen van de al in de steen sluimerende vorm – duidelijker had Moore zijn eigen opvattingen en ideeën over zijn voorgangers en de traditie niet kunnen formuleren.

Zelf onderscheidde Moore drie favoriete thema's in zijn werk: 'de liggende gestalte', 'moeder en kind' en 'innerlijke/ uiterlijke vormen'. Altijd vertrekkend vanuit het menselijke lichaam, boden die thema's hem onbegrensde mogelijkheden voor zijn beeldende verkenningen: de liggende gestalte door een oneindige variatie in poses, moeder en kind door de onbegrensde variatie in het combineren van grotere en kleinere volumes, het thema innerlijk/uiterlijk, dat zich aandiende na het bestuderen van antieke wapenrustingen, de bestudering van een harde schil, die zachtere, organische vormen beschermde – een idee dat ook voortsproot uit het thema moederschap. Rond die thema's maakte Moore ook beelden die directer werden geïnspireerd door dieren, bomen, schelpen, kiezelstenen en totem-achtige composities (afb. p. 38, p. 17, p. 18), evenals beduidend minder figuratieve werken, zoals *Three Way Piece No. 1: Points* (afb. p. 20). Die werken ontstonden grotendeels vanuit wat Moore zijn 'collectie van natuurlijke vormen' noemde, een verzameling van *naturalia* die hij in de loop der jaren bijeenbracht en in zijn huis en atelier uitstalde als een voortdurende bron van inspiratie.

Het gebruik van natuurlijke materialen en vormen om ideeën voor zijn beelden te ontwikkelen werd in de loop van Moore's carrière steeds duidelijker zichtbaar. Hij ontwikkelde een holistische visie, waarin zijn gehele oeuvre en al zijn verschillende benaderingswijzen samenvielen in een overkoepelend perspectief op het menselijk lichaam en de verbondenheid daarvan met de omringende natuur. Moore verloor zich nooit in een sociologische, sentimentele of spirituele benadering; zijn engagement betrof de expressie en articulatie van lichamen, de detaillering van handen, voeten en gezichten, de precieze plaatsing van een hoofd, om op die manier iets over te brengen van de harmonische resonanties tussen de micro- en de macrowereld, het individu en het universum, de mensheid en de aarde. Enkele van de meest aansprekende voorbeelden daarvan bestaan uit een reeks gefragmenteerde, liggende gestalten, die opgaan in de hen omringende ruimte, waardoor de lichamen zelf in een landschap lijken te veranderen. In *Two Piece Reclining Figure No. 2* (afb. p. 21) worden de beide helften door de beschouwer zelf samengevoegd tot één geheel, maar wie naar de delen afzonderlijk kijkt, meent rotsformaties

Egg Form: Pebbles, 1977, LH 718 gips / plaster,
8 × 11 × 9,5 cm

release from that material.'[2] This latter statement, published the year of his death, hints at some of Moore's dominant creative concerns, drawing our attention in particular to the centrality of the natural world as a source of inspiration and his careful consideration of the specific properties of materials. Revealingly, the final sentence echoes Michelangelo's idea of sculpture as a subtractive process aimed at releasing pre-existing forms from within the block of stone – a clear hint at Moore's own perception of his precedents and affinities in the history of art.

Moore identified his favourite subjects as three themes that recurred throughout his career: the reclining figure, the mother and child and the internal/external form. All revolving around the human body, at least as a starting point, they offered him virtually unlimited opportunities for sculptural exploration: the reclining figure through the variation of poses; the mother and child through the many possible combinations of a larger and a smaller form; and the internal/external theme, which began with the study of ancient armour, through the investigation of an outer, hard shell containing and protecting a softer organic form – an idea that was itself connected to that of motherhood. Alongside these core themes, Moore's repertoire also included forms directly inspired by animals, trees, seashells, pebbles and totem-like compositions (images p. 38, p. 17, p. 18), as well as less obviously figurative works, such as *Three Way Piece No.1: Points* (image p. 20). All of these were, to some degree, inspired by what Moore described as his 'library of natural forms', the collection of *naturalia* he gathered over many decades and which he kept at home and in his studios as a constant source of inspiration.

Indeed, the use of natural materials and forms to develop sculptural ideas became one of Moore's most recognisable stylistic traits. It was central to the creation of a holistic vision that spanned his entire career and unified different formal executions under an overarching humanist idea of the body and the natural world as wholly interconnected. Yet Moore was never

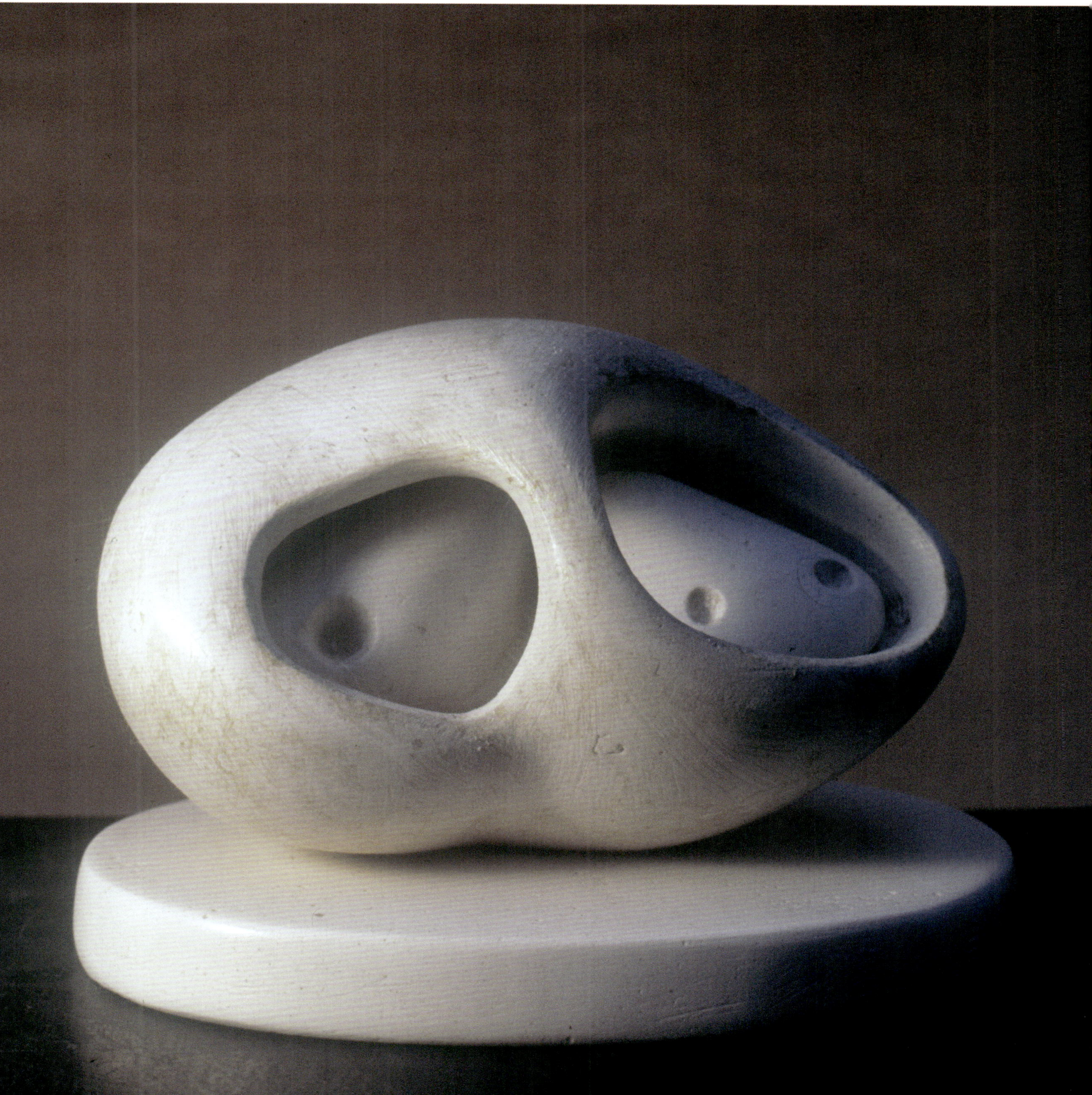

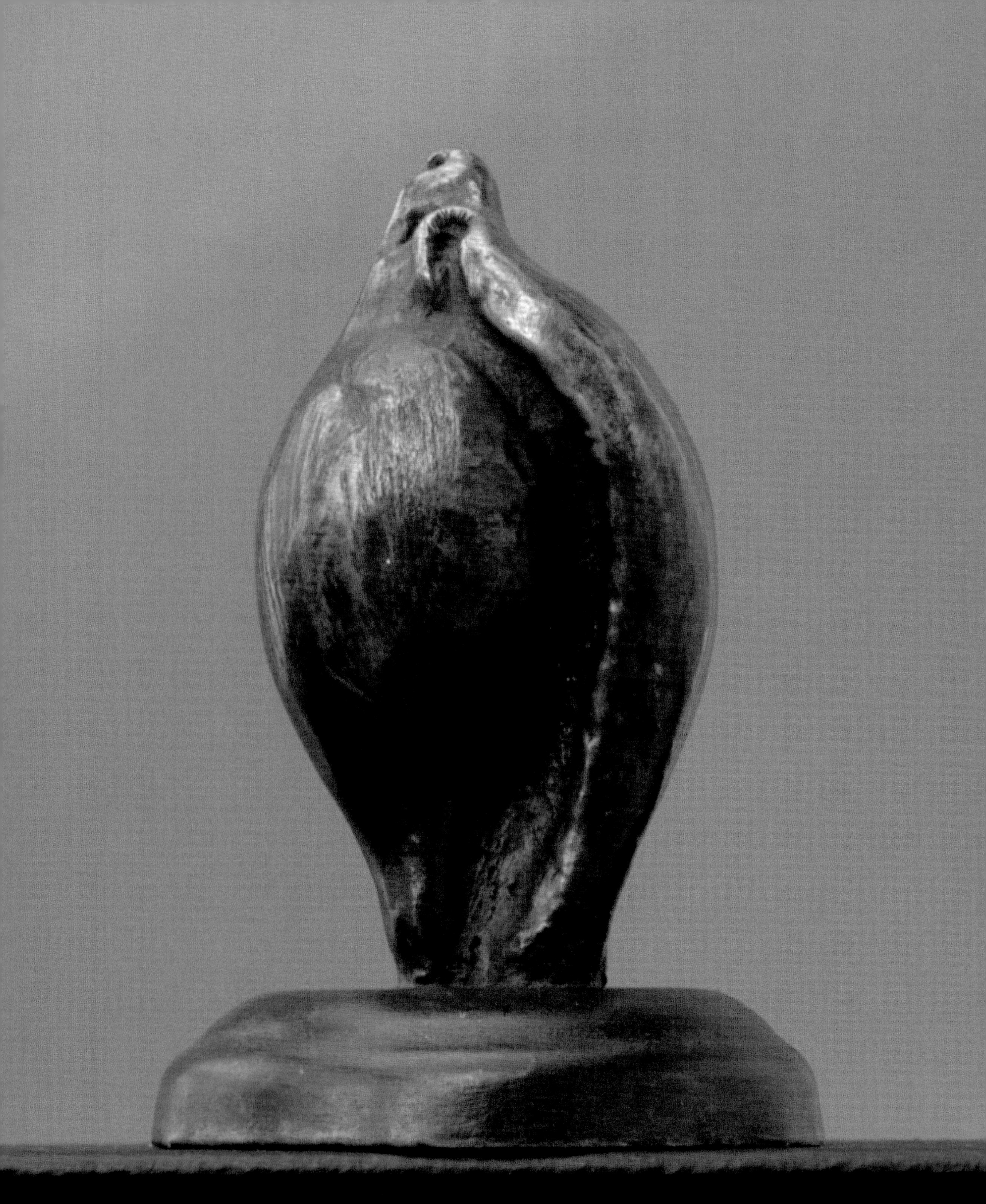

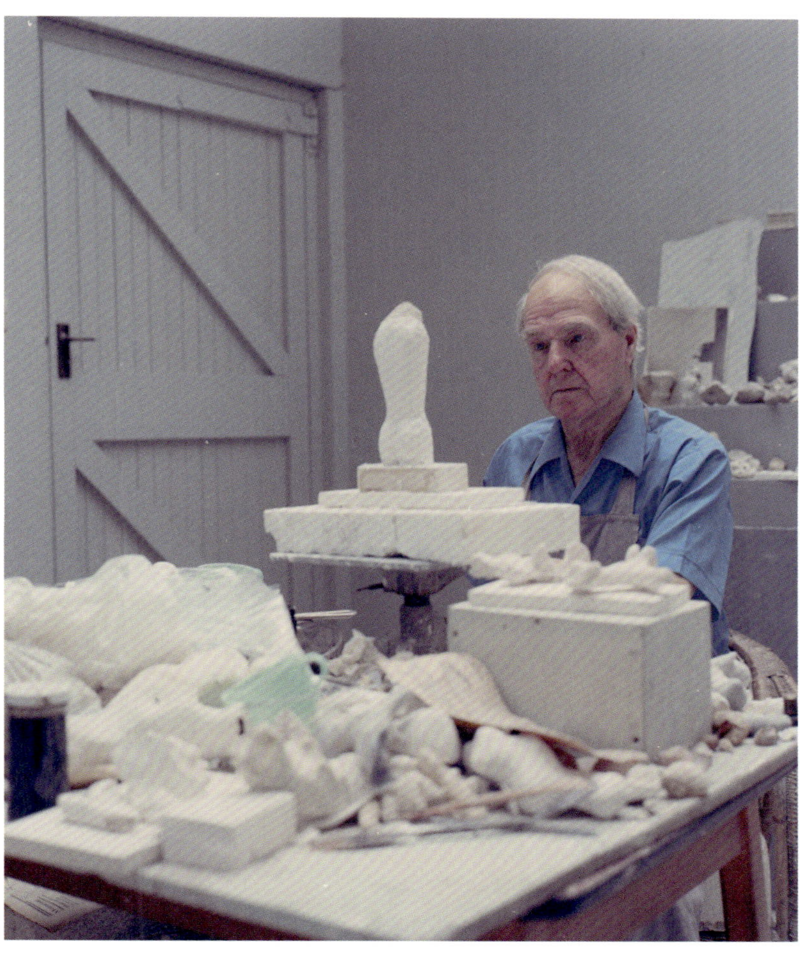

Links / left: *Small Shell Mother and Child*, 1980, LH 802 gietsel / cast 0, brons / bronze, 10,5 × 7 × 7 cm

Henry Moore in zijn maquette studio, Perry Green, 1983 / Henry Moore in his maquette studio, Perry Green, 1983

particularly interested in sociological or sentimental constructions and spiritual narratives. Instead, his interest lay in the articulation of the body and the detailing of hands, feet and face or the positioning of the head to convey a harmonic resonance between the micro and the macro, the individual and the universe, humanity and earth. Some of the most arresting examples of this are offered by the series of reclining figures which merge with the surrounding views through the fragmentation of the figure and the active exploitation of negative space, turning the body into a kind of landscape itself. In *Two Piece Reclining Figure No.2* (image p. 21) the two halves are united by our mind's eye to form a whole body, but when looked at individually they resemble rocky formations with vertiginous cliffs diving into the sea. In Moore's imagination these figures are metaphors for the relationship between humanity and the earth, and echo places like Adel Rock in his native Yorkshire, or paintings such as Georges Seurat's views of the cliffs at Étretat.

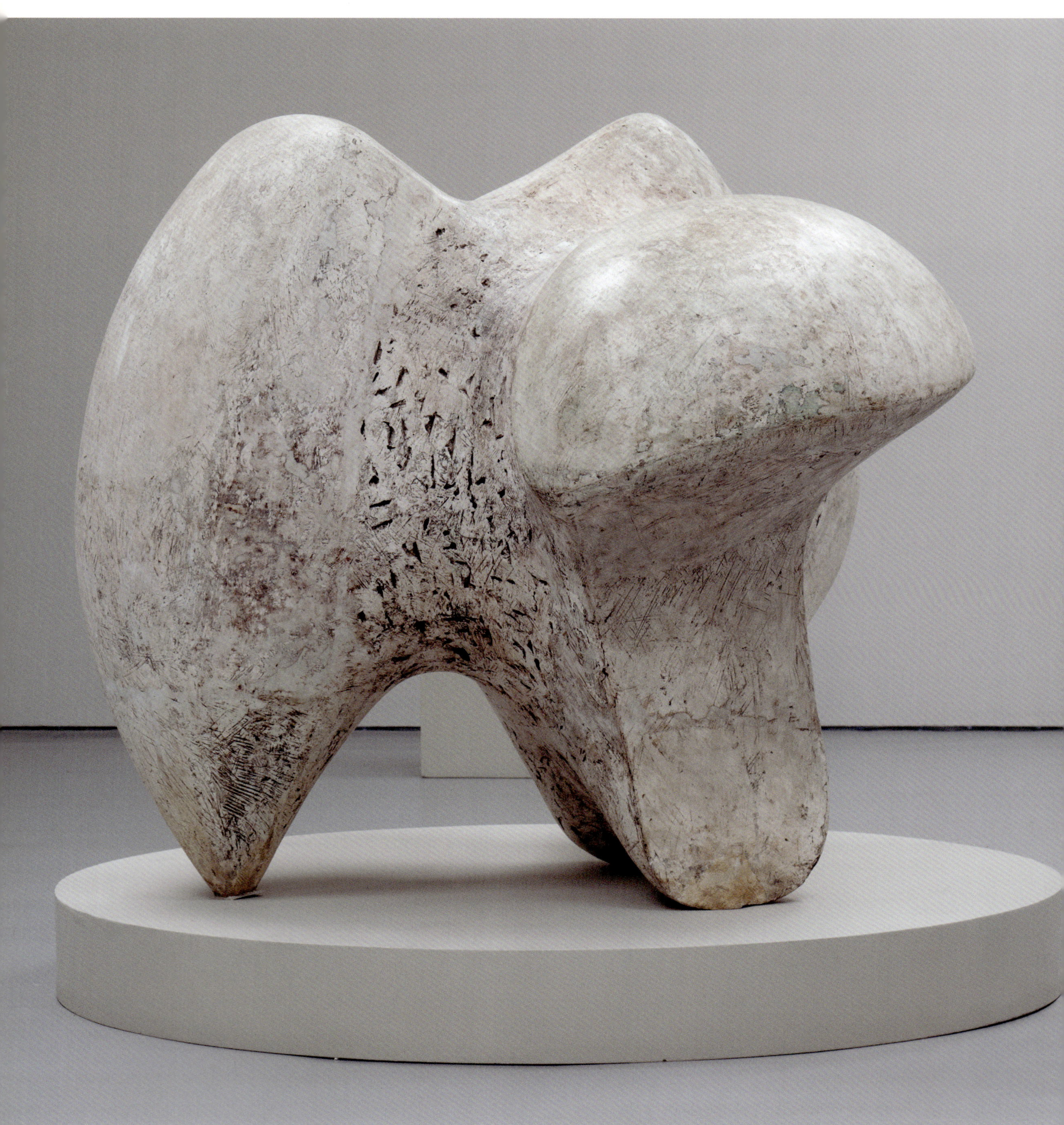

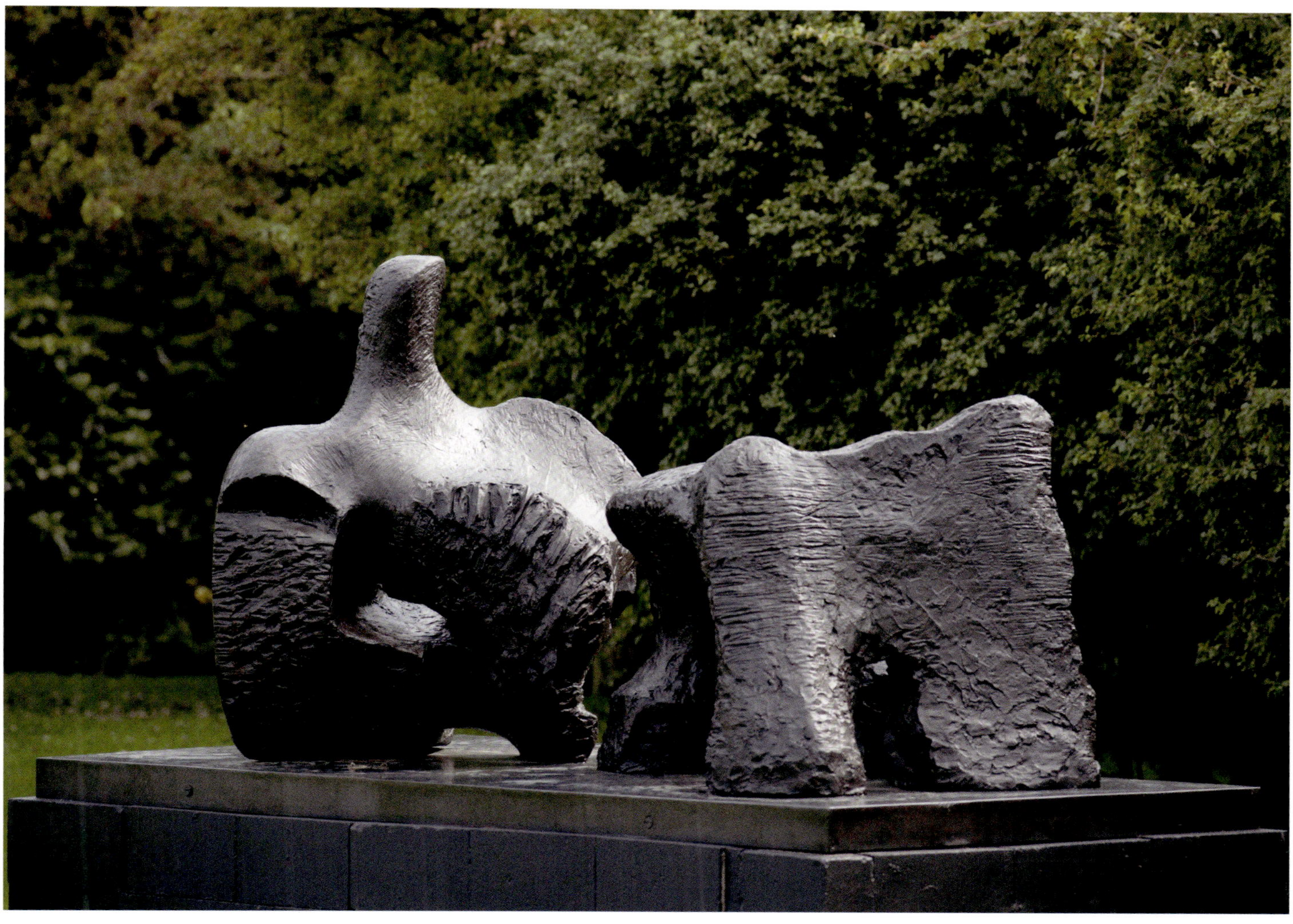

Links / left: *Three Way Piece No.1: Points*,
1964-1965, LH 533 gips / plaster, gips met
gekleurd oppervlak / plaster with surface

colour, 191 × 216 × 198 cm

Two Piece Reclining Figure No.2, 1960, LH 458
gietsel / cast 0, brons / bronze, 135 × 259 ×
140 cm

Creative ambivalences, or even oppositions, appeared in Moore's art early on. They manifested themselves in different ways at different times in his career, but almost never as destructive forces. After he visited Italy for the first time in 1925 as a recent art graduate, Moore, who as a young sculptor had been following in the footsteps of pre-war avant-garde artists such as Jacob Epstein, Constantin Brancusi, Pablo Picasso and Henri Gaudier-Brzeska, became acutely aware of a conflict in him between his excitement for sculpture outside the dominant classicist canon – be it Mesoamerican, Cycladic, English Gothic or Mesopotamian – and the love and sympathy he felt for the humanist power of the 14th and 15th century art he had encountered in Tuscany. Moore saw these as exemplary of two opposites he recognised in himself, which he described as the 'tough' and the 'tender', or the 'classical' and the 'romantic'. His ambition was to create an art in which neither of these opposites prevailed, but which allowed surprise, imagination, organic and biomorphic forms, softness and roundness – the characteristics of the romantic tendency – to coexist with, and be enhanced by, classical characters such as order, symmetry, hardness, balance and stasis.

Similarly, in the 1930s Moore championed both surrealism and abstractionist groups such as Unit One and Circle. While these often saw themselves as proponents of quite different, even opposing values, Moore very deliberately chose not to take sides, seeking instead to find a language that synthesised ideas from both into an idiom that could have universal appeal and a wide reach. In *Carving* of 1936, (image p. 22) for example, Moore combines the uncanny qualities of masks – an echo of both Aztec sculpture and the surrealist fascination with the theatrical – with a geometrical, semi-abstract rendition of the human face at an unnatural angle, creating an image that is as evocative as it is poignant. The choice of a non-descriptive title hints at Moore's desire to remove any narrative content from the artwork and leave the interpretation open for the viewer, in line with the tenets of much abstract art of the time. This work also highlights how Moore's choice of stones in the inter-war years was shaped by a desire to abandon

te zien, duizelingwekkend hoge kliffen die zich in zee lijken te storten. In Moore's verbeelding vormden die beelden metaforen voor de relatie van de mensheid met de aarde, ze verwijzen naar de rotsformaties in Adel Crag in Yorkshire, zijn geboortegrond of naar schilderijen zoals Georges Seurat maakte van de rotskust bij Étretat.

Ambivalenties, tegenstellingen zelfs, treden al in het vroegste werk van Moore aan het licht. Ze manifesteerden zich op verschillende wijzen en in verschillende perioden tijdens zijn carrière, al namen ze zelden een destructieve vorm aan. Na zijn eerste bezoek aan Italië in 1925, net afgestudeerd aan de academie, toen hij nog een jonge beeldhouwer was die de voetsporen volgde van voor-oorlogse avant-garde kunstenaars als Jacob Epstein, Constantin Brancusi, Pablo Picasso en Henri Gaudier-Brzeska, werd Moore zich bewust van het conflict tussen zijn enthousiasme voor de beeldhouwkunst buiten de klassieke traditie – de Meso-Amerikaanse, de Cycladische beeldhouwkunst, de Engelse gotiek, beelden uit Mesopotamië en zijn opbloeiende liefde voor de humanistische traditie van de beeldhouwkunst uit de veertiende en vijftiende eeuw die hij in Toscane had ontdekt. Moore beschouwde die tegenstelling als exemplarisch voor de polen waartussen hij zelf bewoog en die hij omschreef als 'het ruwe en het tedere', 'het klassieke en het romantische'. Zijn doel was om een kunst te scheppen waarin geen van die begrippen de boventoon zou voeren, maar een kunst die verrassingen zou toelaten, verbeelding, organische en biomorfe(?) vormen, zacht en vol rondingen – romantisch van karakter maar in samenhang met, en versterkt door classicistische noties als orde, symmetrie, hardheid, balans en *stasis (?)*.

In de jaren dertig was Moore een voorstander van zowel de surrealisten als abstracte stromingen als *Unit One* en *Circle*. Hoewel beide bewegingen vaak tegengestelde standpunten verdedigden weigerde Moore partij te kiezen en zocht naar een beeldtaal die elementen van de verschillende bewegingen kon samenvoegen tot een idioom dat de tegenstellingen zou overstijgen en zowel een universele aanspraak als een bredere erkenning zou vinden. In *Carving* uit 1936, (afb. p. 22) combineerde Moore bijvoorbeeld de griezelige eigenschappen van maskers – waarin zowel de echo van Azteekse beelden als die van de surrealistische fascinatie voor het theatrale doorklinken – met een geometrische, semi-abstracte weergave van een menselijk gezicht vanuit een onnatuurlijke hoek bezien, wat een even markant als ontroerend beeld opleverde. Zijn keuze voor een niet-beschrijvende titel lijkt te wijzen op Moore's wens om zijn beelden niet vooraf te belasten met interpretaties, maar

Carving, 1936, LH 164, travertijn / travertine marble, 52 × 49,2 × 24 cm

Rechts / right: *Carving*, 1934, LH 142, Afrikaanse wonderstone / African wonderstone, 11,9 × 10,4 × 7,5 cm

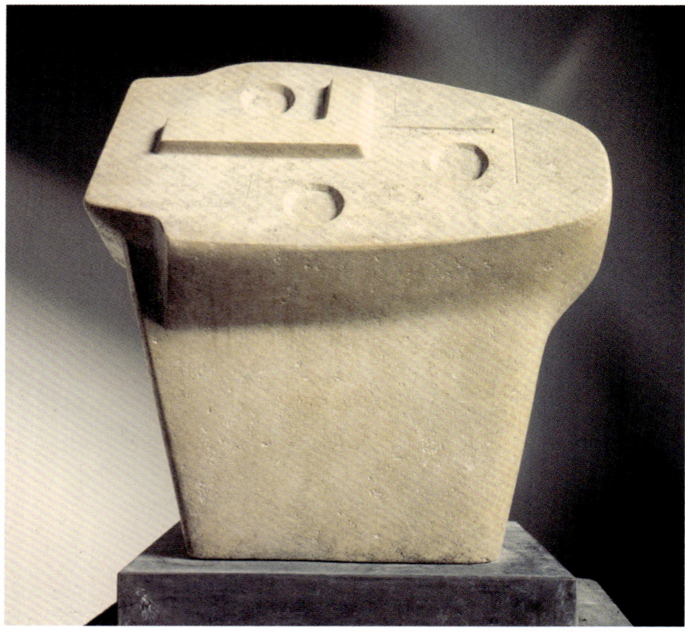

materials traditionally associated with classical statuary, in particular white marble, in favour of stones more typically used in architectural decoration like travertine and Hopton Wood, or rarely used for sculpture and with an exotic feel, such as the 'African wonderstone' of his 1934 *Carving* (image p. 23). By learning to master such materials, Moore not only declared his distance from the art of the past, but was also able to imbue his sculpture with a feel of originality and innovation that more traditional stone would have lacked.

During the Second World War Moore almost completely stopped making sculpture, in part because of the difficulty of sourcing materials, and instead turned his attention to drawing. When he returned to three-dimensional work in the second half of the 1940s, his approach changed quite radically. Previously, Moore had developed new ideas for sculpture through quick preparatory sketches or more finished drawings, but after the war almost all of his sculptures started life as maquettes, small models made in plaster, clay or terracotta, which often evolved from found objects such as bones, stones and shells.

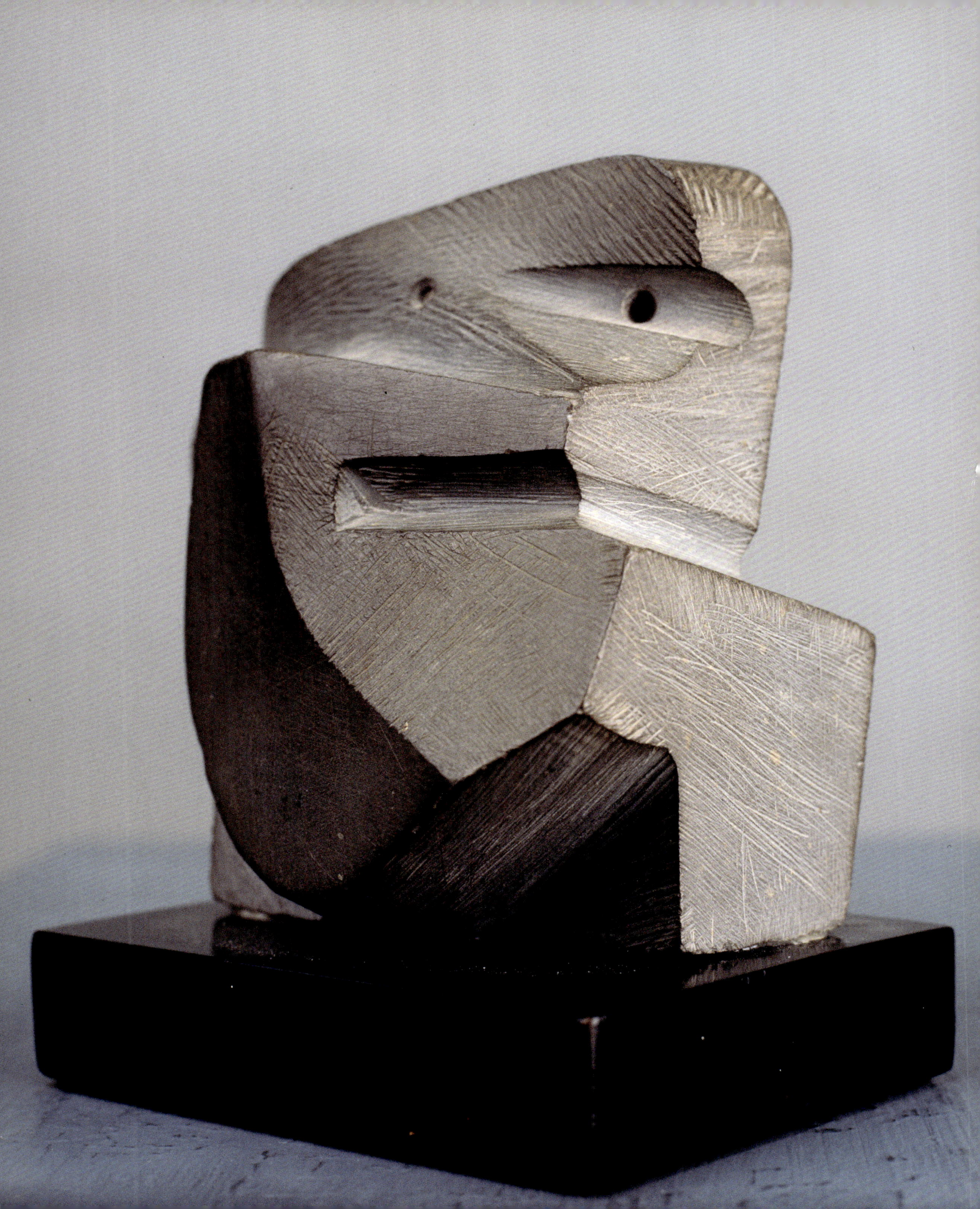

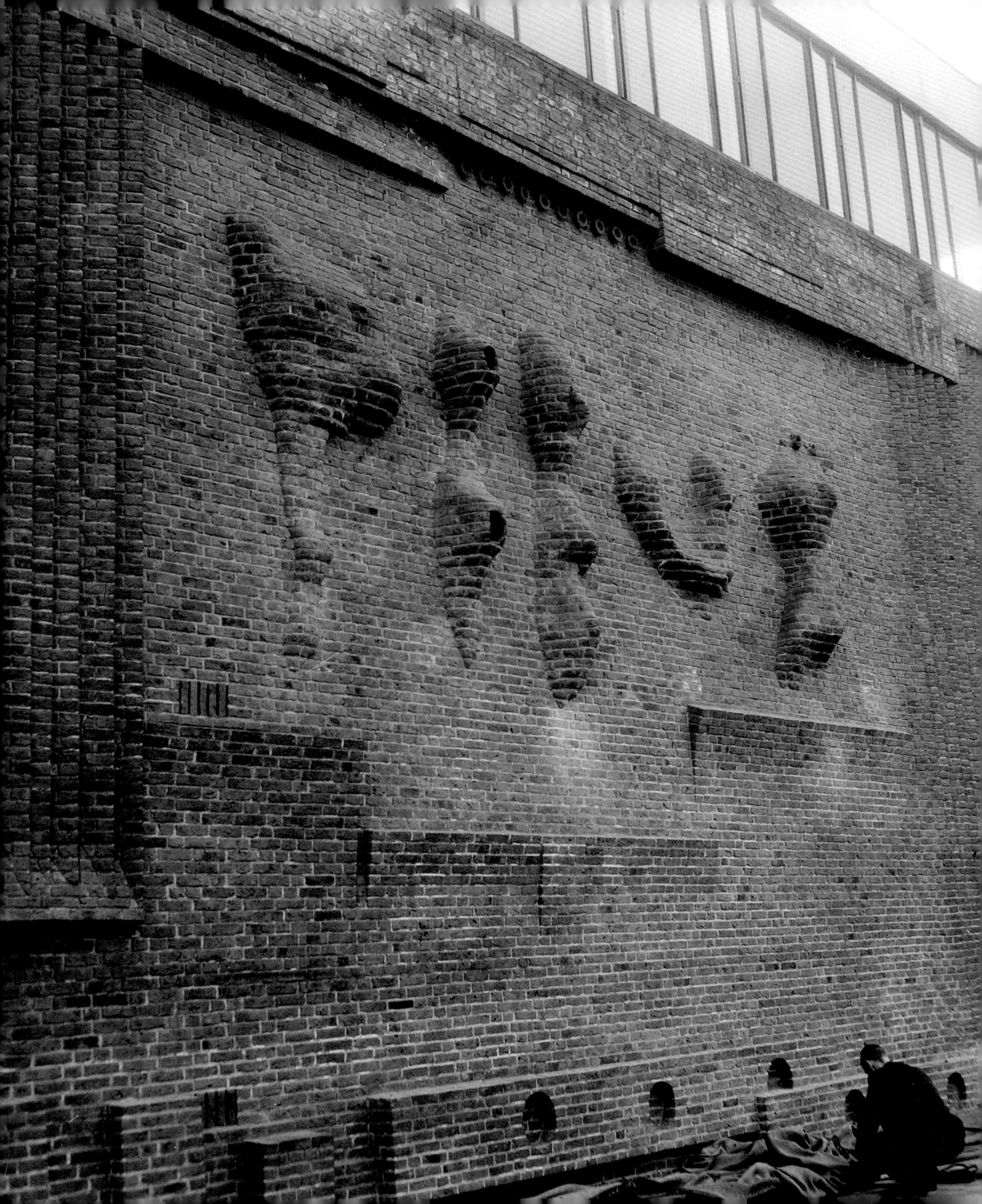

die aan de beschouwer over te laten, zoals veel abstract werkende kunstenaars in die tijd deden. Dit hoog-tepunt in Moore's oeuvre belicht ook fraai hoe Moore's keuze voor steensoorten in de jaren tussen de beide Wereldoorlogen werd ingegeven door de behoefte om materialen, die werden vereenzelvigd met de klassieke traditie, met name wit marmer, te negeren, en te kiezen voor steensoorten die werden geassocieerd met ar-chitectuur, zoals travertijn en kalksteen, of zelfs zelden gebruikt materiaal als 'African Wonderstone' waarmee hij in 1934 zijn *Carving* (afb. p. 23) maakte. Door dergelijk materialen te leren gebruiken en toe te passen, nam Moore niet alleen afstand van de klassieke kunst van het verleden, maar wist hij zijn beelden ook een glans van vernieuwing en originaliteit te verlenen die hij met traditionelere steensoorten nooit had verkregen.

Tijdens de Tweede Wereldoorlog kwam Moore's beeldenproductie nagenoeg tot stilstand. Goed materiaal was nauwelijks nog voorhanden. Moore verlegde zijn aandacht naar tekenen. Toen hij in de tweede helft van de jaren veertig weer kon gaan beeldhouwen, veranderde zijn aanpak radicaal. Had hij daarvóór ideeën voor beelden uitgewerkt in schetsen of gedetailleerde tekeningen, na de oorlog ontstonden bijna al zijn beelden uit maquettes, kleine modellen in gips, klei of terracotta, vaak gebaseerd op gevonden objecten als botten, stenen en schelpen. Moore ontdekte dat het een effectievere manier was om vormen rondom te kunnen be-studeren en hij genoot van de sensatie om een heel beeld in zijn handen te kunnen houden en het in één blik geheel te kunnen overzien. Die verandering in zijn manier van werken viel samen met een groeiende voorkeur voor bronsgieten als medium boven het direct hakken in steen of hout, een keuze die Moore's filosofische en formele benadering van de beeldhouwkunst diepgaand zou beïnvloeden, die hem verder zou doen afdwalen van de avant-garde dogma's en hem bovendien een dieper inzicht gaf in ideeën en methoden die hij tot dan toe had veronachtzaamd.

Ook stelde zijn nieuwe aanpak Moore in staat te voldoen aan de internationaal groeiende vraag naar grootschaliger opdrachten in de periode na de oorlog. Veel gebombardeerde steden en metropolen vroe-gen om beelden rondom nieuwe gebouwen en in publieke ruimten, en ook Amerikaanse en Europese com-merciële bedrijven verleenden grote opdrachten. Moore's studies uit het midden van de jaren vijftig voor een muurreliëf ontstonden uit zo'n project, een opdracht van het Bouwcentrum in Rotterdam (afb. p. 24,

Relief, 1955, LH 375, baksteen / brick,
689 x 1122 cm, Bouwcentrum, Rotterdam

Moore realised that this was a much more effective way of studying form in the round, and he particularly enjoyed being able to hold a whole sculpture in his hand, so that he could have at all times a complete grasp of its shape. This change of method coincided with his move away from direct carving in stone or wood in favour of bronze casting, a choice that quite fundamentally affected Moore's philosophical and formal approach to sculpture, signalling his departure from the dogmatism of the avant-gardes and a greater empathy for ideas and methods that he had until then largely disregarded.

Moore's change in approach also enabled him to respond to the growing international demand for large-scale commissions during the post-war period. Many bomb-damaged towns and cities sought sculptures to site in and around new buildings and civic spaces, while corporations in North America and Europe started to seek sculptural commissions. Moore's studies for wall reliefs from the mid-1950s relate to one such project, a large brick relief commissioned for the Bouwcentrum in Rotterdam (image p. 24, p. 26, p. 27, p. 28).

Using natural and man-made forms created by making impressions of objects in plaster, and relying on the celebrated craftsmanship of local bricklayers, *Wall Relief No.1* is one of the earliest examples of a commission for which Moore not only changed his process to work on a much larger scale, but also adapted his formal language to take into account the specific relationship of his sculpture with the modern urban environment.

Moore believed that the human figure was only suited to sculpture that was just over life-size. Any bigger than that, he thought, and the figure starts to lose its human scale and character. Although occasionally he did make exceptions, Moore opted for different, less figurative subjects and languages to meet the demand for larger work. In the Rotterdam relief, for example, organic and man-made forms are combined into semi-geometrical patterns. Making such adjustments was not always easy for Moore. He was predominantly interested in the human dimension of sculpture, and believed that the ideal setting for his work was a natural landscape, with

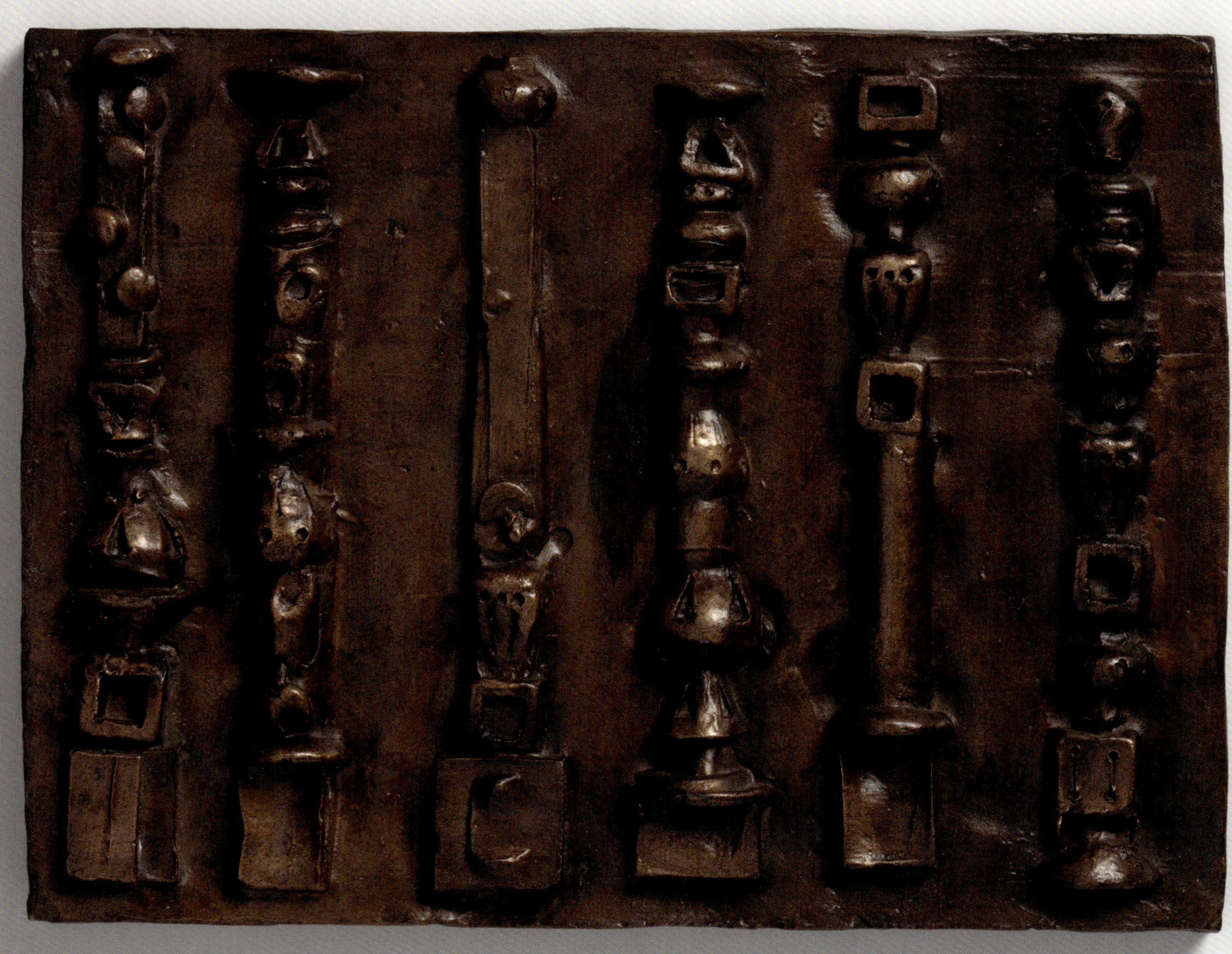

p. 26, p. 28, p. 27). Door natuurlijke en door mensenhanden vervaardigde vormen af te gieten in gips en die door lokale metselaars in baksteen te laten uitvoeren, werd *Wall Relief No. 1* een van de eerste werken van Moore die hij in opdracht uitvoerde. Hij begon daarbij niet alleen op veel grotere schaal te werken, maar veranderde ook zijn beeldtaal om zijn werk in te passen in de moderne stedelijke omgeving waarvoor het werd gemaakt.

Moore geloofde dat de weergave van het menselijk lichaam alleen geschikt was voor sculpturen die net iets groter waren dan levensgroot. Maakte je ze nóg groter, vond hij, dan verloren ze hun menselijke maat en karakter. Al maakte hij soms uitzonderingen, meestal koos Moore andere, minder figuratieve onderwerpen voor zijn grotere werken. Zo worden in het Rotterdamse reliëf organische en door mensenhanden gemaakte vormen gerangschikt in semi-geometrische patronen. Zulke aanpassingen vielen Moore niet altijd licht. Hij hing sterk aan de menselijke maat in de beeldhouwkunst en beschouwde open landschappen, vrij uitzicht, weilanden met schapen, bomen, veranderend licht en weersverschijnselen als de ideale omgeving voor zijn werk. Hij heeft vaak gezegd dat hij het heel moeilijk vond om de verhouding tussen een lichaam en een bebouwde omgeving in balans te krijgen. In zijn ogen belemmerden geometrische patronen, symmetrie en de praktische eisen die aan architectuur worden gesteld, het zicht op de vrijere en organische vormen van zijn beelden. Hij heeft veel geëxperimenteerd met de uitdagingen waar dat probleem hem voor stelde. *Maquette for Girl Seated against Square Wall* uit 1957 (afb. p. 89) is een van de voorbeelden uit die tijd waarin hij de combinatie van een menselijke figuur met een architecturale achtergrond onderzocht, gemaakt om hun samenspel en het optimale formaat en onderlinge positie van beide te bestuderen. Ook hier, geconfronteerd met mogelijk tegenstrijdige eisen, koos Moore voor een aanpak gebaseerd op weldoordachte middeling in plaats van ideologisch gedreven oppositie.

In de jaren zestig ontwikkelde zijn werk gaandeweg abstracter en eenvoudiger vormen. Hij vond in die periode in toenemende mate inspiratie bij natuurlijke objecten en minder bij het menselijk lichaam. Het bijna twee meter

Links / left: *Wall Relief: Maquette No.2*, 1955, LH 366 gietsel / cast 0, brons / bronze, 33,5 × 45 × 4 cm

Three Forms Relief, 1955, LH 374 gips / plaster, gips en steen, met gekleurd oppervlak / plaster and stone, with surface colour, 18,6 × 33 × 2 cm

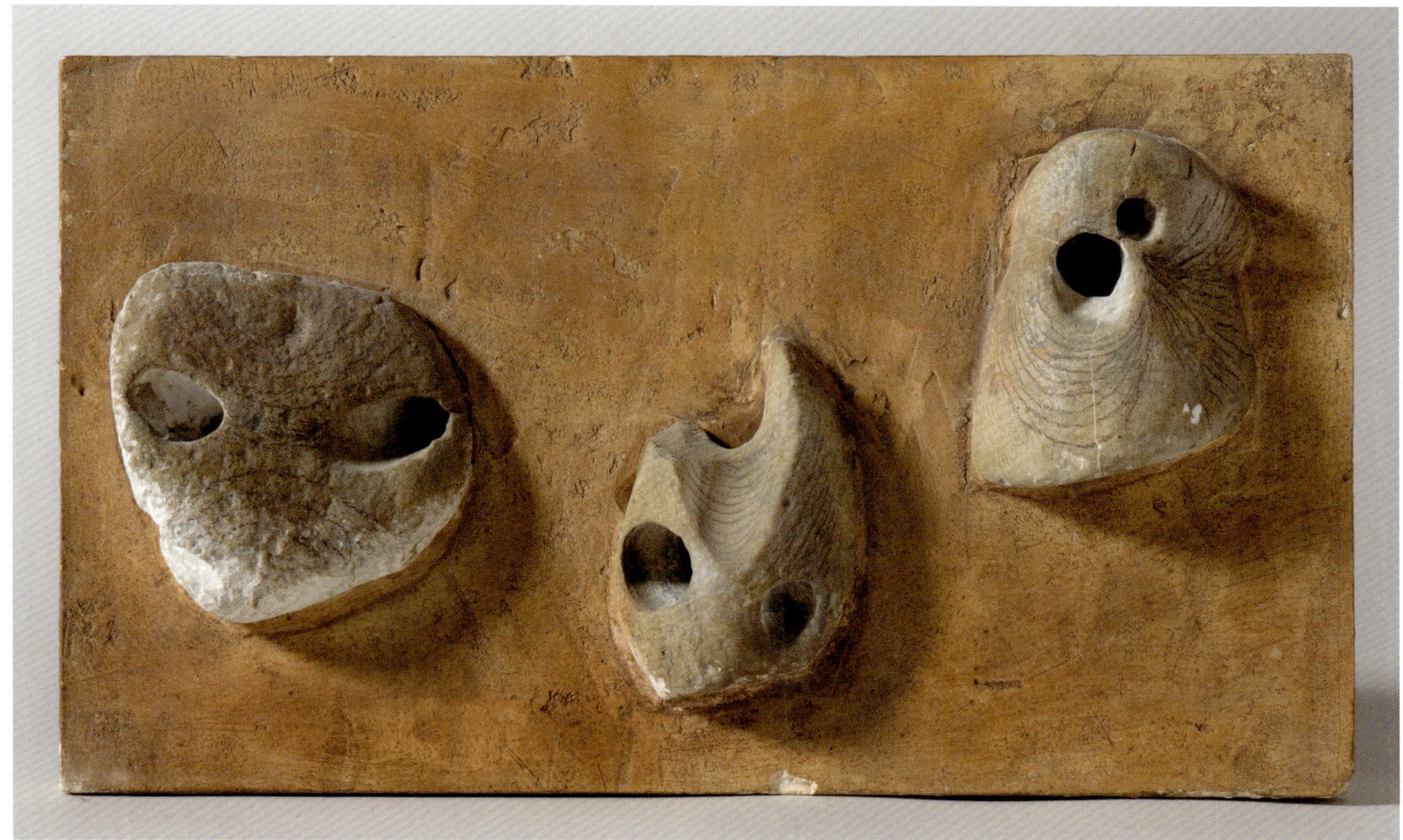

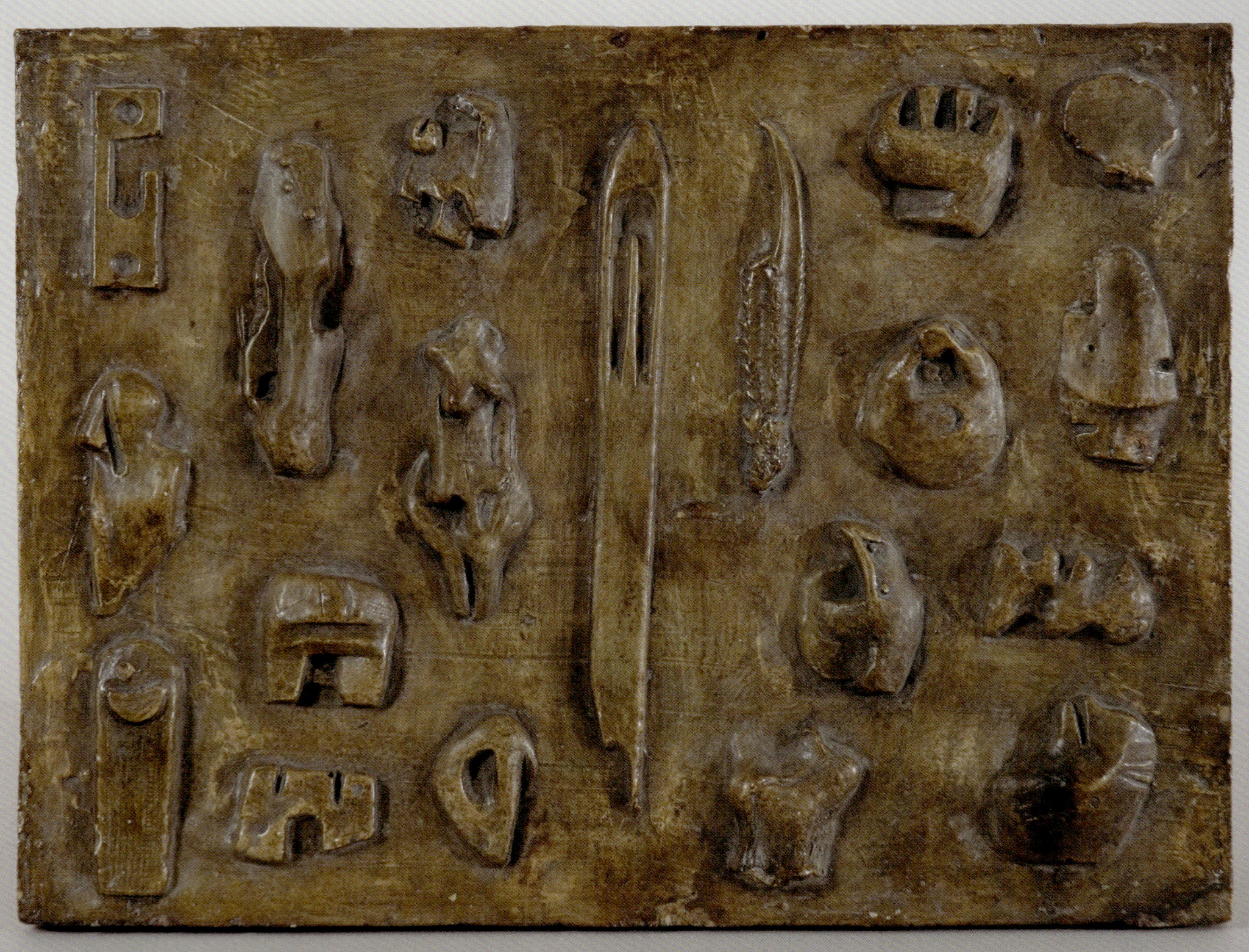

hoge *Three way piece No. 1: Points* uit 1964/65 (afb. p. 20) bijvoorbeeld, ontstond op basis van een klein stuk vuursteen dat in zijn studio lag en op drie scherpe punten rustte. Hij maakte de eerste versie van gips, aangebracht op een geraamte van hout en jute, waarin hij tekende en kraste, een schilderkunstige techniek die hij vaak gebruikte tijdens het modelleren. Hij kleurde, schuurde en bleekte het oppervlak met verschillende materialen om het oppervlak textuur te geven, zoals hij zich ook door zijn collectie objecten liet inspireren wanneer hij tekende of prenten maakte. *Three Way Piece No. 1: Points* vormt ook een mooi voorbeeld van de veranderingsprocessen die Moore in die periode bezighielden. Op basis van een brok vuursteen, dat hij waarschijnlijk ergens bij zijn huis had opgeraapt, ontstond een beeld waarin ook dierlijke vormen te herkennen zijn – van een bot of een kies wellicht – opnieuw een verwijzing naar hoe volgens Moore in de natuur alles met alles verbonden was.

De schaalvergroting van zijn beelden betekende voor Moore ook weer een terugkeer naar steen als materiaal. Hij beschouwde het als bijzonder geschikt voor sculpturen in de publieke ruimte, beelden mede bedoeld ter herdenking of ter viering, en ook als passend materiaal om in een architecturale omgeving te plaatsen. Voor zijn beeld uit 1957/58, *Reclining Figure* voor UNESCO, koos hij hetzelfde travertijn marmer dat door de architecten voor het hoofdkwartier van de UNESCO in Parijs was gebruikt. Moore benaderde het materiaal minder dogmatisch dan in zijn vooroorlogse jaren. Als gerijpt kunstenaar moet hij inmiddels een grotere affiniteit hebben gevoeld met de Europese traditie die hij lange tijd had veronachtzaamd. Hij maakte zelfs gebruik van wit marmer, en benaderde het materiaal ook vrijer, soms zelfs agressief. Zoals hij in de late jaren zestig verklaarde: 'Ik heb nog steeds respect voor de kwaliteit van het materiaal, maar durf het nu ook te pijnigen of te beschadigen, iets wat mij veel nieuwe compositorische vrijheid heeft gegeven.'[3] *Broken Figure* uit 1975 (afb. p. 31) getuigt bij uitstek van Moores' zoektocht naar een meer afgewogen benadering in het gebruik van zijn materiaal. Hij combineerde daarin zijn nieuwe ideeën met zijn vooroorlogse opvattingen. Het gepolijste zwarte marmer van de buitenkant van de gebroken figuur contrasteert met de natuurlijke, ruwe textuur die zichtbaar is in de breuk, een pregnant voorbeeld van Moores streven om 'ruw' en 'glad', 'inwendig' en 'uitwendig', 'klassiek' en 'romantisch' met elkaar te verzoenen. Zo bezien is *Broken Figure* welhaast Moore's manifest, waarin hij zijn visie ontvouwt op een beeldhouwkunst die zowel modern is als geworteld in de geschiedenis, tijdloos en actueel in één gebaar.

Wall Relief: Maquette No.6, 1955, LH 370 gips /
plaster, gips met gekleurd oppervlak / plaster
with surface colour, 34,5 × 47 × 3,5 cm

long views against the open sky, fields with sheep and trees and changing light and weather patterns, and often commented that the relationship of the body with the built environment was not easy to get right. Moore found that the geometrical patterns and symmetry of architecture and its practical imperatives could negatively impact our appreciation of the freer, organic forms of his sculpture, and repeatedly tested the challenges presented by their juxtaposition. *Maquette for Girl Seated against Square Wall* of 1957 (image p. 89) is one of several contemporary examples of the pairing of a figure with an architectural background, designed to study their interaction and explore the optimal size and position of both. Once again, faced with potentially conflicting demands, Moore chose an approach based on thoughtful mediation rather than ideologically-driven opposition.

Increasingly abstracted and simplified forms characterised much of Moore's work from the 1960s. His large sculpture from this period was often inspired quite directly by natural objects rather than the body. The nearly 2m high *Three Way Piece No.1: Points* of 1964-65 (image p. 20), for example, derived from Moore's observation of a small flint in his studio that could be turned to rest on three different sides. Made from plaster applied over a structure built from wood and hessian, this sculpture highlights Moore's frequent adoption of carving and drawing techniques within the modelling process: not only did he add colour to suggest painterly effects on the plaster surfaces, but he also scoured them with a variety of tools and implements to create textures that, like those in his printmaking, echo the natural materials he used for inspiration. *Three Way Piece No.1: Points* also exemplifies the metamorphic process that underpins much of Moore's sculpture from this time. Although its original inspiration came from a stone probably found in the fields near his home, the final execution also resembles animal forms – a bone or maybe a tooth – in another hint at the interconnectedness of everything in nature.

Moore's drive towards large sculpture also meant a return to the use of stone as a material. He considered it well suited for works to

In een artikel over Moore's oeuvre schreef John Read dat 'een groot deel van het werk van Moore in zijn laatste jaren steeds persoonlijker en autobiografischer werd dan daarvoor ... een even sierlijke als krachtige epiloog van een leven van onafgebroken creatieve bezigheid.'⁴ Kunsthistorici zullen ongetwijfeld blijven debatteren of Moore's werk relevant zal blijven voor toekomstige generaties en of Moore volledig is geslaagd in zijn streven om beelden te scheppen die algemene geldigheid bezaten en zowel persoonlijk als universeel aanspreken. Schrijvend vanuit het weinig benijdenswaardige perspectief van een tijdperk dat voor het eerst in de geschiedenis beleeft hoe complete ecosystemen met uitsterving worden bedreigd door de destructieve combinatie van menselijke activiteit en lethargie, lijkt Henry Moore's visie op een harmonieuze relatie tussen de mensheid en de natuur krachtiger en treffender dan ooit tevoren.

Broken Figure, 1975, LH 663, zwart marmer / black marble, 46 × 107,5 × 51,2 cm

be sited outdoors and with memorial or celebratory aspects, and also an effective means by which to establish a dialogue with an architectural setting. For the 1957-58 *UNESCO Reclining Figure*, for example, he chose the same travertine marble used by the architects of the new UNESCO headquarters in Paris for which the sculpture was commissioned. Unlike the pre-war carvings, however, Moore was less dogmatic in his approach to the material. Perhaps feeling, as a more mature artist, a greater affinity with the European tradition of sculpture which he had previously rejected, he not only felt comfortable using a material like white marble, but also changed the way in which he treated the stone, shaping it more freely and sometimes even working against its natural properties. As he explained in the late 1960s, 'whilst I still believe in keeping a stone quality, I am not as afraid of hurting the stone or damaging it as I used to be. Hence there is more freedom in my compositional ideas.'³ *Broken Figure* 1975 (image p. 31) is exemplary of Moore's desire to find a more balanced approach to materials by combining pre- and post-war ideas. The highly polished black marble of the outer surfaces of the broken-up figure contrasts with the natural, rough texture visible in the break, a stark expression of Moore's ideal of reconciling the 'rough' and the 'smooth', the 'internal' and the 'external', the 'classical' and the 'romantic'. Seen this way, *Broken Figure* can almost be read as a manifesto of Moore's vision for a sculpture that is both modern and embedded in history, timeless and in the here-and-now.

In his writing on this sculpture, John Read noted that 'a great deal of Moore's work in his last decade became more personal and autobiographical than previously ... a very gracious yet firm epilogue to a life of unbroken creative achievements.'⁴ Art historians will no doubt continue to debate whether Moore's achievements can remain relevant for new generations and whether he fully succeeded in his ambition to create a sculpture that is widely understood and speaks of the particular as much as of the universal. Writing from the unenviable vantage point of an age in which, for the first time in history, whole ecosystems are under threat of extinction because of

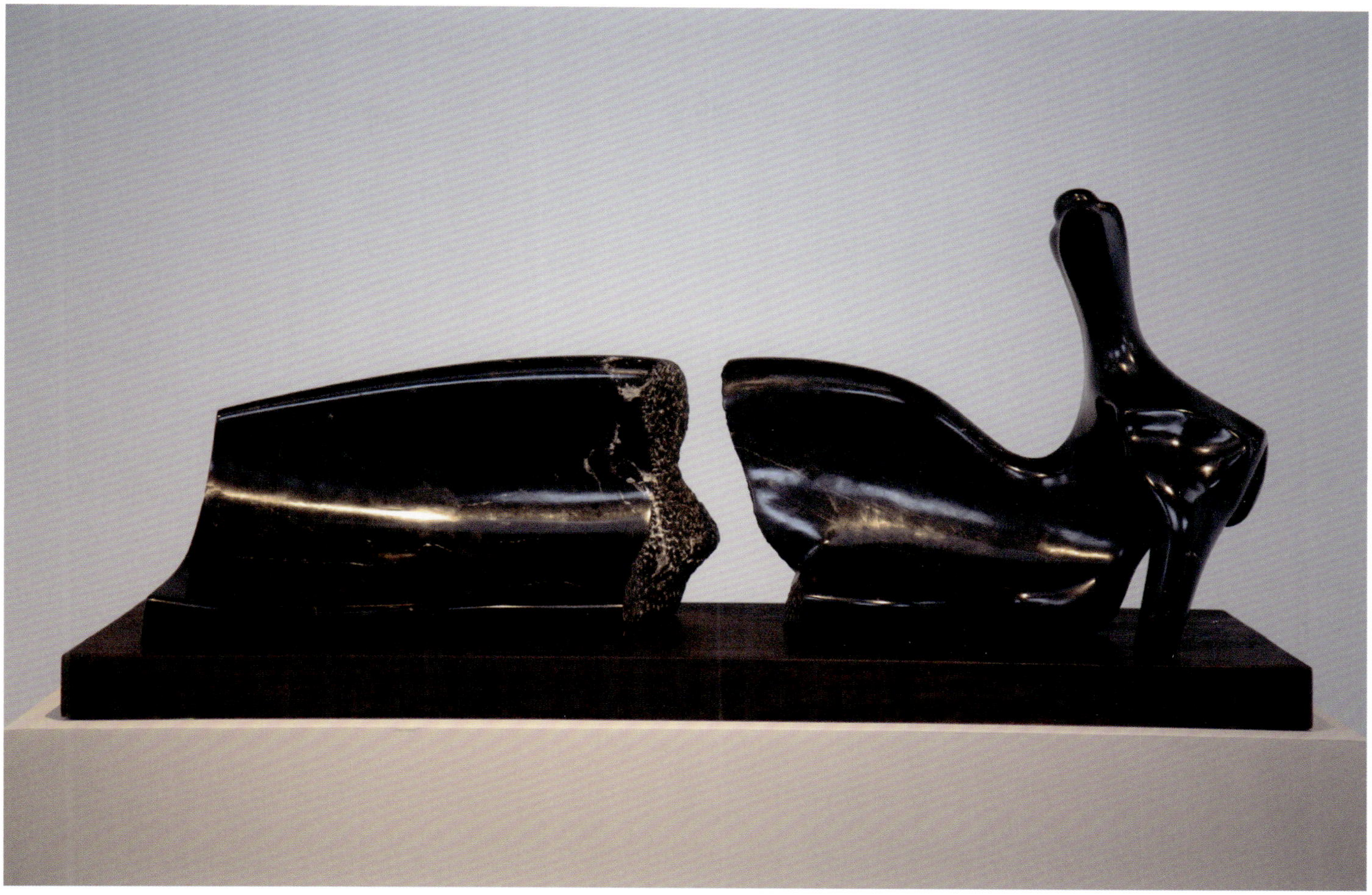

the destructive combination of human activity and inaction, Moore's
vision of a harmonious relationship between humanity and nature
seems more powerful and poignant than ever.

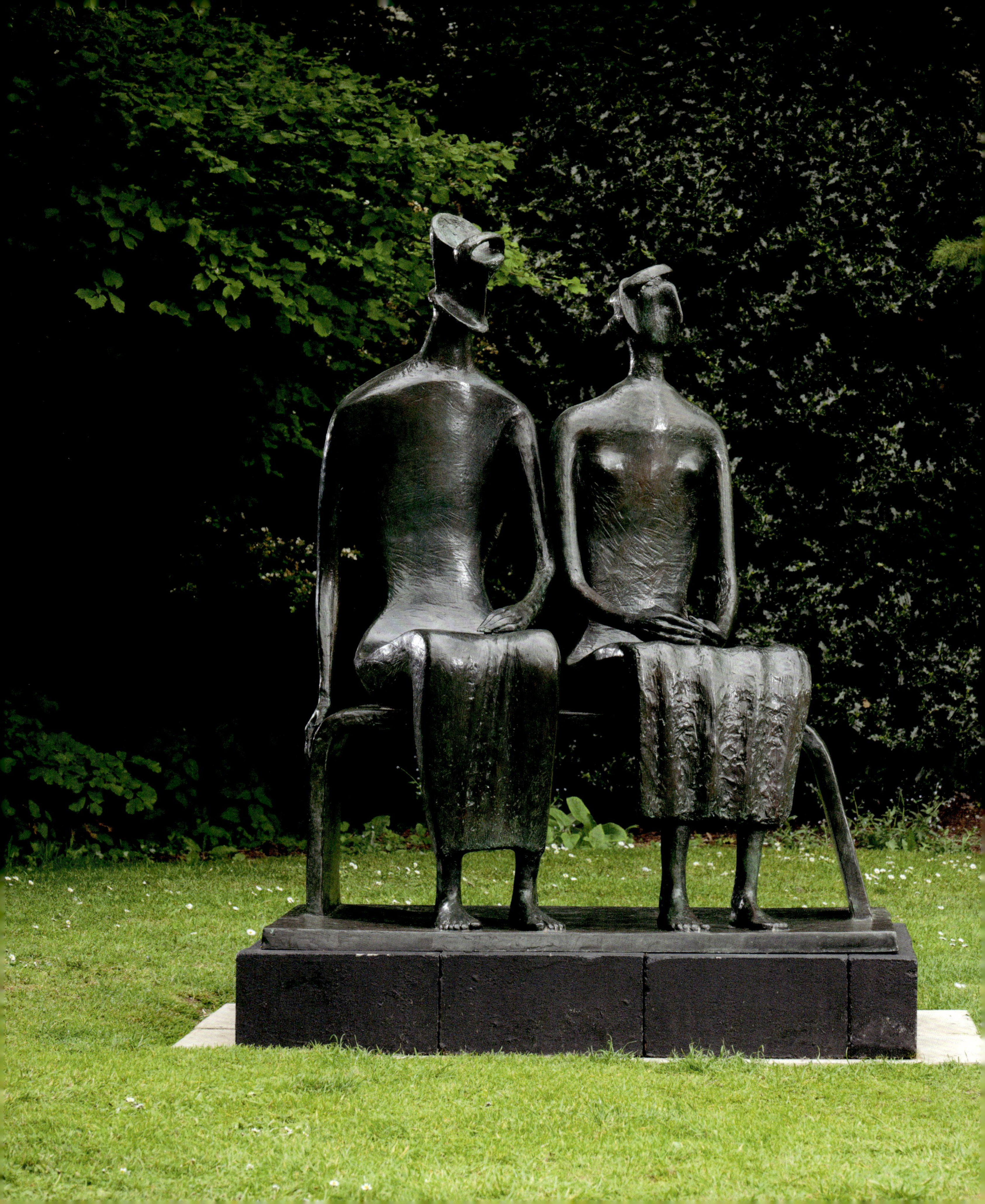

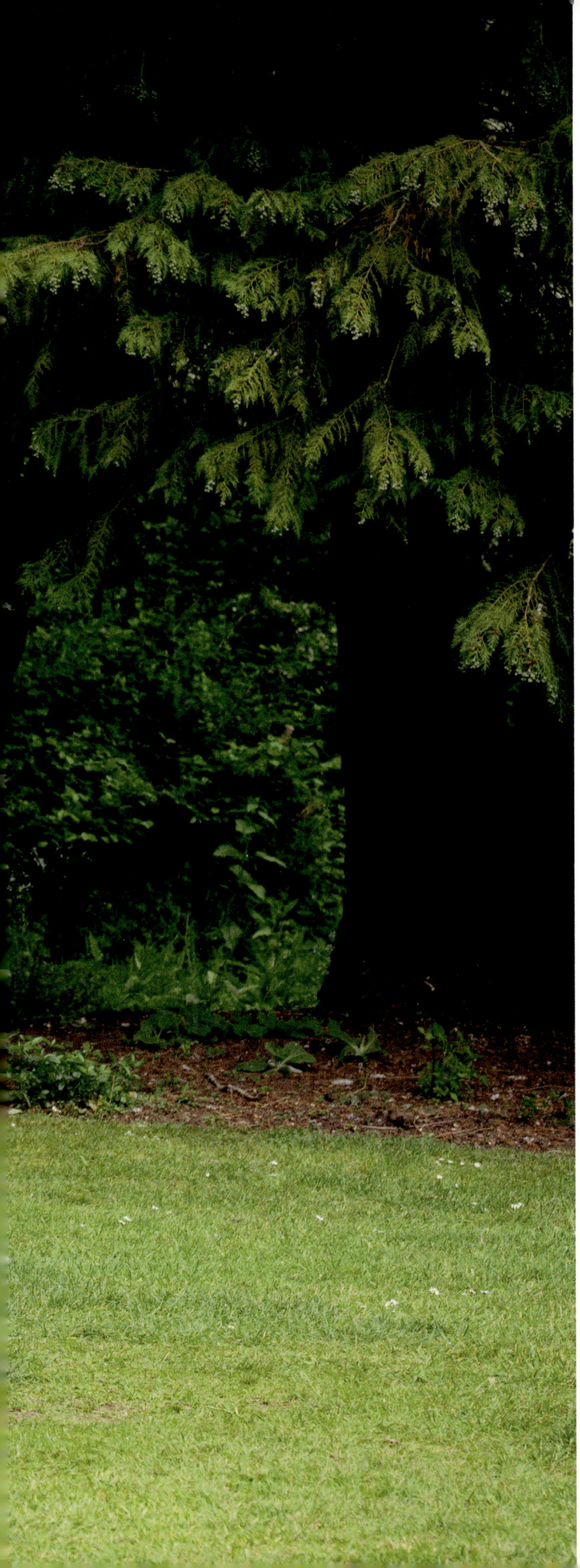

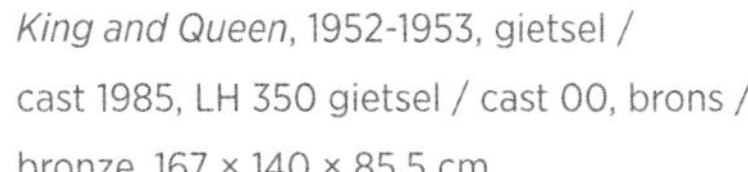

King and Queen, 1952-1953, gietsel /
cast 1985, LH 350 gietsel / cast 00, brons /
bronze, 167 × 140 × 85,5 cm

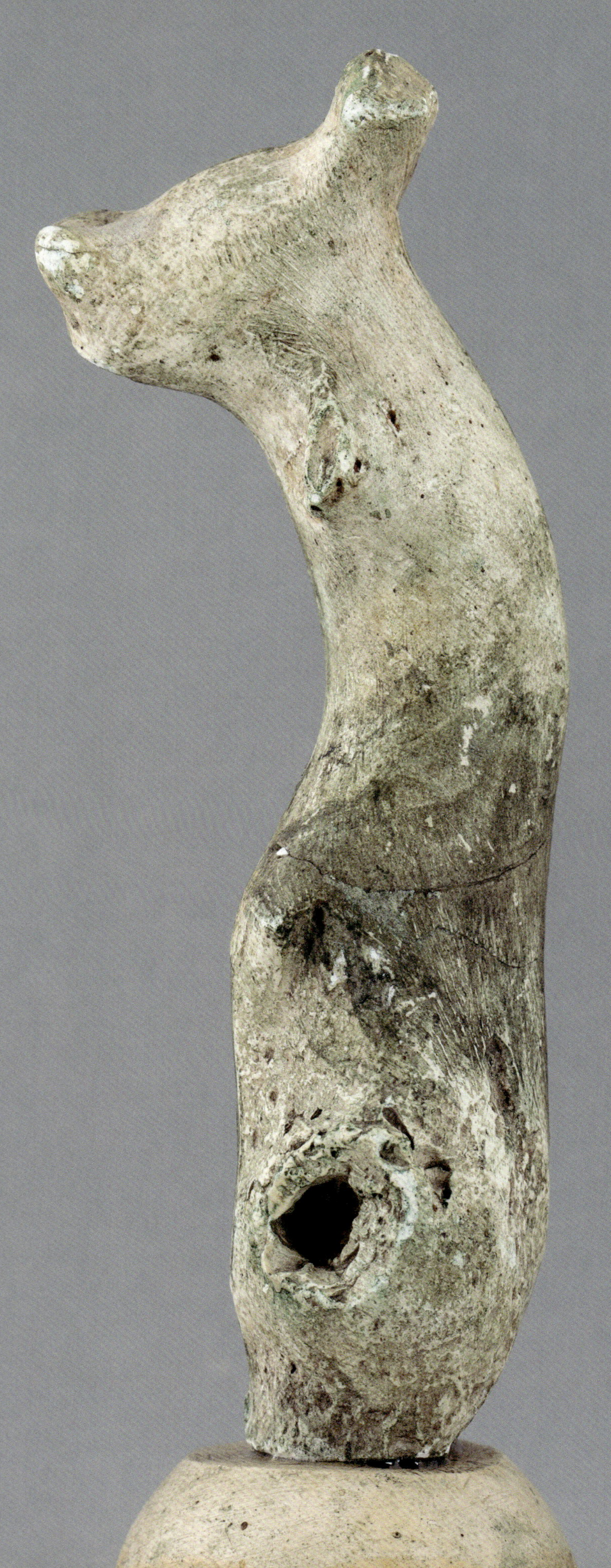

Tree Figure, 1979, LH 771 gips / plaster, gips
met gekleurd oppervlak / plaster with surface
colour**,** 18,8 × 7,5 × 6 cm

Rechts / right: *Man and Woman II*, 1978,
LH 743 gips / plaster, gips / plaster,
23,5 × 10 × 6,5 cm

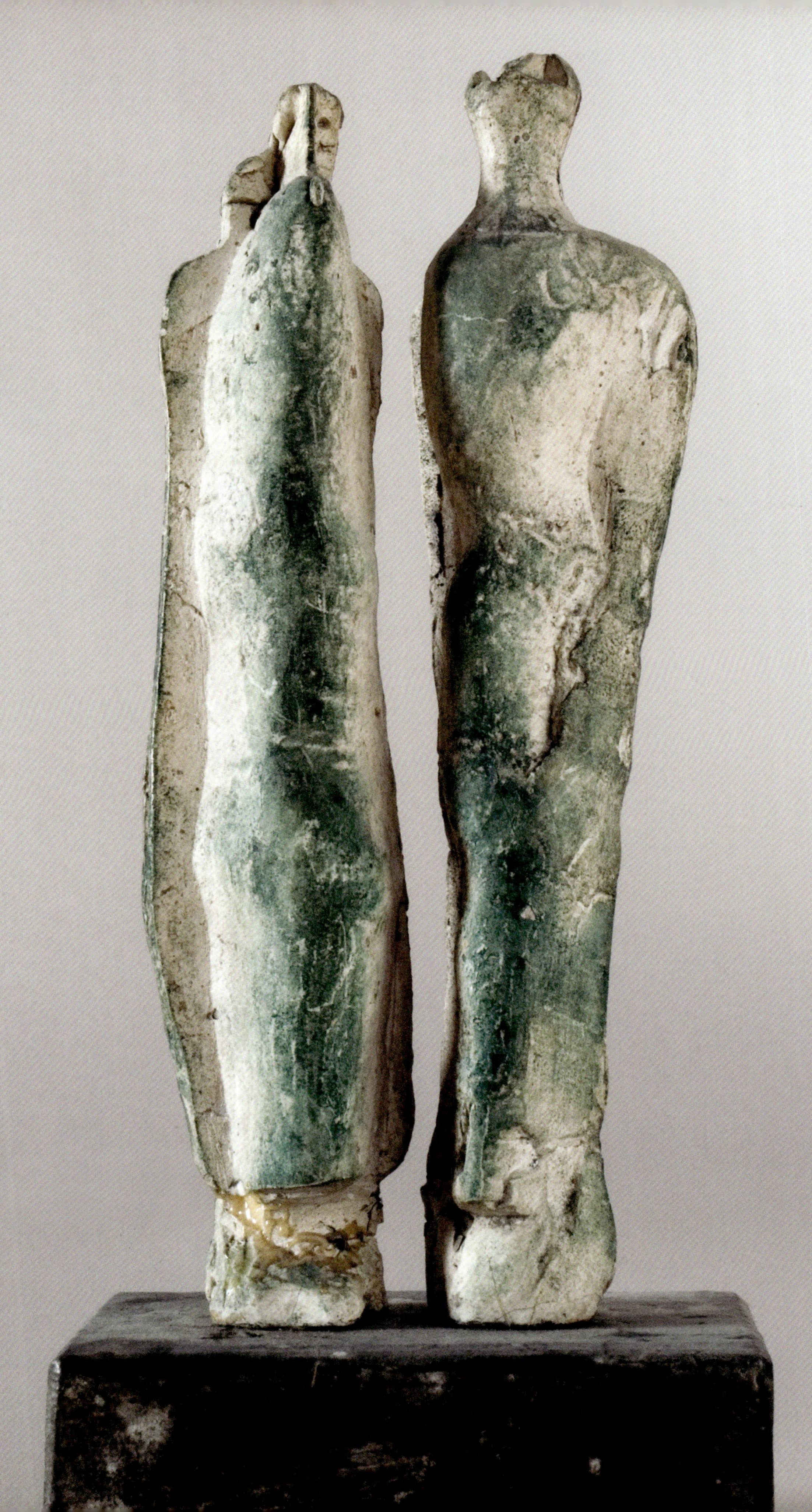

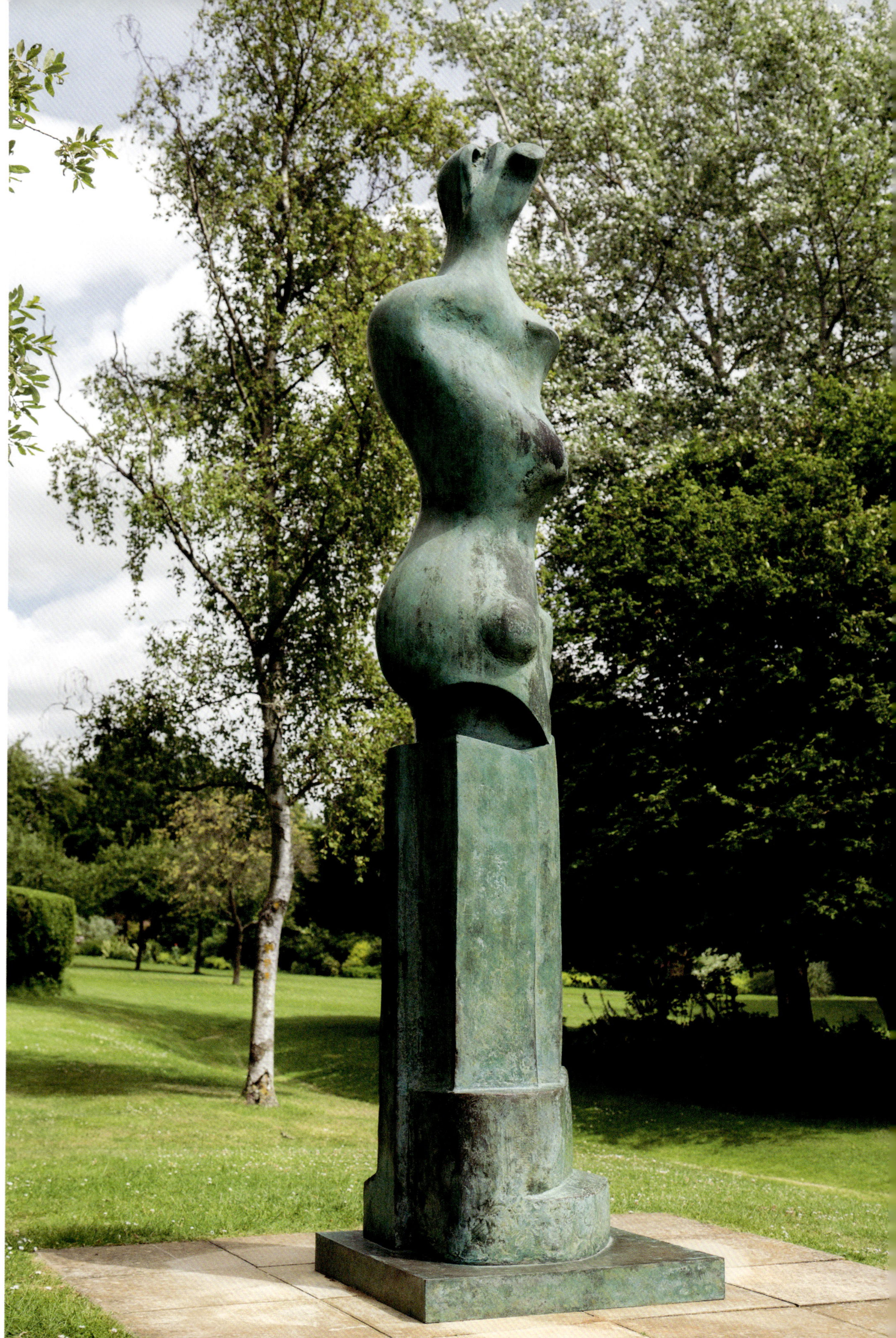

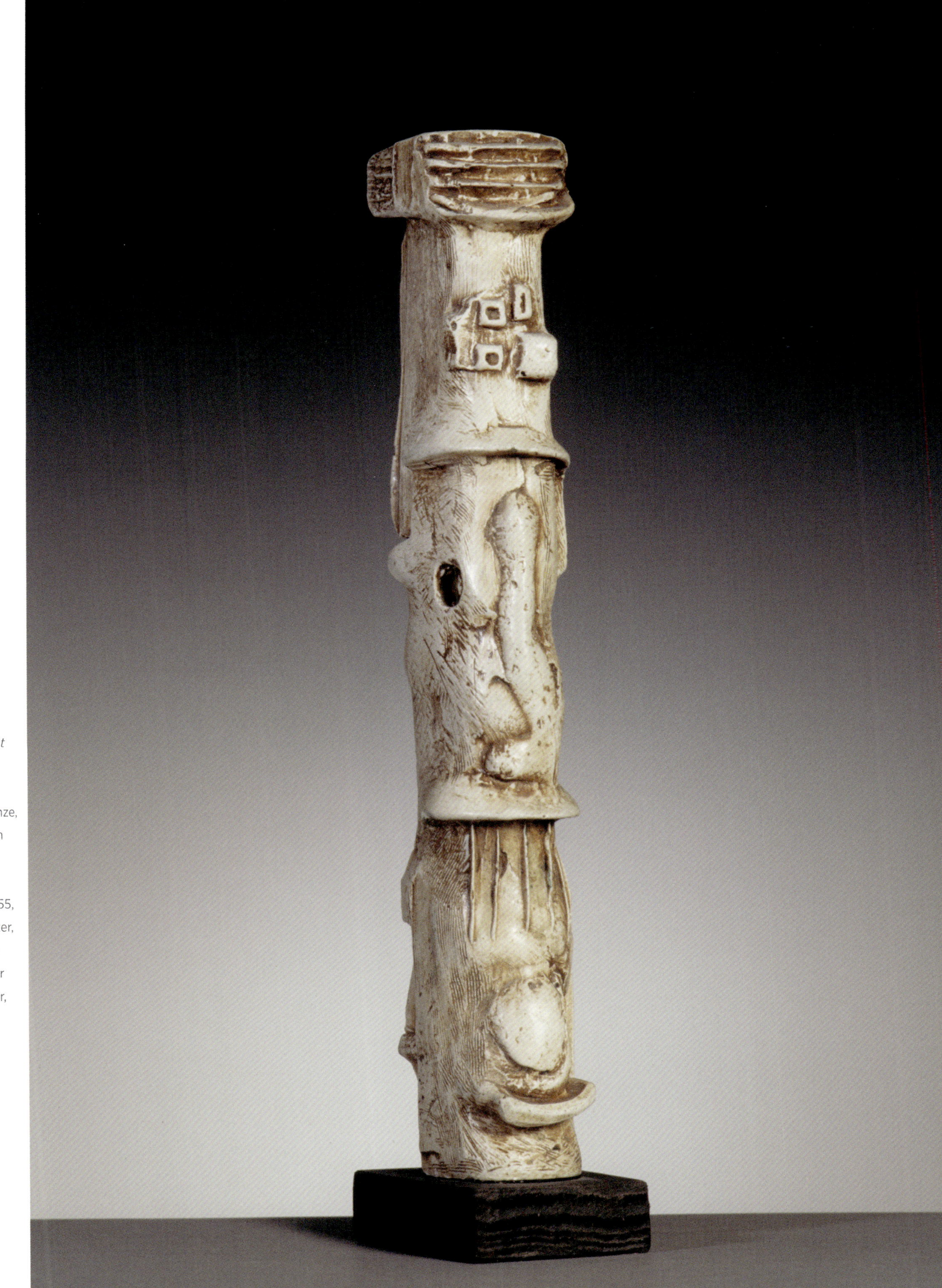

Links / left: *Upright Motive No.9*, 1979, LH 586a gietsel / cast 0, brons / bronze, 335,5 × 92 × 92 cm

Upright Motive: Maquette No.11, 1955, LH 391 gips / plaster, gips met gekleurd oppervlak / plaster with surface colour, 32 × 5 × 8 cm

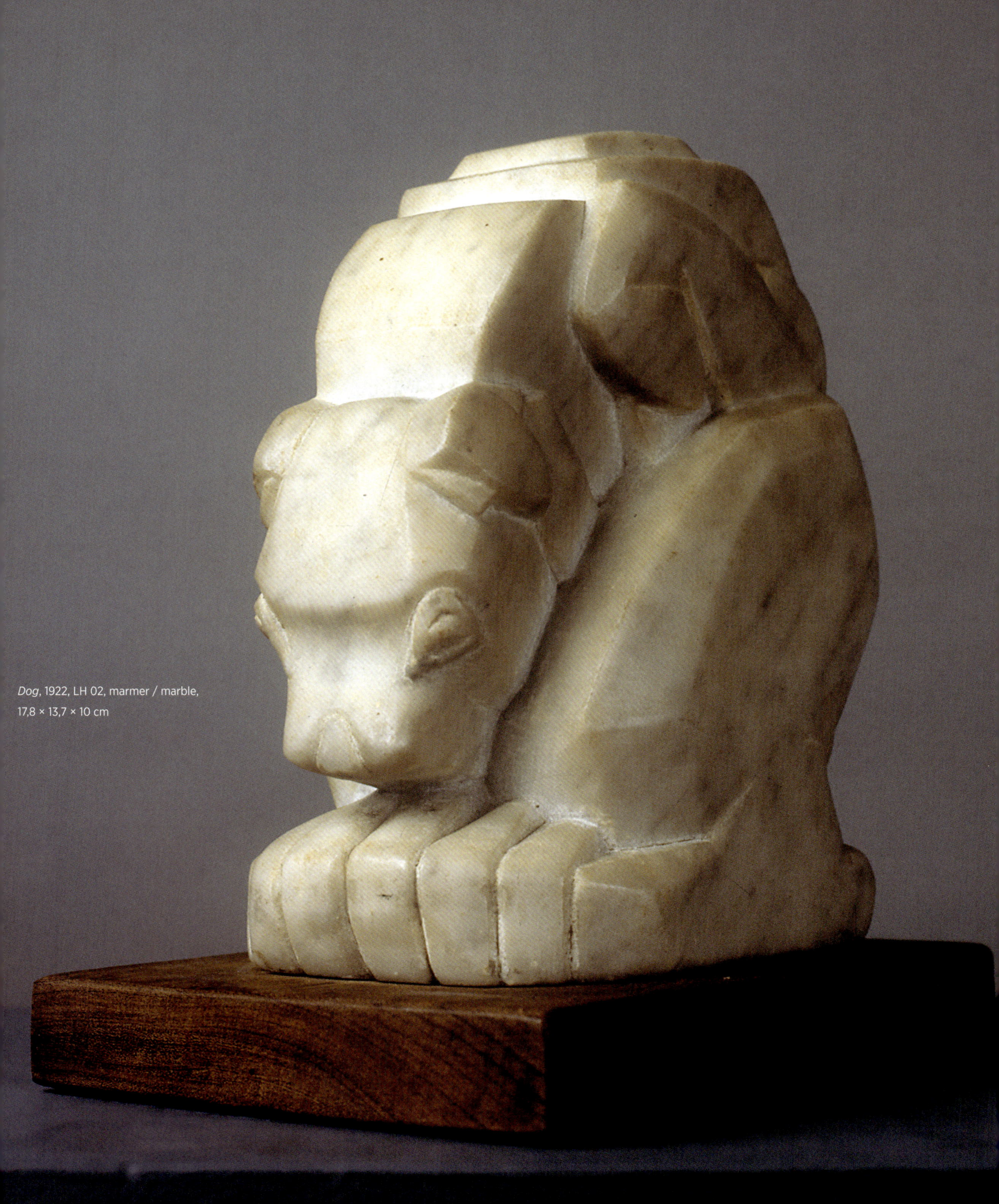

Dog, 1922, LH 02, marmer / marble,
17,8 × 13,7 × 10 cm

Over het onderzoeken en begrijpen van **vorm:** materiaal, werkwijze en kennisverwerving in het werk van Henry Moore

Hannah Higham

To Grasp and Understand Form: Material, Process and the Acquisition of Knowledge in the Work of Henry Moore

Henry Moore heeft in een tijdsbestek van meer dan zeventig jaar zowel in zijn beeldhouwwerk, zijn voornaamste werkgebied, als in ander werk[1] met veel verschillende media geëxperimenteerd. Hij begon zijn carrière in de jaren twintig van de vorige eeuw als beeldhouwer. Net als andere avant-gardekunstenaars in Groot-Brittannië en Europa was hij overtuigd aanhanger van *direct carving* (beeldhouwen zonder voorbereidende schetsen en studies) en *truth to material* (materiaal inspireert het kunstwerk). Hij verklaarde meerdere malen het liefst met steen en hout te werken.[2] Toch is hij vanaf zijn overlijden in 1986 tot op heden, ondanks zijn levenslange interesse voor beeldhouwen, vooral bekend geworden om zijn monumentale bronzen sculpturen.

Uit onderzoek naar de opvattingen van Moore over materiaal en werkwijze blijkt een diepgaand en genuanceerd begrip van de eigenschappen van de verschillende soorten steen, hout en metaal, en van de associaties die zij bij het publiek kunnen oproepen: de geschiedenis in materiële vorm. Toch was Moore nooit zo dogmatisch in de *truth to material*-leer dat hij het materiaal als doorslaggevend beschouwde of zich erdoor liet beperken. Zijn kunstwerken, publicaties, uitspraken en alles wat hij thuis en in zijn ateliers bewaarde, getuigen van een voortdurende zoektocht naar al die materialen en geven duidelijk blijk van het besef dat juist die permanente zoektocht de basis van zijn kennis vormde.

Je bent beeldhouwer omdat je een bepaalde gevoeligheid hebt voor volumes en vormen in hun fysieke verschijningsvorm – ik voel dat ik mijn innerlijke roerselen of ambities het best uiterlijk vorm kan geven in vaste materie (hout, steen of metaal). De problemen die komen kijken bij het bewerken van die materialen, de problemen met betrekking tot massa en volume, licht in relatie tot vorm en volume in verhouding tot ruimte, en het steeds beter leren bevatten en begrijpen van die vormen binnen hun volledige ruimtelijke realiteit, dat zijn de problemen die mij als kunstenaar interesseren en daarvan denk ik dat ik ze kan oplossen door in harde driedimensionale materialen te hakken, ermee te bouwen en ze te laten versmelten.[3]

Moore probeert hiermee een bredere opvatting van het principe van *truth to material* tot uitdrukking te brengen; een principe dat de nadruk legt op het maakproces en impliceert dat creativiteit eerder afhankelijk is van de confrontatie tussen de kunstenaar en het medium, dan van een proces dat door fantasie of intellect wordt gestuurd.

40

Henry Moore werkt aan *Dog* in Wighton, Norfolk 1922 / Henry Moore carving *Dog* in Wighton, Norfolk 1922

Over the course of more than seventy years, Henry Moore experimented with a variety of media and techniques both within and beyond his primary occupation of making sculpture.[1] He began his career in the 1920s as a committed carver, championing the doctrines of direct carving and truth to materials in line with other avant-garde artists in Britain and Europe. He publically declared in a number of statements his preference for working in stone and wood.[2] At the time of his death in 1986 and to this day, despite his sustained interest in carving, Moore is most widely known for his monumental bronzes.

A study of Moore's attitudes toward material and process reveals a profound and nuanced understanding of the properties of various stones, woods and metals and our associations with them – our history in material form. Even so, Moore was not so doctrinaire in his attachment to 'truth to material' that he allowed it to be the sole or overriding consideration in his work, nor to limit his variety of forms. Rather, his work, writings and statements, and the contents of his home and studios are evidence of Moore's persistent material investigation and his realization that it was through such exploration that knowledge is acquired.

One is a sculptor because one has a special kind of sensibility for shapes and forms, in their solid physical actuality – I feel that I can best express myself, that I can best give outward form to certain inward feelings or ambitions by the manipulation of solid materials – wood, stone or metal. The problems that arise in the manipulation of such materials – problems of mass and volume, of light in relation to form and of volume in relation to space – the problem of continually learning to grasp and understand form more completely in its full spatial reality – all these are problems that interest me as an artist and which I believe I can solve by cutting down, building up or welding together solid three-dimensional materials.[3]

What Moore expresses above is essentially an expanded idea of the principle of truth to material – a principle that stresses the act of making and implies that creativity is reliant on the confrontation

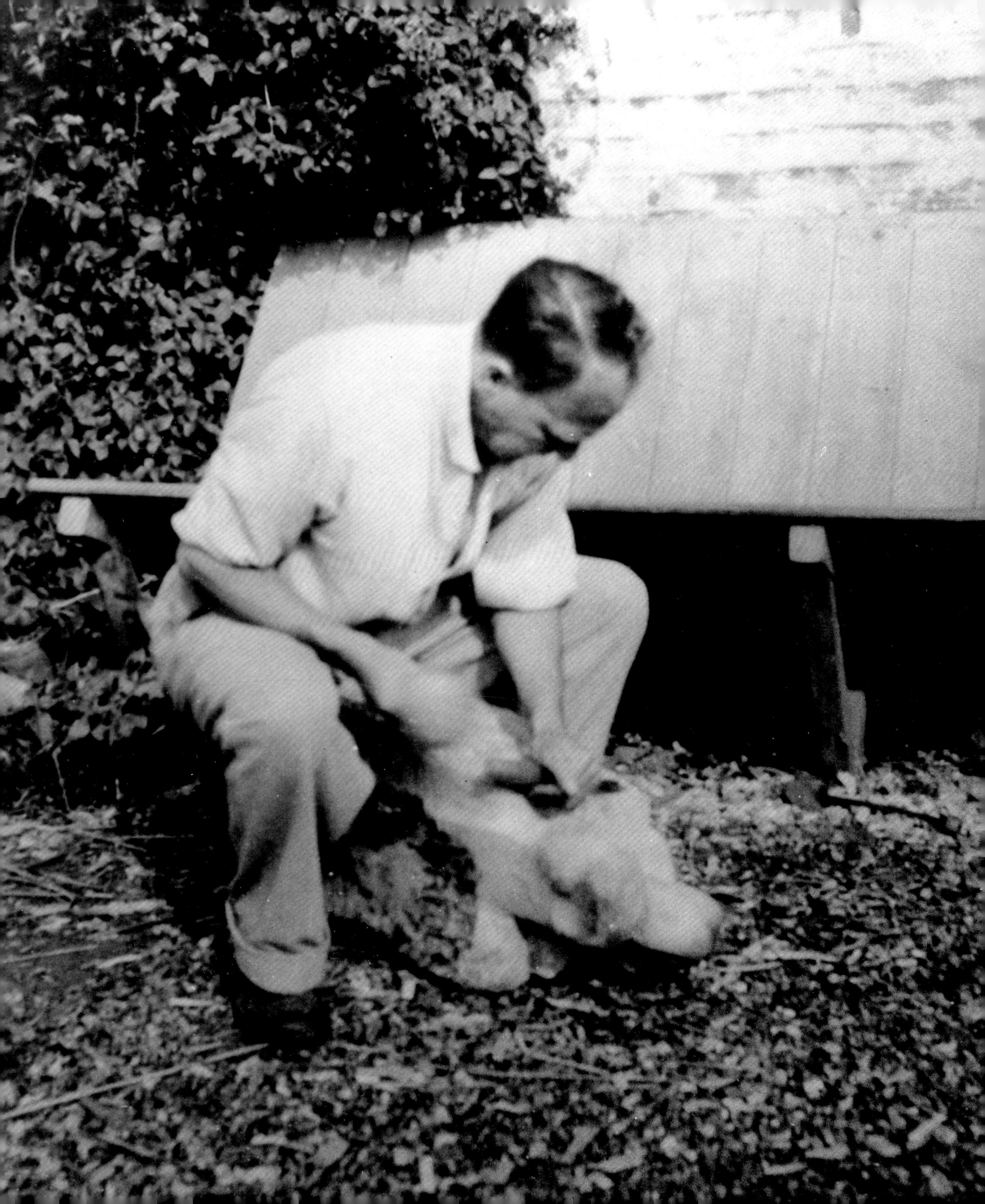

Aan het begin van de twintigste eeuw was de trend om trouw te blijven aan het materiaal nauw verbonden met *direct carving*. Beide ontstonden als reactie op een vermeende stagnatie in de conservatieve academische beeldhouwkunst die gebaseerd was op klassieke idealen en werken beoordeelde op basis van naturalisme en herkenbaarheid. Een beredeneerd en rationeel ontwerp werd hoger aangeslagen dan de spontane artistieke expressie. Om het gewenste resultaat te bereiken werd bovendien een mechanisch proces gepropageerd waarbij maquettes en modellen van klei werden gebruikt, die met behulp van een punteerapparaat in steen (bij voorkeur marmer) werden 'vertaald' en waarvan de sporen uiteindelijk zorgvuldig werden weggewerkt.

Doordat de voorstelling irrelevant werd, zo liet kunsthistorica Elizabeth Rankin zien, ontstond een nieuwe 'standaard' om beeldhouwwerken te beoordelen.[4] Een bewuste keuze van het materiaal en een duidelijke bevestiging van de eigenschappen ervan werd niet alleen het nieuwe ideaal, men ging zelfs aan de hand daarvan de hele kunstgeschiedenis opnieuw bekijken. Archaïsche, middeleeuwse en niet-westerse beeldhouwkunst kreeg de voorkeur boven de Grieks-Romeinse en renaissancistische kunst. Alleen Michelangelo werd ontzien, aldus Rankin, met name vanwege zijn onvoltooide slaven die uit het blok tevoorschijn kwamen en de ware 'expressie van de kunstenaar' hadden vastgelegd.[5] Hun onvoltooide staat legde de nadruk op het materiaal zelf.

Het tot uitdrukking brengen van de worsteling van de kunstenaar met zijn materiaal (de overmeestering ervan met behoud van respect voor de natuurlijke beperkingen en de unieke eigenschappen) werd aan het begin van de twintigste eeuw het nieuwe ideaal voor beeldhouwers. Waar voorheen een distantie bestond tussen idee en handwerk, werd de intieme relatie tussen de kunstenaar en het maakproces nu een essentieel onderdeel van het kunstwerk. Dezelfde virtuositeit en ambachtelijke behandeling van het materiaal kwam ook tot uitdrukking in Moores waardering voor de beeldhouwkunst die hij in de jaren twintig in het British Museum had bestudeerd. Hij voelde zich aangetrokken tot sculpturen uit een brede selectie geografische en chronologische collecties, met name tot werken die niet behoorden tot de traditionele westerse canon die op de kunstacademies werd onderwezen.

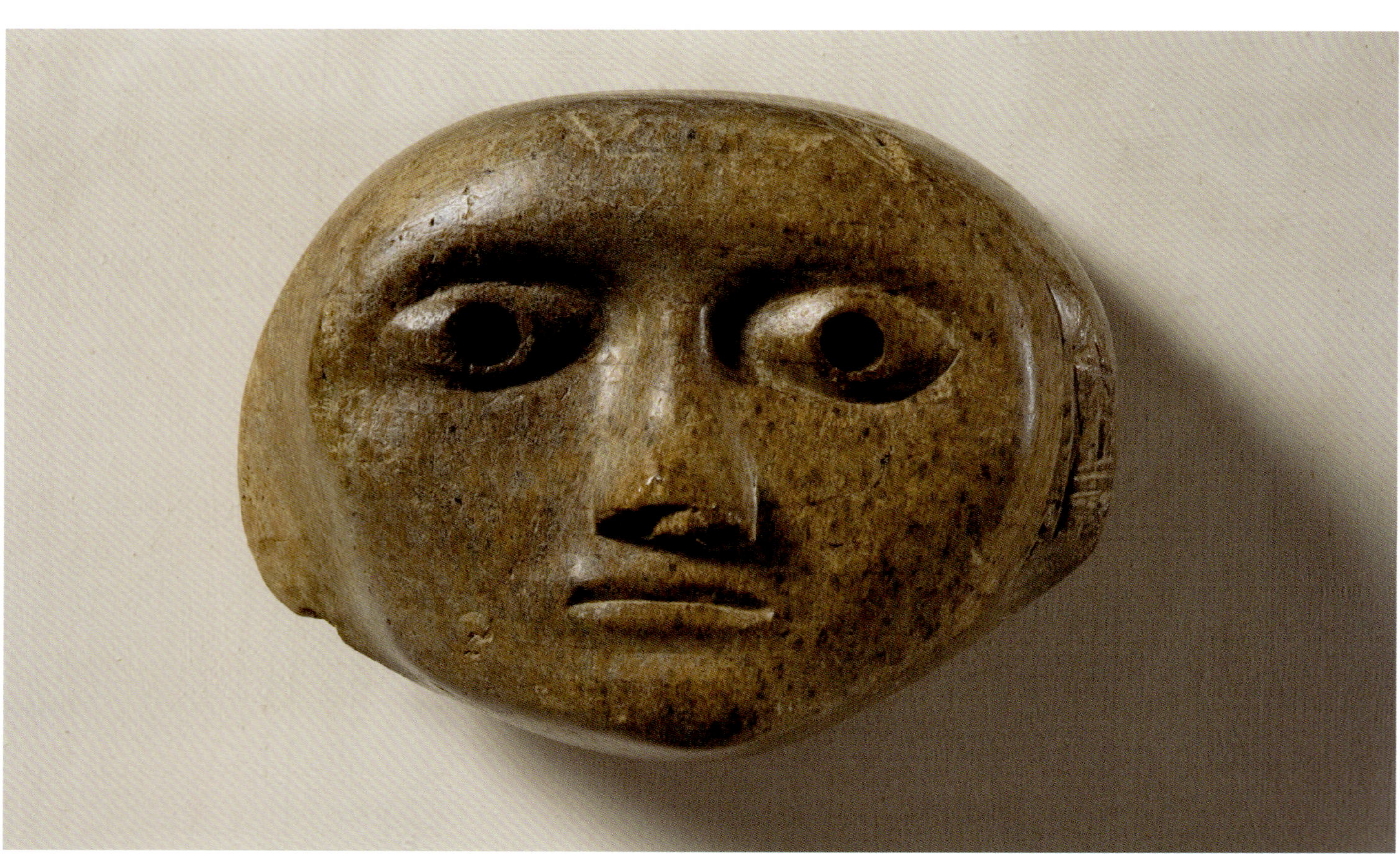

Moore prees het minimalisme van de Grieks-Cycladische figuren, van sculpturen waarin de kracht van het materiaal zichtbaar was en waarvan tegelijkertijd de gelaatstrekken met minimale ingrepen in de steen tot uitdrukking kwamen.[6] Hij bewonderde het complexe houtsnijwerk uit Nieuw-Ierland (Papoea-Nieuw-Guinea) dat hem op het spoor van 'vormen binnen vormen' zette en een preoccupatie werd[7], en de 'stenigheid' van Mexicaanse sculpturen.[8] In al deze beeldhouwwerken bewonderde hij '[...] een instinctief begrip van het materiaal, de juiste toepassing en de mogelijkheden ervan'.[9] Uit de publicaties die hij eraan wijdde, blijkt duidelijk de invloed van Roger Fry's boek *Vision and Design*, dat hij tijdens zijn opleiding aan de Leeds School of Art las.[10] Moore stond zeker niet alleen in zijn bewondering voor de kunst die buiten de canon viel, en zijn credo's van trouw aan het materiaal en spontaan en direct beeldhouwen vormden de basis van een veel bredere en complexere verzameling esthetische ideeën.

De rechtvaardiging voor abstractie in de kunst was een van die esthetische discussies die nauw samenhingen met vraagstukken rond materiaal en vorm. Al voor hij wekelijks het British Museum begon te bezoeken, was Moore geïnteresseerd geraakt in de neolithische kunst, in het bijzonder in Stonehenge in Wiltshire, waar hij na zijn aankomst in Londen, in september 1921, direct naartoe reisde. In *Circle: International Survey of Constructive Art*, een pseudo-manifest uit 1937 van de abstract-constructivistische beweging onder redactie van Leslie Martin, Ben Nicholson en Naum Gabo, stonden foto's van Stonehenge gemaakt door Walter Gropius en Carola Giedion-Welcker tussen een artikel van Barbara Hepworth en twee citaten van Moore.[11] Desmond Bernal, die in hetzelfde jaar voor *Circle* schreef en een bijdrage had geleverd aan de catalogus van de tentoonstelling van Hepworth, verklaarde:

> Neolithische kunst, met zijn extreme vormencultus, staat niet voor een primitieve fase in de evolutie van kunst maar voor een duidelijke stap opzij, weg van de voortreffelijke en levendige voorstellingen in de kunst van de grotschilders. Deze schijnbare stap terug is slechts verbeelding, want neolithische kunst is zeer ontwikkeld en drukt het besef uit dat belangrijke ideeën ook door heel beperkte symbolische vormen kunnen worden overbracht.[12]

Het commentaar van Bernal verwijst naar een opvatting die in die tijd breed werd gedragen: de idee dat kunstvormen geen lineaire evolutie volgen maar zich cyclisch ontwikkelen en periodiek ook abstract en

Mask, 1929, LH 61, steen / stone,
14 × 18 × 12,5 cm

between the artist and their medium and not solely on an imaginative or intellectual process.

The trend towards a truth to material went hand in hand in the early twentieth century with one for direct carving. They arose as a challenge to a perceived stagnation in academic sculpture, which had privileged classical ideals and judged a work based on its naturalism or rather verisimilitude. It prized cerebral calculated design over evident artistic expression. Moreover, to achieve this, a mechanical process was advocated which involved the use of maquettes and enlargement models made in clay, which would then be translated into marble (the preferred stone) through the use of a pointing machine. Any evidence of this process was eventually polished away.

Art historian Elizabeth Rankin has pointed out that as representation in art became irrelevant a new 'rule of thumb' was introduced through which sculpture would be judged.[4] A deliberate and evident affirmation of the qualities of material not only became the

new ideal but was in effect retro-fitted to past art. Greco-Roman classicism and High Renaissance art was set aside in in favour of archaic, medieval and non-western sculpture. Michelangelo was spared, Rankin points out, largely due to his unfinished slaves emerging from the block and capturing the true 'expression of the artist'.[5] Their *non finito* quality emphasises materiality.

Retaining some evidence of the tussle between an artist and their material - their mastery over it while respecting its natural limitations and revealing its inherent qualities - became a core concern for sculptors in the early twentieth century. Placing the artist as intimately connected to the process of making became a necessary feature, in direct contrast to the previous distancing between idea and manual work. Such evidence of virtuoso craftsmanship or materiality formed the basis of much of Moore's praise for the sculpture he was viewing at the British Museum throughout the 1920s. He was drawn to sculpture from a vast span of geographical and chronological collections and particularly those which sat outside the traditional western cannon

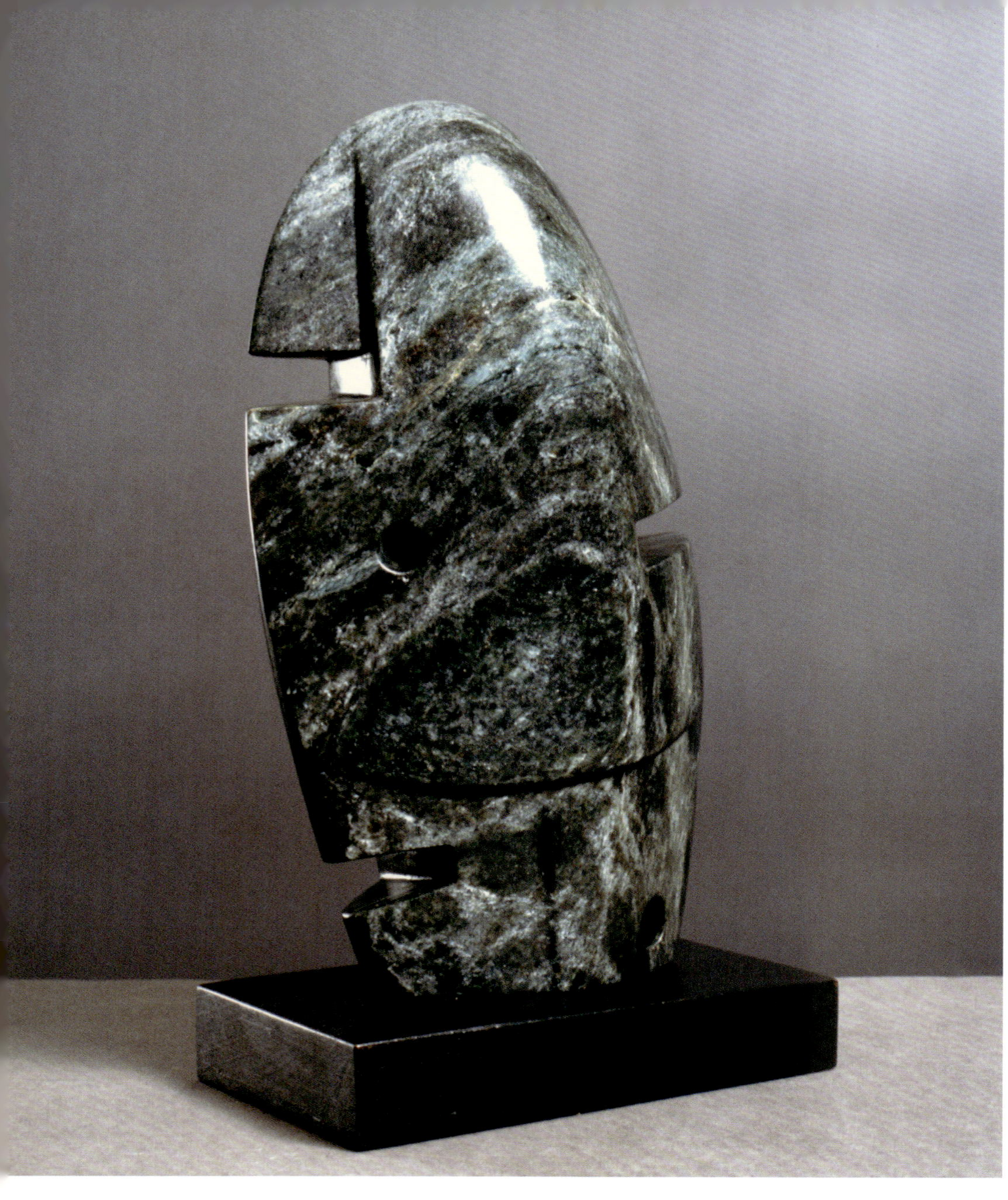

figuratief kunnen zijn. De vormen die door de kunstenaars van *Circle* werden toegepast, waren niet nieuw of onmenselijk, het waren onvermijdelijke uitdrukkingsvormen die in verschillende historische fasen in steeds geconcentreerdere vorm tot uitdrukking kwamen.

De associatie van oude stenen als abstracte vorm, in een oervorm en van oermateriaal, sloot aan op Moores opvattingen over spontane expressie en trouw zijn aan het materiaal. Door direct met steen te werken en de natuurlijke eigenschappen van steen te laten zien, legden Moore en andere beeldhouwers in zekere zin een relatie tussen de antieke en de moderne kunst. Het harde, fysieke materiaal van Stonehenge droeg bij aan het atavistische en blijvende karakter van het monument; de plaatsing en de uiterlijke verschijningsvormen verwezen naar de artistieke intenties, verstrekt door de eventuele bedoeling erachter. Evenals Barbara Hepworth ging Moore op zoek

Head, 1937, LH 182a, groen serpentijn / green serpentine, 37,5 × 22 × 12,8 cm

taught at art schools. He applauded the minima of Cycladic Greek figures, in which the overall shape might be a daring test of material strength but where features are dictated by the scarcest cuts into the stone.[6] He admired the intricacies of wood carving from New Ireland, which prompted his notes on 'forms within forms', a dynamic that would become a preoccupation for the artist,[7] and he reserved his greatest tribute for the 'stoniness' of Mexican sculpture.[8] In all these carvings and more, Moore admired what he termed '…an instinctive understanding of the material, its right use and possibilities'.[9] His own writings mimic those of Roger Fry's *Vision and Design,* which he had read while still a student at Leeds School of Art.[10] Indeed, Moore was far from alone in his admiration for art outside of the western cannon and his credos of truth to material and direct carving became intimately bound to a wider complex set of aesthetic ideas.

A justification for abstraction in art was one such aesthetic debate that can be directly linked to questions of material as well as form. Even before Moore's visits to the British Museum had become a

weekly pilgrimage, he had expressed an interest in Neolithic art and in particular the site of Stonehenge in Wiltshire, which he rushed to see after his arrival in London in September 1921. The 1937 publication of *Circle: International Survey of Constructive Art*, edited by Leslie Martin, Ben Nicholson and Naum Gabo, which was a pseudo-manifesto of the abstract constructivist movement, included photographs of Stonehenge taken by Walter Gropius and Carola Giedion-Welcker sandwiched between an article by Barbara Hepworth and the contribution of two quotes from Moore.[11] Desmond Bernal, who wrote for *Circle* and in the catalogue to Hepworth's exhibition of the same year, stated:

Neolithic art with its extreme formalism does not represent a primitive stage in the evolution of art, but an apparent step backwards away from the admirable and living representations of the art of the Cave painters. This backward step is illusory, for Neolithic art is highly sophisticated and expresses the realization that important ideas can be conveyed by extremely limited symbolic forms.[12]

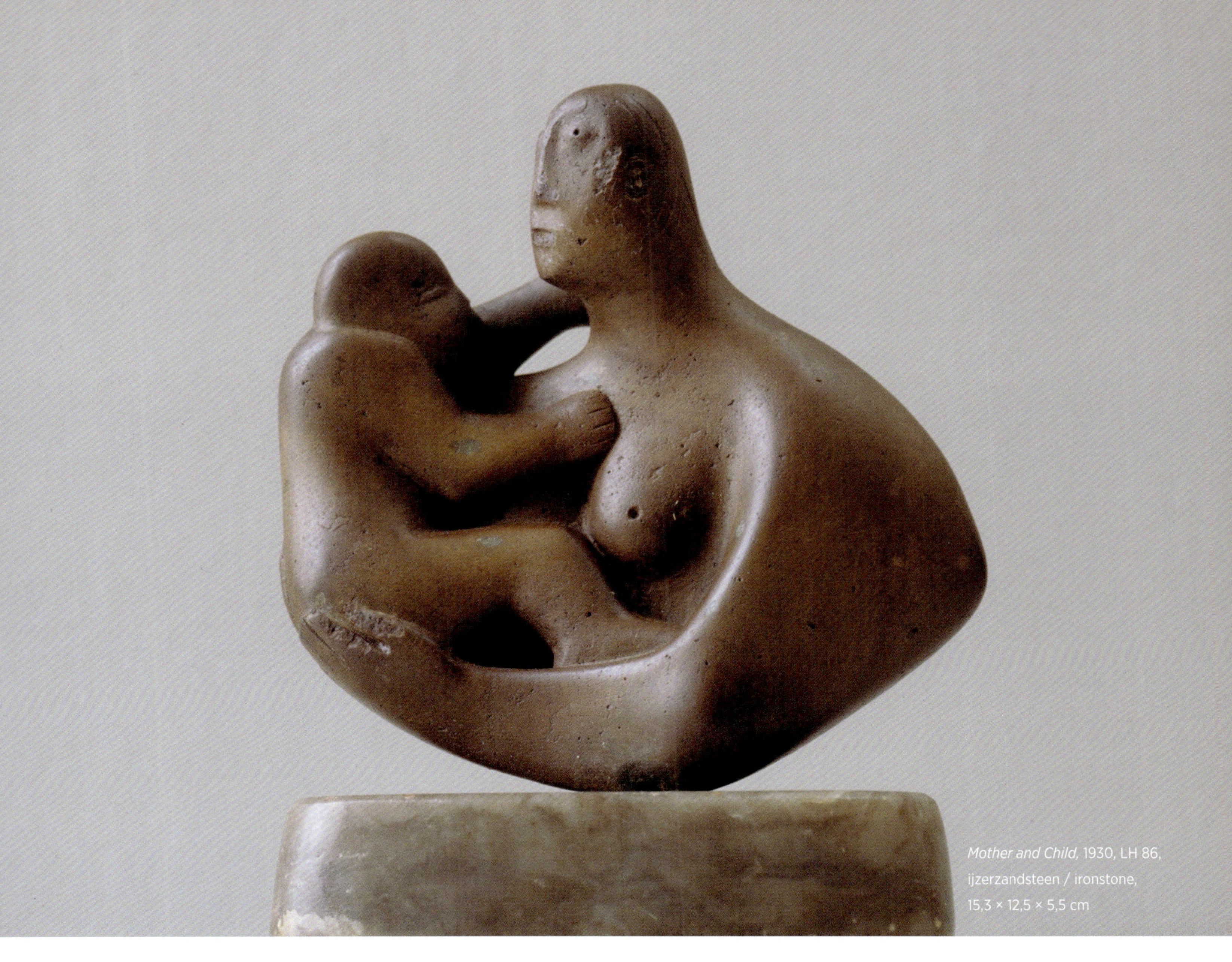

Mother and Child, 1930, LH 86,
ijzerzandsteen / ironstone,
15,3 × 12,5 × 5,5 cm

Bernal's comments echo a wider theory expounded at the time: that the forms of art are cyclical, periodically incorporating both abstraction and figuration on equal terms rather than in linear evolution. The forms that were used by the artists of *Circle* were not novel or inhuman, but inevitable modes of expression employed over various phases of human experience and as such concentrated in their power.

The notion of ancient stones as abstract form, primal in their shape and their material, aligned with Moore's thoughts on direct carving and truth to materials. By working directly with stone and allowing its natural properties to emerge, Moore and his fellow sculptors were in a sense bridging ancient and modern. The hard, physical material of Stonehenge contributed to its atavistic, originary and perennial character, with its placement and surface evidencing the trace of an archaic artistic will – intensified through its accumulated purpose. With Hepworth, Moore sought out native British stones for carving. These were not only free from association with traditional classical forms, but also had unique qualities of their own.

Archaeologists have established that the relationship between people and their material world has long been a sophisticated one.[13] We know that prehistoric stone carvers had an intimate knowledge of the properties of different stones and that their own biographies are entangled with those of their carvings. Moore appreciated that the varied traditions of working stone, exchanging it or placing it within the landscape reveal to us something of human history. The choice of certain stones for certain uses would have been based on knowledge – knowledge of the natural world and that obtained through repeated negotiation with the material, judging what it would allow and what effect grinding, flaking, pecking or polishing might reveal. Concern for the eventual appearance of something was as important in the selection of material as its physical integrity. Cultural values for different stones were thus obtained.

While on holiday in Norfolk, East England, (and elsewhere), Moore mirrors this activity of selecting stone, seeing in it the potential for

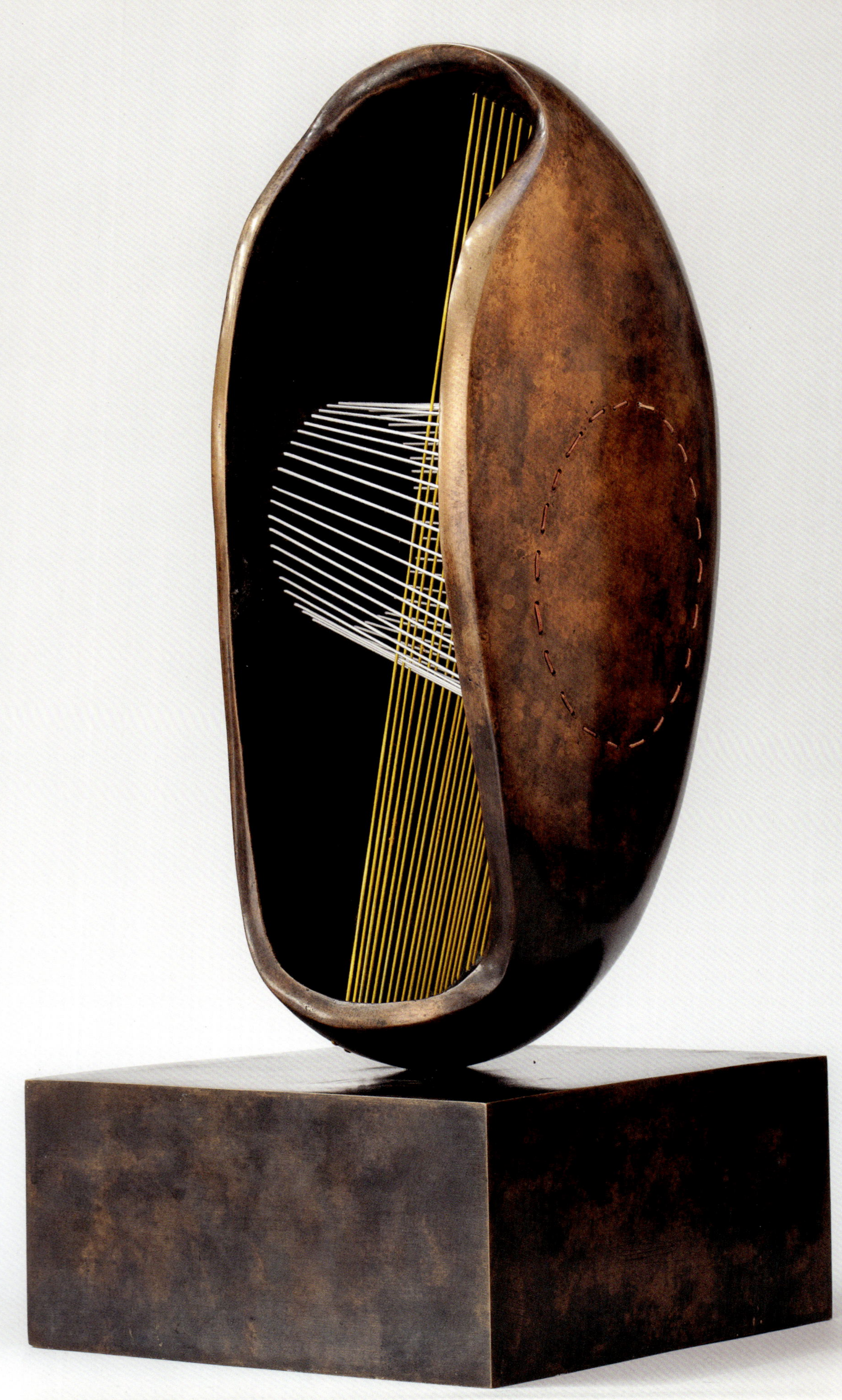

naar inheemse Britse stenen; dit materiaal werd niet geassocieerd met traditionele, klassieke vormen en had zijn eigen, unieke eigenschappen.

 Archeologen hebben vastgesteld dat de relatie tussen mensen en hun materialen al sinds lang heel subtiel is.[13] We weten dat prehistorische steenbewerkers gedetailleerde kennis hadden over verschillende steensoorten en dat hun eigen ervaringen verweven zijn met de werken die ze nalieten. Moore had oog voor die verscheidenheid aan tradities, hij zag hoe het plaatsen van sculpturen in een landschap iets onthulde over de geschiedenis van de mensheid. De keuze van bepaalde steensoorten voor bepaald gebruik was gebaseerd op kennis: kennis van de natuurlijke wereld die door herhaald gebruik van het materiaal was verkregen, waarbij werd ontdekt wat ermee mogelijk was en welk effect schuren, schilferen, hakken of polijsten had. Bij het selecteren van materiaal was aandacht voor hoe iets er uiteindelijk uitzag net zo belangrijk als de fysieke integriteit van het materiaal. Zo verkregen steensoorten elk hun eigen culturele waarde. Op zijn vakanties in Norfolk, langs de oostkust van Engeland en elders herhaalde Moore diezelfde ervaring als hij stenen uitzocht en de potentiële nieuwe vormen ervan beoordeelde. In *Mother and Child* dicteert de harde ijzersteen, die hier overal aan de kust kan worden gevonden, de vorm van de uiteindelijke sculptuur, maar deze wordt getransformeerd door de visie en vakkundigheid van Moore. Om de relatie tussen moeder en kind duidelijk te maken en ons bewustzijn van hun bestaan in de ruimte te vergroten, dringt Moore op een subtiele maar virtuoze manier door in de steen: de arm van het kind overbrugt de ruimte tussen beide figuren en vormt een herhaling van de arm van de moeder langs de rand. De onderlinge afhankelijkheid van vorm, massa en lege ruimte loopt als een rode draad door het werk van Moore en is fundamenteel onderdeel van zijn experimenten met innerlijke en uiterlijke vormen.

Halverwege de jaren dertig begonnen zijn experimenten met ruimte en vorm te evolueren. Van het doorboren van de steen verplaatste zijn belangstelling zich eerst naar de wiskundige modellen in het Science Museum en daarna naar het gebruik van draden in zijn sculpturen. Draad bood Moore een aantal mogelijkheden met betrekking tot vorm en symboliek: hij kon de ruimte daarmee zowel begrenzen als onthullen. Het creëerde een semitransparant oppervlak dat een doorkijk door de sculptuur bood, en bij gebruik van meerdere draden

Stringed Figure: Bowl, 1938, LH 186c, gietsel /
cast 1967, brons en draad / bronze and string,
53 × 23 × 25,5 cm

another form. In *Mother and Child*, the hard ironstone pebble, readily found along the coast there, dictates the shape of the eventual sculpture but it is Moore's vision and skill that transform it. To articulate the relationship of mother and child and to increase our awareness of their existence in space, Moore pierces the pebble in a subtle but virtuoso act of carving – the child's arm becomes a bridge between the figures echoing the mother's own along the diagonal edge of the pebble. The interdependence of forms and of mass and void is a thread that runs throughout many of Moore's works and became fundamental to his exploration of internal/external forms.

By the middle of the 1930s, Moore's formal investigations into space and form had evolved from piercing the block, through an interest in the mathematical models of the Science Museum, to the use of string in his sculptures. String offered Moore a number of formal and symbolic possibilities. It could be employed to simultaneously enclose and reveal space. It created a semi-transparent surface which permitted one to see through sculpture and when multiple stringed planes were employed, it afforded the ability to see one form inside another. Moreover, the taught strings evoked a psychological tension, and were often employed by Moore in contrast to a supporting curvilinear mass.

Moore's interest in mathematical models paralleled that noted in his appreciation of the New Ireland Malagan carving at the British Museum, which revealed an inner figure within an outer framework. It also echoed Moore's concurrent interest in the armouries of the Wallace Collection in London and in particular his fascination with helmets. In helmets and in nature (in the shells of crustaceans for example), Moore was presented with examples of protective carapace. He was drawn in particular to the smooth, undecorated helmets on display, where face-openings outlined dark spaces within. In his series of Helmet Head sculptures that followed, he conflated helmet and skull and populated the interiors with biomorphic figures. He calls into question the ability of these outwardly strong, engineered skulls to protect that most fragile

kon de ene vorm in de andere worden gezien. Bovendien zorgden de strakke draden voor een psychologische spanning en werden ze vaak als contrast gebruikt voor de ronde vormen.

Moores belangstelling voor wiskundige modellen liep parallel met zijn interesse in het Malagan-houtsnijwerk uit Nieuw-Ierland in het British Museum, van sculpturen die in sculpturen waren gevat. Dit was nauw verbonden met zijn interesse voor de wapenkamers van de Wallace Collection in Londen. Door de helmen raakte hij ook gefascineerd door de beschermende pantsers in de natuur (zoals de schelpen van schaaldieren). In De Wallace-collectie bewonderde hij de gladde, onversierde helmen waarvan de ooggaten de duisternis binnenin omlijstten. In zijn serie *Helmet Head* die hierop volgde, voegde hij de helm en de schedel samen en vulde ze met biomorfe figuren. Dit riep de vraag op of deze schijnbaar stevige, kunstmatige schedels wel in staat waren om de zeer fragiele inhoud, ons bewustzijn, te beschermen. De combinatie van al deze voorbeelden uit verschillende Londense musea, maar vooral Moores oog voor de verdere mogelijkheden van het materiaal waarvan zij waren gemaakt, gaven hem een geheel nieuw arsenaal aan uitdrukkingsmogelijkheden.

In dezelfde periode werd het gebruik van metaal een belangrijk onderwerp voor Moore. Naast zijn passie voor beeldhouwen ging hij begin jaren dertig experimenteren met metaalgieten. Zijn eerste experimenten deed hij in de keuken van zijn huis/studio in Hampstead. Daar ontdekte hij dat hij lood in een pannetje op een primusbrander kon smelten. Met de aankoop van een cottage in Kent, in 1935, kon hij Londen vaker ontvluchten. Op de bijbehorende 2 hectare land ging Moore buiten beeldhouwen en bouwde hij een kleine gieterij. Brons bleek moeilijk en duur om goed te kunnen gieten zonder professionele hulp of apparatuur. Lood was daarentegen dankzij het lage smeltpunt veel praktischer en goedkoper voor zijn experimenten en de eigenschappen ervan (zacht, polijstbaar, giftig) spraken hem aan.

In de periode tot eind 1939 goot hij ten minste 25 werken in lood.[14] De toename van zijn productie in die jaren is opvallend. In een artikel uit 1951 omschrijft Kenneth Clark Moores gebruik van metaal als een nieuwe, betekenisvolle ontwikkeling in zijn werk.[15] Clark identificeert het materiaal en gietproces als de oorsprong van nieuwe vormen in Moores creatieve expressie. Volgens hem stelt het smeedbare materiaal geen structurele

Helmet Head No.1, 1950, LH 279, gietsel / cast, lood / lead, 35,5 × 26 × 26 cm

thing – our inner consciousness. The combination of these examples and prototypes from the museums of London and in particular an appreciation of their material possibilities and associations, provided Moore with a new lexicon of sculptural form.

The use of metal was a central concern for Moore during these exact years. While he remained passionate about carving, in the early 1930s he began to experiment with casting. His early investigations were in the kitchen of his Hampstead home cum studio, where he found he could melt lead in a saucepan on a primus stove. By 1935, he had acquired a cottage in Kent which afforded regular escapes from London and an important five acres of land in which Moore could carve outdoors and where he developed a small backyard foundry. Bronze proved a difficult and expensive material to cast well in such a foundry, lacking trained assistance or professional equipment. The low melting point of lead made it far more practical and economical for Moore's experiments. Moreover, the properties of the metal (soft, burnish-able, toxic) appealed to Moore.

Moore cast at least twenty-five works in lead before the end of 1939.[14] The intensification in the production of metal sculptures in those years is notable. In an article of 1951, Kenneth Clark remarked upon Moore's use of metal as a significant recent development in his art.[15] He identifies the very material and process of casting as the origin of Moore's new forms of creative expression. Clark notes that it was a malleable medium which made no structural demands on the artist - a departure for the carver. Moore's understanding of the properties of lead and bronze stimulated new sculptural ideas which, as Clark points out, were 'metallic ideas' the 'idea and material united at conception'.[16] Truth to material remains a core concern, even if the less direct act of casting rather than carving was now the technique.

It is unlikely that it was only the plastic properties of metal which appealed to Moore. He described lead as having a 'poisonous quality' and would have been aware of its declining availability when required for the manufacture of ammunition.[17] Bronze too had

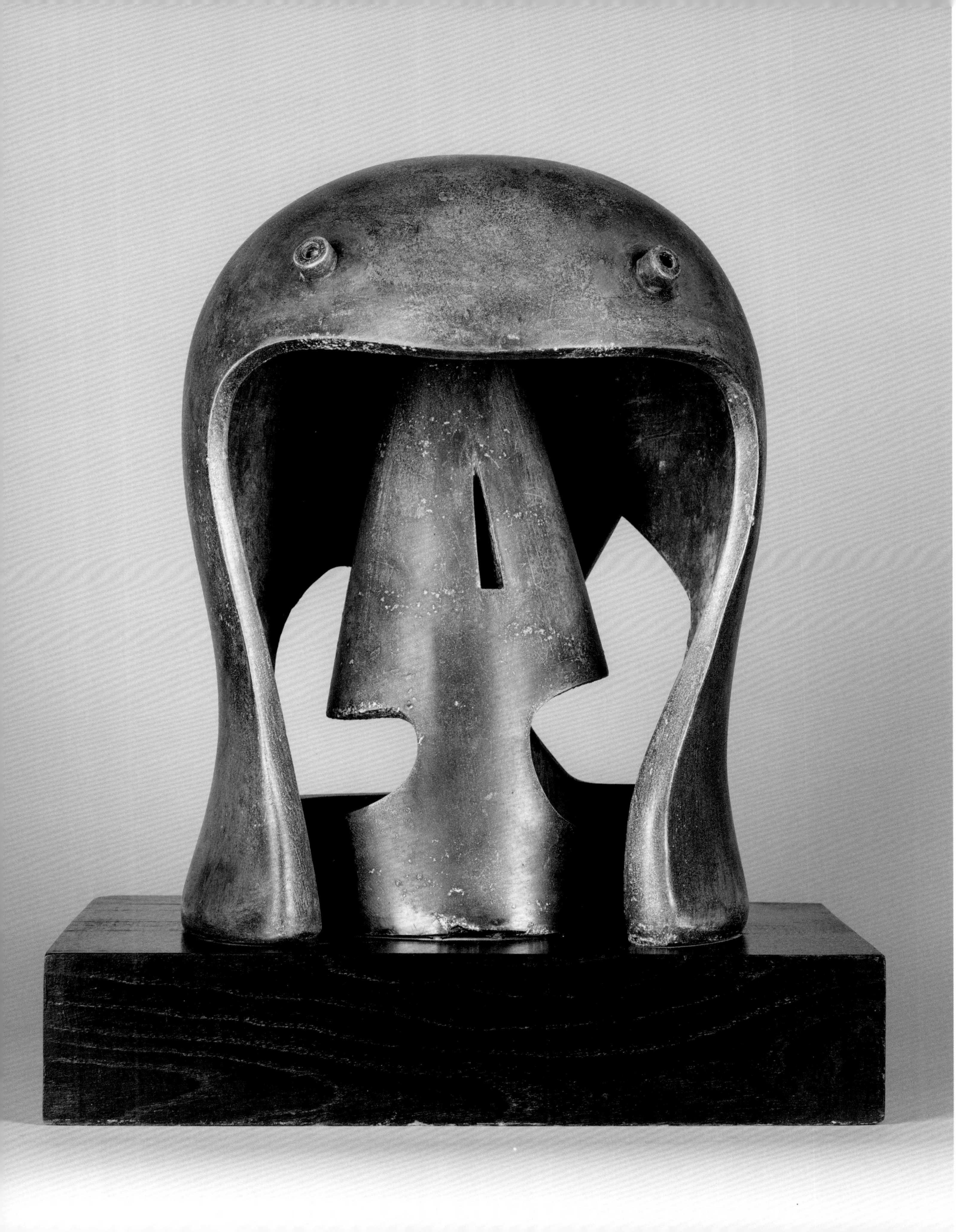

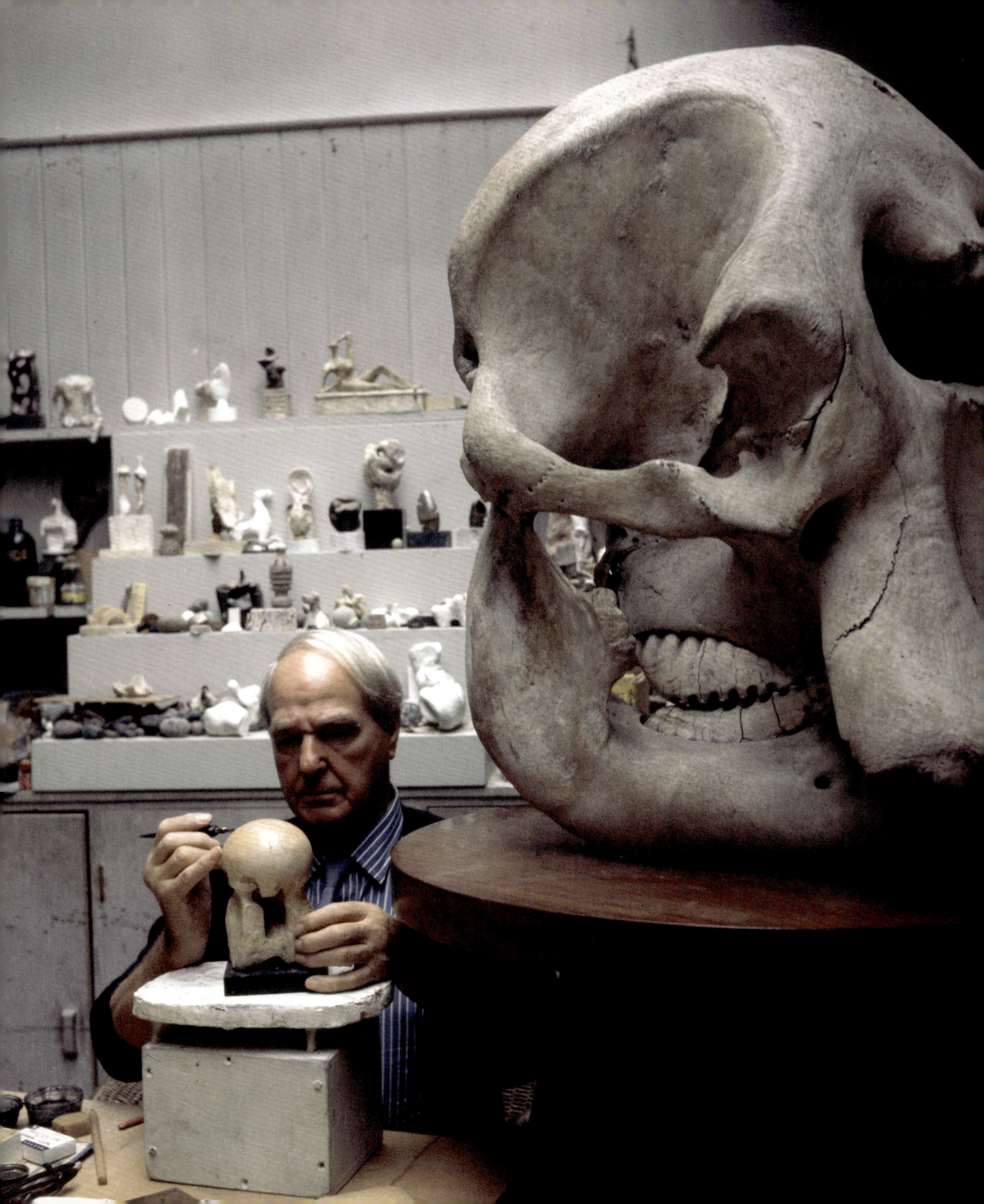

eisen aan de kunstenaar en vormt het een nieuwe koers voor de beeldhouwer. Moores begrip van de eigenschappen van lood en brons leidde tot nieuwe sculptuurideeën die, aldus Clark, 'metaalachtige ideeën' waren, waarbij 'idee en materiaal al bij conceptie samenkomen'.[16] *Truth to material* bleef het uitgangspunt, zelfs ondanks dat gieten een minder directe handeling was dan beeldhouwen.

Waarschijnlijk ging het Moore niet alleen om de plastische eigenschappen van metaal. Hij omschreef lood als een metaal met een 'giftige eigenschap' en was zich ervan bewust dat het minder beschikbaar zou zijn als er munitie van gemaakt moest worden.[17] Ook brons was in het verleden tijdens conflicten minder beschikbaar geweest. Vanwege het omsmelten van vijandelijke kanonnen nam de politieke macht van het materiaal na een oorlog toe, evenals de connotatie van het materiaal met leven en dood. Martina Droth heeft onderzoek gedaan naar de wijze waarop het smelten van brons symbolische associaties oproept met de macht van de bronsgieter, die welhaast demiurgische krachten bezit om de materie opnieuw tot leven te wekken.[18]

Het gieten van metaal is een vorm van metamorfose. Dit feit alleen al legt een relatie tussen de techniek enerzijds en de natuur en creatie anderzijds. Dat Henry Moore wandelend stenen verzamelde op de stranden in Norfolk wijst niet alleen op zijn liefde voor steen, maar ook op zijn belangstelling voor de natuur in bredere zin. In de jaren twintig interesseerde hij zich al voor het verzamelen van organische objecten, zoals stenen, schelpen en botten. In de jaren dertig begon hij deze objecten systematisch te bestuderen in zijn zogenoemde *Transformation Drawings*. Daarnaast las hij *On Growth and Form* uit 1917 van de wiskundige en bioloog D'Arcy Wentworth Thompson, die de onderlinge relatie tussen groei en vorm omschrijft met behulp van wiskundige formules. Moore was waarschijnlijk vooral geïnteresseerd in zijn argumenten over hoe vorm door groei (van binnenuit) en natuurlijke krachten (van buitenaf) kon worden bepaald.[19]

De rijkdom van de natuurlijke verschijnselen (naast de enorme visuele variëteit ook de vormende krachten van de natuurwetten) vormden een onuitputtelijke bron van inspiratie voor Henry Moore. Hij wilde deze processen in zijn werk opnemen, omschreef botten als voorbeelden van innerlijke kracht en structuur, en als een vorm die van binnenuit kracht uitoefende.[20] Moore voelde deze interne dynamiek waarschijnlijk wel intuïtief

Henry Moore werkend aan *Atom Piece*, midden jaren '60 / Henry Moore working on *Atom Piece*, mid- 1960s

a similar history of unavailability during conflict. Indeed, post-war the melting of foreign cannon and the statues of defeated rulers enhanced the political power of the material and its connotations with life and death. The symbolic associations of bronze and the demiurgic powers of the bronze caster who could control a material capable of resurrection have been examined by Martina Droth.[18]

Casting metal was a process of metamorphosis. This fact in itself would link the practice with nature and with creation. Moore's gathering of pebbles on the beaches of Norfolk is indicative not only of his interest in stone, but in the natural world more broadly. In the 1920s, Moore had already established an interest in collecting organic objects such as stones, shells and bones and by 1930, he subjected these to programmatic study in his so-called 'Transformation Drawings'. His exploration of these forms was complimented by his reading of *On Growth and Form,* written by mathematical biologist D'Arcy Wentworth Thompson, which had been published in 1917. D'Arcy Thompson proposes the inter-relation of growth and form through the application of mathematical formulae. Perhaps of particular interest to Moore were his arguments on how both (internal) growth and (external) natural forces could determine form.[19]

The multiplicity of natural phenomena, not only its visual variety but also the formative forces or laws of nature, were an endless source of inspiration to Moore. He wanted to adopt its principals and in particular, Moore fixed on bones as examples of inner strength and structure, of forms pressing from the inside.[20] While carving had perhaps allowed Moore to intuit this sense of internal dynamism its action was glyptic – one of working from the outside in. Modelling and casting are plastic techniques, which offer very different sculptural values. One might even say that Moore's relationship to the natural forms he amassed, and which lined the shelves of his studio, evolved from tactile to haptic. The ironstone pebble was picked up, turned over in his hand, its hard external qualities keenly felt. Later such bones and stones are similarly handled but seem to relate to the very structures of the hand – muscles gripping, the

aan, maar als beeldhouwer moest hij van buiten naar binnen werken. Modelleren en gieten zijn verschillende plastische technieken die een heel ander procedé volgen. Je zou zelfs kunnen stellen dat de relatie van Moore met al zijn verzamelde natuurlijke vormen, evolueerde van tactiel naar haptisch: van de gladde kiezelstenen die hij opraapte langs het strand en ronddraaide in zijn hand om harde externe eigenschappen goed te kunnen voelen, ging zijn belangstelling steeds meer uit naar botten en stenen, die op dezelfde manier waren opgepakt, maar die nu een relatie leken aan te gaan met de structuur van de hand zelf: de spieren die zich spannen en de knokkels die van binnenuit tegen de huid drukken. Moores voorkeur voor kiezels die door de zee zijn gepolijst, maakt plaats voor hoekige vuurstenen met scherpe punten.

Dankzij de eigenschappen van brons, de plasticiteit en de ruimtelijke kwaliteiten ervan, kon Moore experimenteren met vormen die hij onmogelijk in steen of hout had kunnen maken. Halverwege de jaren veertig ontstond vrijwel al zijn werk met een maquette: een model dat zo klein was dat de kunstenaar hem rondom kon bekijken en zich kon voorstellen hoe het er in de verschillende afmetingen uit zou zien. Nu hij geen voorbereidende schetsen meer hoefde te maken of tijdrovende voorstudies in steen hoefde te hakken, kon hij sneller en vrijer experimenteren. Zijn materiaal (hard of zacht, glad of ruw, nat of droog, organisch of mechanisch) kon op alle mogelijke manieren worden gemanipuleerd. Met zijn handen en in zijn hoofd verzamelde Moore kennis en ontwikkelde zo een geheel eigen visie.

Je zou kunnen denken dat *truth to material* in dit proces geen rol meer speelde; in werken als zijn *Wall Reliefs* en *Upright Motives* verwerkte hij een combinatie van materialen als schroeven, haken, schelpen, bouten, moeren en houten spatels. Deze objecten laten vaak sporen na van hun materialiteit, maar het lijkt erop dat ze vooral zijn gebruikt vanwege hun vorm. Gegoten in gips of brons veranderen ze van een verzameling in een gezamenlijk geheel, waardoor er geen aandacht meer is voor de karakteristieke eigenschappen van het materiaal. Ze werden gebruikt vanwege de verschillende vormen die met verschillende materialen konden worden bereikt: scherpe of zachte randen, regelmatige of onregelmatige lijnen. De reeks *Upright Motives* bijvoorbeeld, waarin hij organische en anorganische vormen combineerde, is even intrigerend als ontwapenend door de manier waarop Moore alles tot één geheel heeft gemaakt.

Upright Motive No.5, 1955-56, LH 383, gietsel /
cast 0, brons / bronze 213,5 × 47 × 60 cm

knuckles pressing through the skin. Moore's preference for sea-worn pebbles gives way to angular flints with sharp projecting points.

The properties of bronze, supple and spatially expansive, allowed Moore to investigate a variety of forms that would have been impossible in stone or wood. By the middle of the 1940s almost all of Moore's works began as small maquettes – models made small enough that the artist could view them in the round and imagine them at varying scales. Rather than on the page in preparatory drawing, or through the slow (and rigorours) process of carving, Moore's experimentation speeds up and becomes more playful. Materials – hard and soft, round and sharp, wet and dry, organic and mechanical – were subjected to repeated processes of addition, subtraction, depression and projection. Through hand and mind, Moore accumulated knowledge as he developed his own vision.

It might be suggested that in this process 'truth to material' was no longer a concern, after all, in works such as his Wall Reliefs or Upright Motives Moore incorporates a combination of materials – screws, claws, shells, nuts, bolts and wooden spatulas. These objects often leave traces of their materiality but it was primarily their shape which seems to have recommended their inclusion. Cast together in plaster or bronze they are transformed from a collection into a unified whole and therefore denied material specificity. Nonetheless, they were employed for the variety of forms which different materials could achieve - sharp or soft edges, regular and irregular lines. Moreover, they result in works such as the Upright Motives where mechanical and organic elements merge and which are intriguing or disarming by virtue of this combination.

Moore's preferred material for making maquettes was plaster. Unlike clay, which became unworkable when it hardened, plaster was modifiable, it could be poured, pressed into, added to and carved. Indeed, Moore had a tendency to carve, or one might more accurately saw draw, into the surfaces of his large plasters before they were sent to the foundry. It is almost as though he were

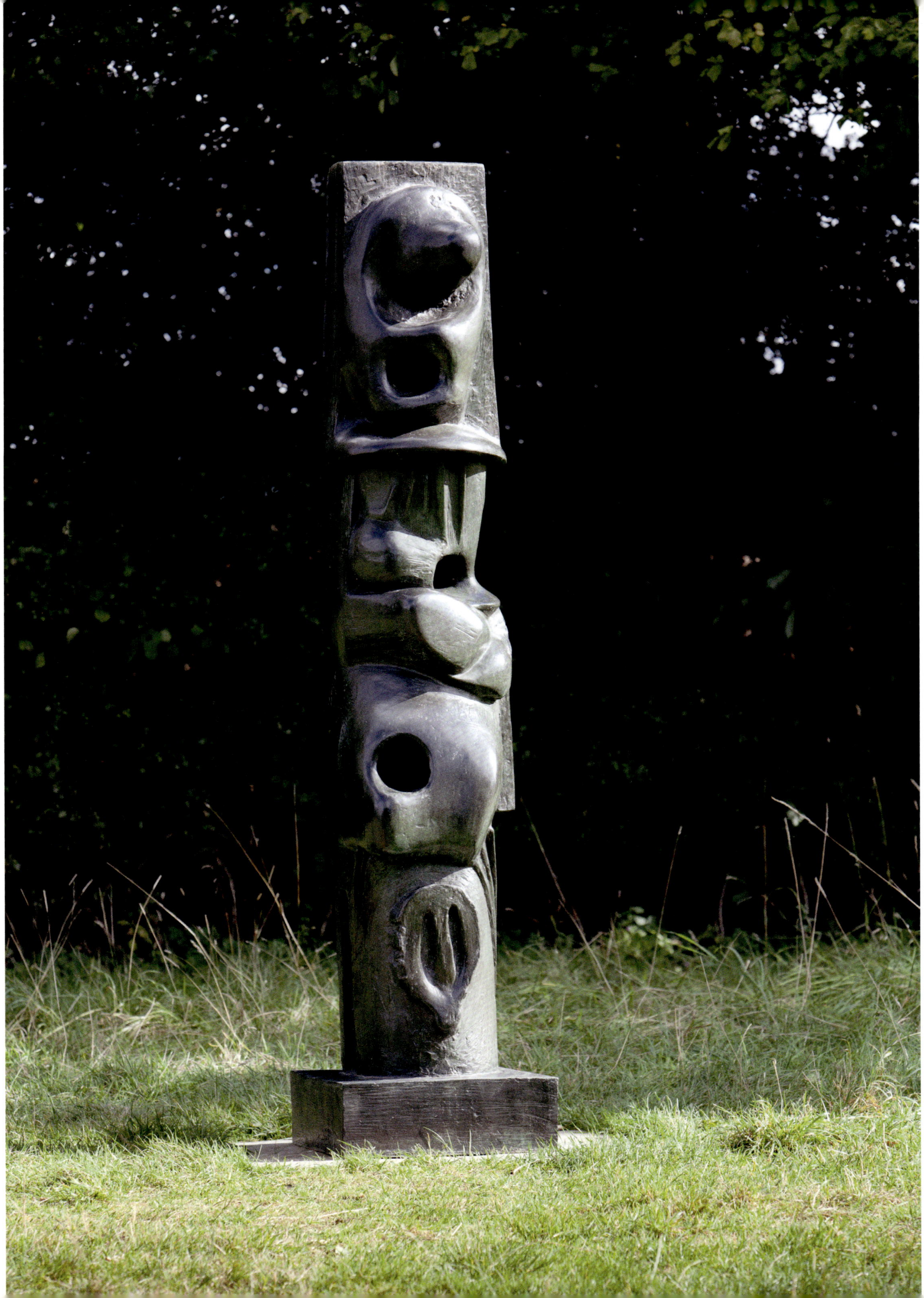

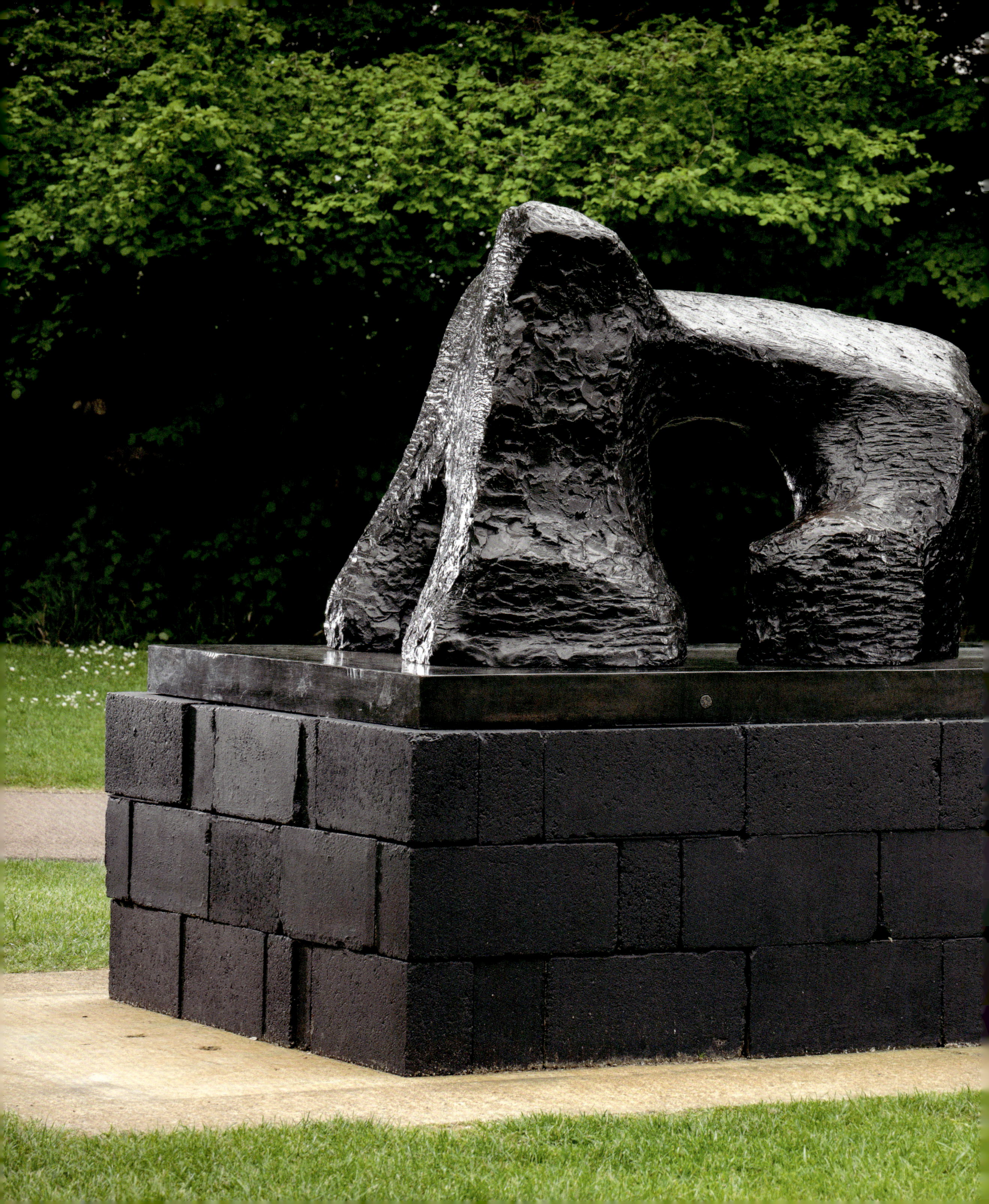

Two Piece Reclining Figure No.2, 1960,
LH 458, gietsel / cast 0, brons / bronze,
135 × 259 × 140 cm

Voor zijn maquettes werkte Moore het liefst met gips. In tegenstelling tot klei, dat niet meer kan worden bewerkt als het eenmaal is uitgehard, kan gips worden gegoten, ingedrukt, aangevuld en gegraveerd. Moore had de neiging om de gipsobjecten te graveren (of beter gezegd: te tekenen) voordat ze naar de gieterij gingen. Het lijkt bijna of hij zijn beeldhouwersinstinct maar niet kon onderdrukken. Of hij het *direct carving* niet kon loslaten en zich niet kon neerleggen bij een sculptuur waarin de sporen van het maakproces zijn uitgewist, wat nu eenmaal gebeurt als je met assistenten en bronsgieters moet samenwerken. Ook de kleur van het gips inspireerde Moore tot experimenten. De witheid is niet alleen een eigenschap van de kalk, het kan ook gekleurd worden met walnoteninkt om een warme, botachtige tint te creëren. Moore voegde soms ook een laagje groen toe om de bronsstof die op de gipswerken in de gieterij was neergedaald na te bootsen. Hij dreef weliswaar af van het specifieke materiaal, maar genoot ook van de mogelijkheid om verwarring te scheppen.

In de jaren zestig bleef Moore experimenteren met materialen en sloeg om verschillende redenen ook nieuwe wegen in. Hij omarmde polystyreen vanwege de lichtheid, de snelheid waarmee hij ermee kon werken en het gemak om het uit te vergroten om met de positionering in het landschap te kunnen experimenteren. Hij goot werken ook in glasvezel en porselein, en keerde terug naar beton, waarmee hij in de jaren twintig was begonnen. Het waren opwindende experimenten die zijn werk diepgaand beïnvloedden. Toch bleef het 'materiaal' waarin hij zijn hele leven excelleerde de ruimte zelf.

Voor Henry Moore was ruimte een tastbaar onderdeel van de beeldhouwkunst. Vanaf zijn vroegste werken, die hij uit steen hakte, hield hij op meesterlijke wijze de tegengestelde krachten van massa en leegte in balans; niet alleen door die leegten te vullen maar ook door ze te incorporeren.[21] De leegte daalt neer in de gaten en holtes en, eenmaal overgebracht op de maquettes en voltooide sculpturen, is hij even tastbaar als de volumes en uitstulpingen van fysieke materialen als brons, steen of hout. Uit de experimenten van innerlijke en uiterlijke vormen die duidelijk zichtbaar zijn in zijn *Helmet Heads*, spreekt een diep besef van ruimtelijkheid en hoe het publiek daardoor in beroering kan worden gebracht.[22]

unable to lose his 'direct carving' instinct, never fully reconciled to the removal of the sculptors' mark-making – as the casting process and the consistent use of studio assistants in the production of works, might dictate. The colour of plaster was also a source of experimentation for Moore. Its whiteness not only spoke of its own material properties but could also suggest others as its surface could be coloured. Moore often used walnut crystals to create a warm bone-like tone or added a green wash to imitate the effect of bronze dust settling on the plasters at the foundry. Thus he further transgresses any truth to a specific material but rather enjoys the potential to disrupt our reading of them.

By The 1960s, Moore's practice continued to prioritise material investigation albeit in new directions and occasionally with different motivations. Moore embraced polystyrene as a quick, light and effective method for enlargement and also for testing the siting of sculpture in the landscape. He also cast works in fibreglass, porcelain, and revisited experiments in concrete, which he had first trialled in the 1920s. These were exciting developments that had a fundamental impact on Moore's work. Perhaps however, the material Moore uses to greatest effect throughout his career is space.

For Moore, space was a tangible material for sculpture. Since his early carvings in which he pierced the block, he masterfully balances the opposing forces of volume and void, thinking not only of the space displaced by form but incorporated into it.[21] Puddles of air collect in the holes and hollows, and when these experiments are transferred to modelling maquettes, one senses the depressions made into yielding matter as much as the outward protrusion of hard materials such as bronze, stone or wood. Through his investigation of internal/external forms and clearly seen in his Helmet Heads, Moore demonstrates an awareness that spatial relationships solicit psychological effects.[22]

The dynamic tension created in the interplay of sculptural masses is embodied in Moore's reclining figures created in multiple parts. In

De liggende figuren van Moore, die uit verschillende onderdelen zijn samengesteld, belichamen de dynamische spanning die ontstaat in het samenspel van de losse vormen. Moore verkende al in zijn vroege werk de grenzen van de doordringbaarheid van het sculpturale lichaam. In zijn latere monumentale bronzen werken doorbrak hij deze grenzen zonder het lichaam aan te tasten, omdat hij begreep dat er geen fysieke continuïteit nodig was om een perceptuele eenheid te bereiken.[23] Het spectaculaire effect dat hij daarmee bereikte, werd nog versterkt door zijn begrip van schaal (het waren juist de grote volumes die hij uitvergrootte en opbrak) en in zijn bronzen sculpturen lijkt het gewicht bij te dragen aan het delicate evenwicht tussen een gevoel van spanning en balans.

Brons bood Moore bovendien de mogelijkheid om de 'lichaam/landschap'-metafoor expliciet te verbeelden. In zijn *Two-Part Reclining Figure No. 2* lijken de ledematen van het lichaam op rotsen of zeegrotten. Ze getuigen van zijn pantheïstische verlangen om alles wat leeft met elkaar te verbinden. Moore maakte graag beelden naar de natuur, hij werkte vaak buiten en plaatste zijn sculpturen bij voorkeur in een natuurlijke omgeving; maar kunst is het tegenovergestelde van de natuur. De erkenning van het kunstmatige in zijn werk, in tegenstelling tot de natuur, maakt het juist zo krachtig. De beelden die Moore direct aan de natuur ontleende, zoals botten, stenen en schelpen, onderwierp hij aan de grootste uitvergrotingen. Deze stoere, vertrouwde en tegelijk abstracte sculpturen ontlenen hun betekenis aan hun vitale, organische oorsprong, maar door hun uitvergroting en uitvoering in brons zijn ze onmiskenbaar door mensenhanden gemaakt. Geplaatst in het landschap krijgt zowel de sculptuur zelf als de omgeving een nieuwe betekenis; een prehistorisch idee dat misschien is overgenomen van Stonehenge.

Door de plaatsing in de natuur, de kunstzinnigheid ervan, ontstaat rust, concentratie en vervolgens beweging om de sculptuur heen. Moore laat ons ook door de tijd reizen: door te wijzen naar de oeroude herkomst van zijn materiaal, en door ons in een continuüm van een natuurlijke en een culturele historie te plaatsen. Moore bewonderde in de vormen van vuursteen 'de manier waarop de natuur steen bewerkt'.[24] Zijn vriend Herbert Read omschreef het als de 'kalligrafie van de natuur'.[25] Moore bevriest deze erosie als het ware door zijn werken in brons te gieten. Dit is niet onverenigbaar met zijn liefde voor materiaal, maar juist een extra bewijs van zijn diepe menselijke begrip dat kunst meer hoort te doen: kunst kan diepgevoelde waarheden aan het licht brengen, ons uit het alledaagse verheffen en ons na laten denken over de duurzaamheid en bestendigheid van dingen.

early carvings, Moore had already introduced permeable boundaries to the sculptural body. Later in his monumental bronzes he ruptured these more fully (while retaining its integrity), understanding that perceptual unity does not require physical continuity.[23] The dramatic collocation of form and interstices was heightened through Moore's understanding of scale (large perceptual volumes were broken down but often grew in size) and his use of bronze, the weight of which intensified the sense of stress and balance.

Bronze also allowed Moore to explicitly relay the body-landscape metaphor. In his *Two-Part Reclining Figure No. 2*, the limbs of the body resemble rocky outcrops or sea caves. They convey Moore's pantheistic urge to connect all living things. Moore liked to make sculptures within nature, often working out of doors and he also liked to place his sculptures in natural settings, but art is the antonym of nature. It is recognition of the artifice in his work, in contrast to nature, that gives it power. The sculptures Moore made most directly from natural objects – such as bones, stones and shells – were those he subjected to greatest enlargement. These tough, familiar and yet non-representational forms depend on a realisation of their vital, organic origins but at increased scale, and in bronze they are decidedly man-made. Sited within the landscape, meaning is rendered to both the sculpture and its environment – a prehistoric idea perhaps retained from Stonehenge.

Their placement in nature, their art, causes pause, notice, and then circumrotation. Moore also allows us to time travel – evoking their archaeological origins and placing us within a continuum of both natural and cultural history. Moore admired the shape of flint as 'nature's way of working stone'.[24] His friend Herbert Read described it as the 'calligraphy of nature'.[25] In casting his works in bronze, Moore freezes in time this erosion. Rather than being incompatible with Moore's love of material, this further reveals his deep human understanding that art needs to do more: to magnify unconscious truths, to be elevated from the everyday, to fantasise about permanence and the enduringness of things.

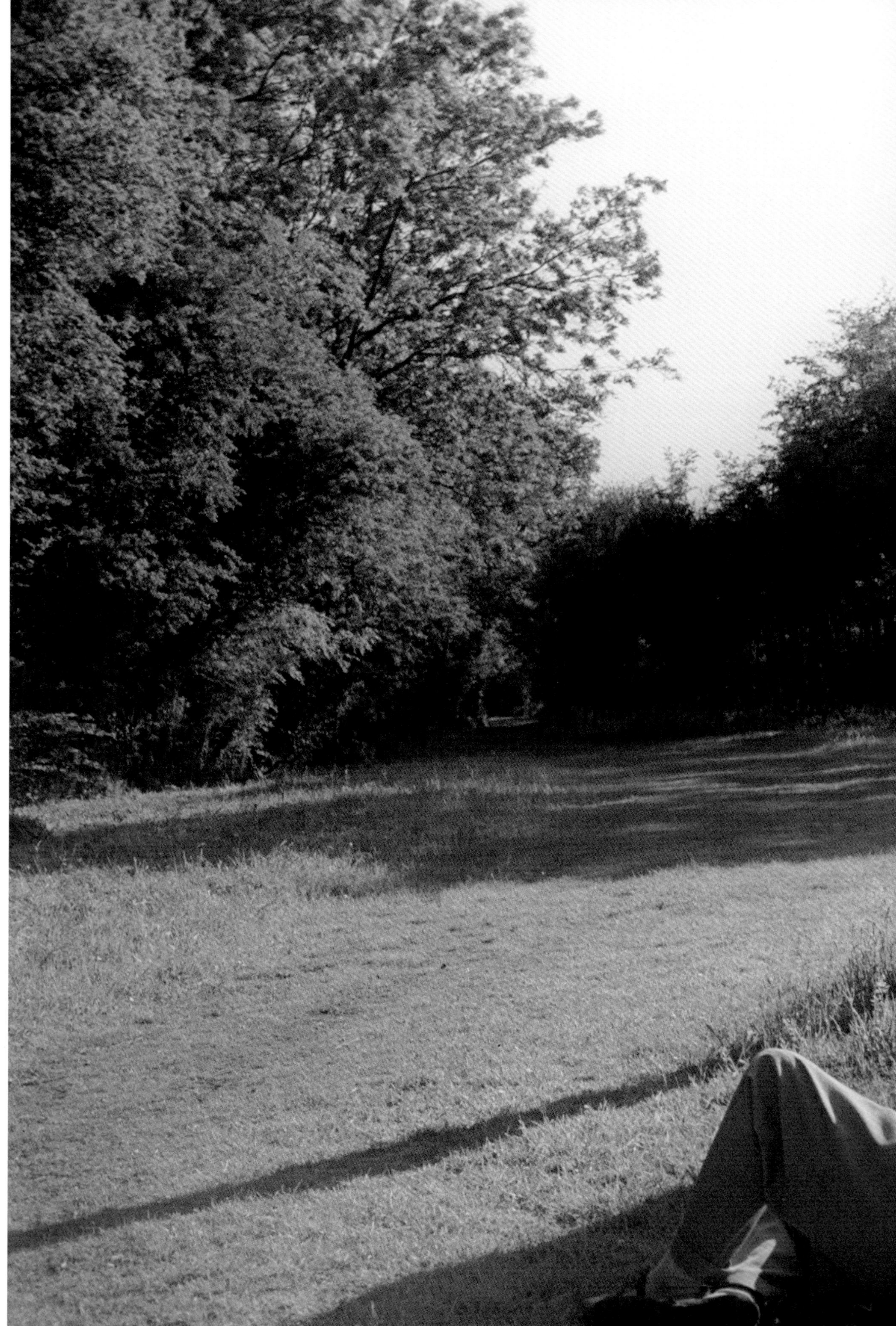

Henry Moore liggend op het terrein van zijn landgoed in Hertfordshire met *Three Upright Motives* ca.1957. Foto: Felix H. Man / Henry Moore relaxing in the grounds of his estate in Hertfordshire with *Three Upright Motives* c.1957. Photo: Felix H. Man

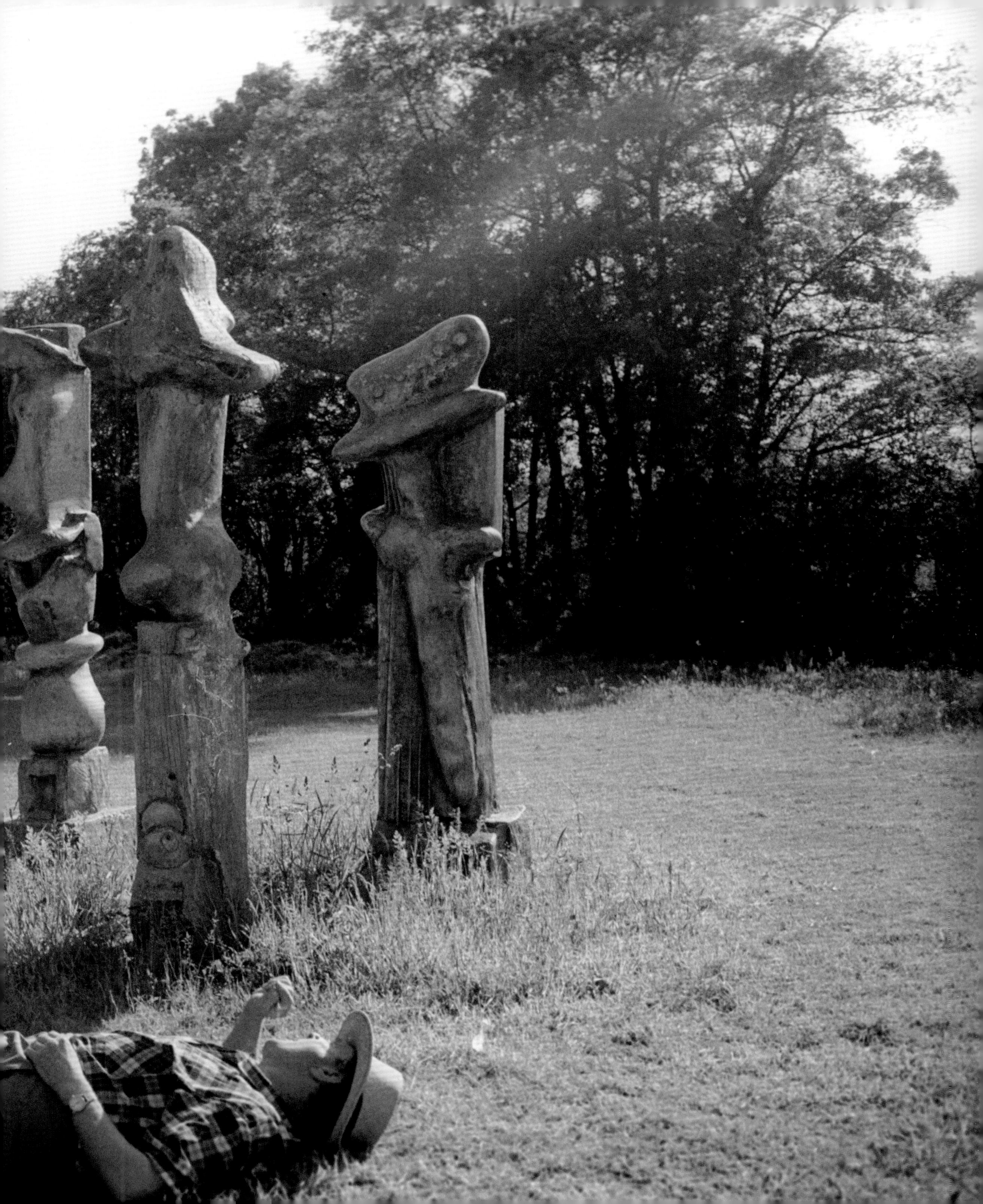

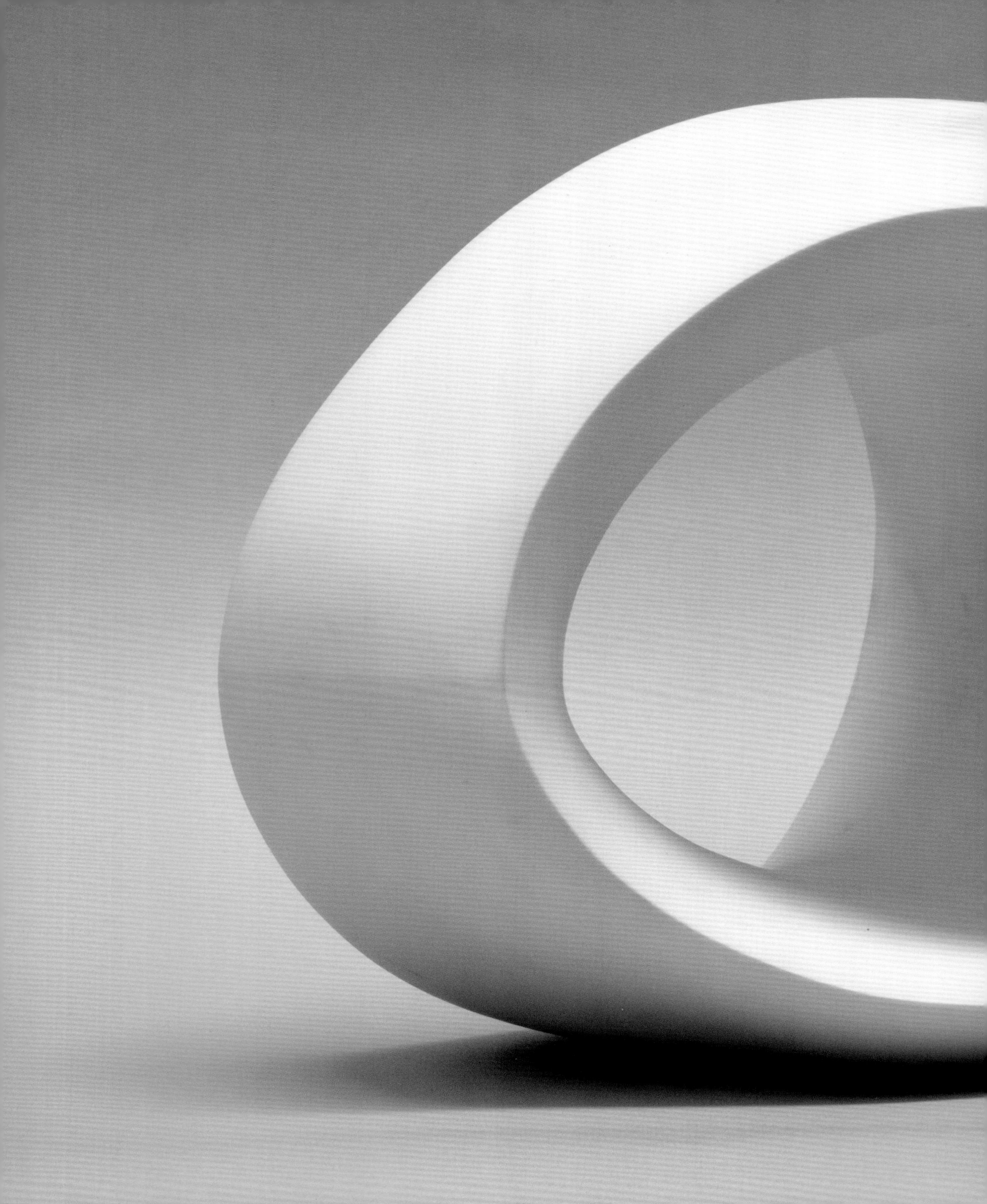

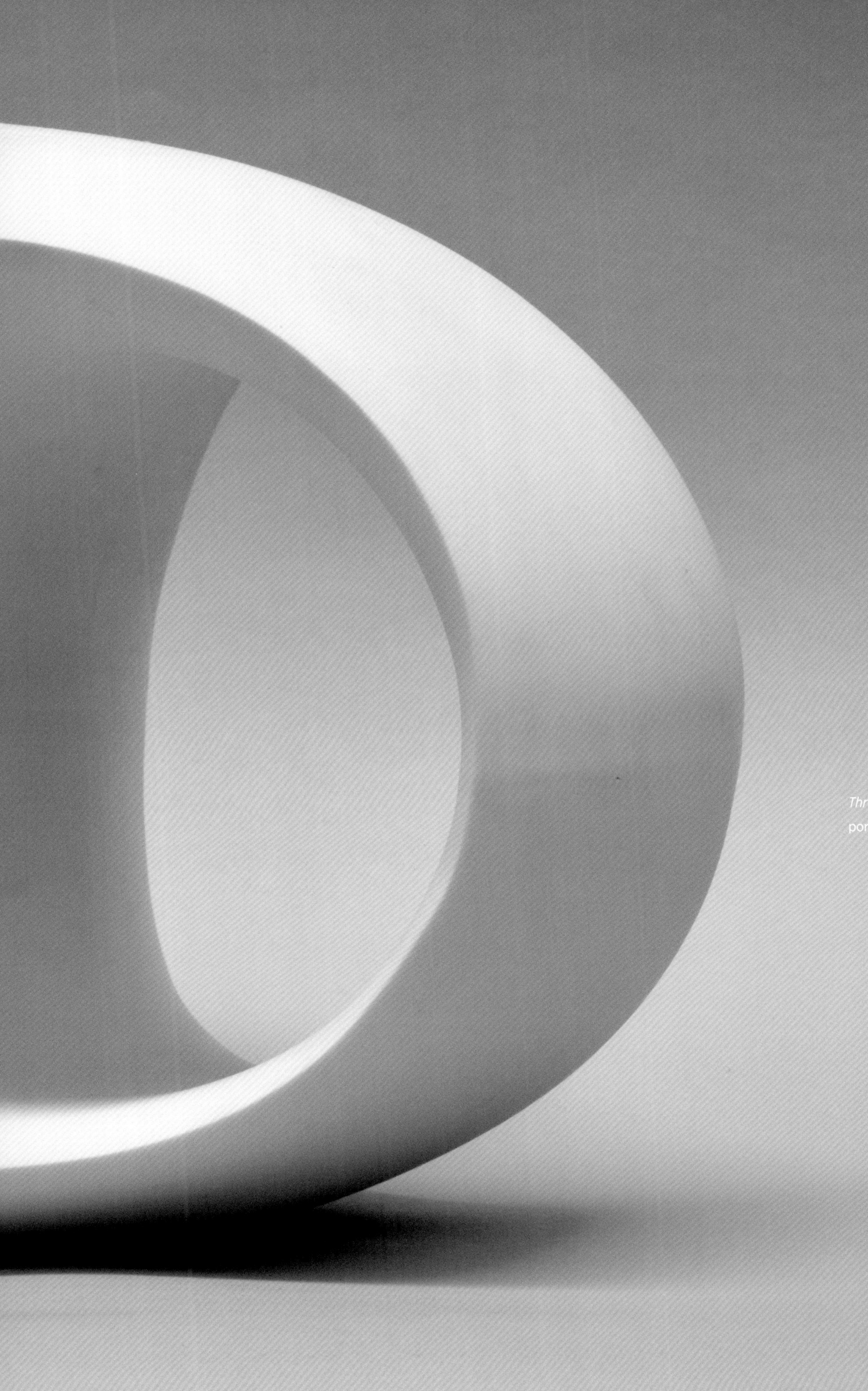

Three Way Ring, 1966, LH 550 gietsel /cast 0,
porselein / porcelain, 26,5 × 37 × 34 cm

De aankoop van **Henry Moore's** *Warrior with Shield* door de stad Arnhem

Joost Bergman

The acquisition of **Henry Moore's *Warrior with Shield*** by the city of Arnhem

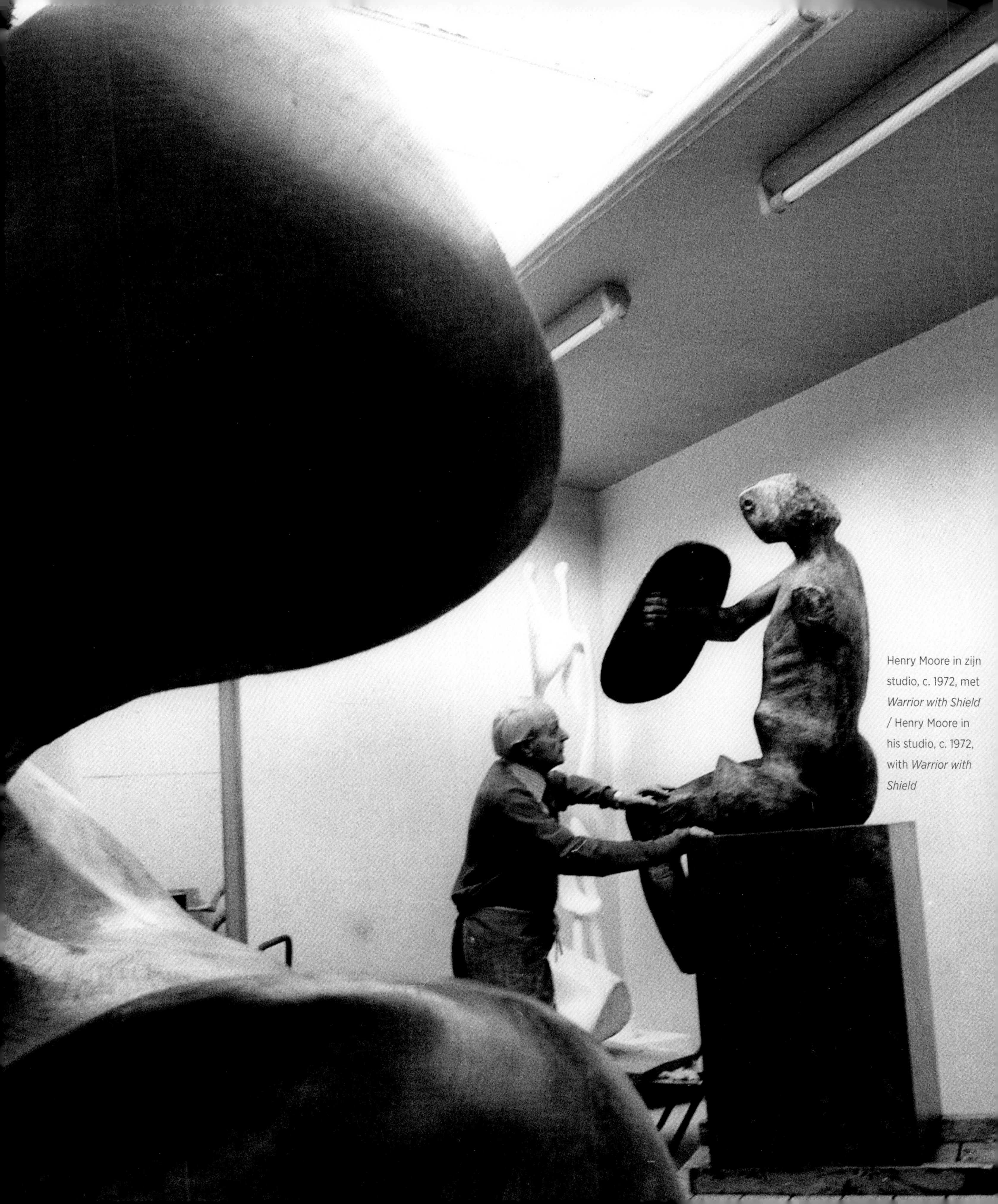

Henry Moore in zijn studio, c. 1972, met *Warrior with Shield* / Henry Moore in his studio, c. 1972, with *Warrior with Shield*

Het creatieve brein heeft over het algemeen weinig nodig om getriggerd te worden. Elke gedachte of waarneming kan de aanzet vormen voor een kunstwerk. Voor de eminence grise van de Engelse na-oorlogse beeldhouwkunst, Henry Moore (1898- 1986), gold dat in hoge mate. Veel van zijn sculpturen ontstonden naar aanleiding van een-voudige voorwerpen die hij in de natuur aantrof en waarvan de vorm hem om een of andere reden aansprak: een stuk drijfhout, een steen, het bot van een dier. Voor Moore was deze werkwijze een vanzelfsprekendheid, reden waarom hij zich nog wel eens vergiste in de feiten en tegenstrijdige berichten over de totstandkoming van zijn sculpturen naar buiten bracht. Zo schreef hij in 1955 dat het idee voor het beeld *Warrior with Shield* (afb.1) hem werd ingegeven door een kiezelsteen die hij een paar jaar eerder aan de kust had gevonden. Dezelfde toedracht in 1966 nogmaals opgetekend maakt melding van een exemplaar dat hij in de tuin had opgeraapt.[1]

Belangrijker echter dan die specifieke vindplaats was dat de vorm hem deed denken aan de stomp van een geamputeerd been. Die ongewone associatie vormde het uitgangspunt voor het bijna manshoge, in brons uit-gevoerde *Warrior with Shield* (1953- 1954). Op de steen boetseerde hij eerst een lichaam met slechts één arm en een been dat resulteerde in *Warrior without shield* (1952). Twee dagen later voorzag Moore het van een schild. Zo groeide de voorstelling uit tot de gewonde krijger uit de titel. Dat Moore eerder ook een liggende figuur overwoog valt af te leiden uit *Reclining Warrior* (1953).[2] (afb.2)

Beide maquettes vormden de opmaat naar het uiteindelijke beeld. Voor het hoofd maakte Moore aparte studies. De beslissing om het een zittende posi-tie te geven voorzag het werk van een wat actievere uitstraling. Het thema van een krijgsheld in combinatie met het ronde, opgerichte schild verleende het beeld een onmiskenbaar klassieke uit-straling. De idealiserende Griekse beeld-

64

1. *Warrior with Shield*, 1953- 54, LH 360,
gietsel / cast 5, brons / bronze, 155 cm

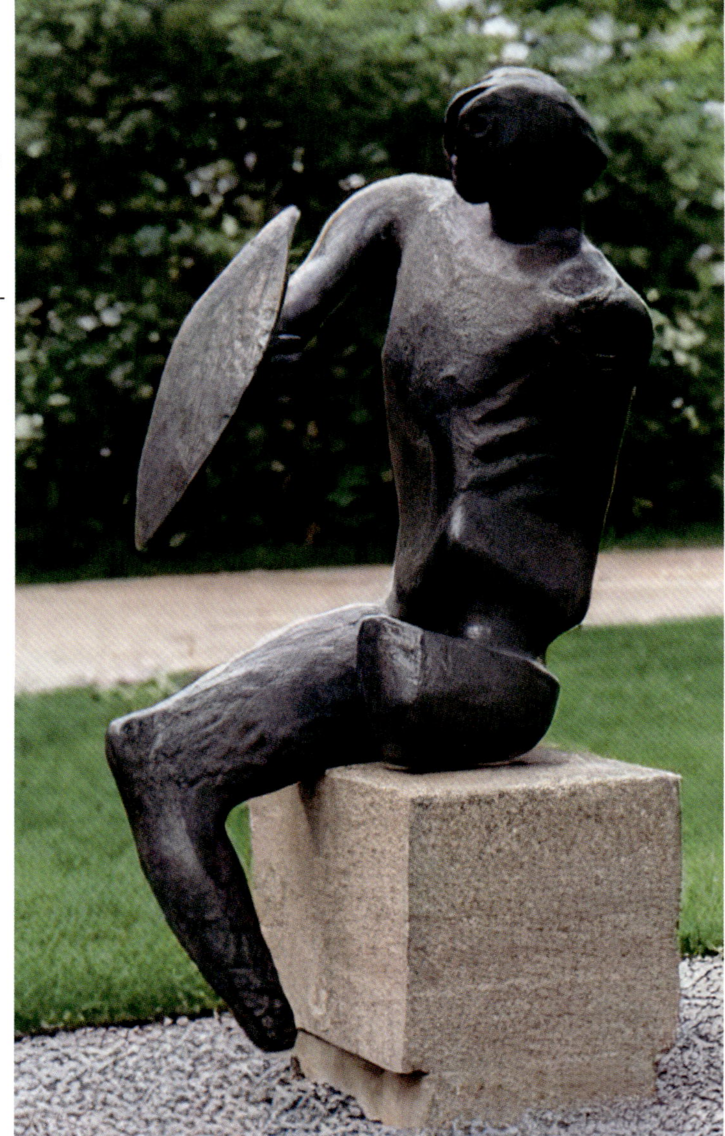

It usually takes very little to trigger the creative brain. Every thought or observation can give birth to a work of art. That was particularly true of Henry Moore (1898- 1986), the eminence grise of post-war English sculpture. Many of his sculptures were based on simple objects that he came across out of doors in a form that caught his attention for some reason: a piece of driftwood, a stone, an animal bone. For Moore this working method was part of his everyday life, which is why he sometimes made a mistake and contradicted himself about the genesis of his sculptures. In 1955, for instance, he wrote that he got the idea for *Warrior with Shield* (fig. 1) from a pebble that he had found on a beach a few years earlier. Speaking about it in 1966 he said that he had found it in his garden.[1] What was more important was the shape, which made him think of the stump of an amputated leg. That unusual association was the inspiration for the almost man-sized bronze *Warrior with Shield* (1953-1954). On the stone he first modelled a body with just one arm and a leg, which later evolved into *Warrior without Shield* (1952). Two days later he gave it a shield, and from there it grew into the wounded

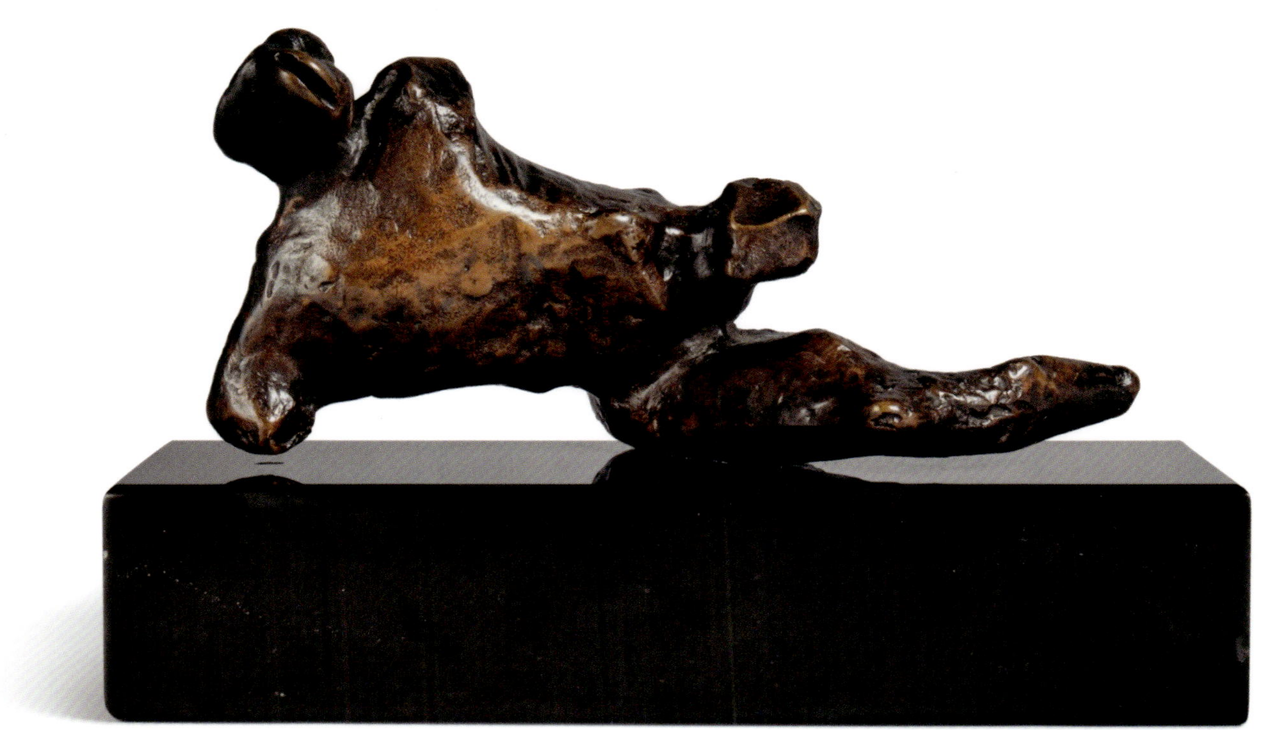

2. *Reclining Warrior*, 1953, LH 358b, gietsel /
cast 0, brons / bronze, 8,6 x 19,6 x 9,2 cm

warrior of the title. It can be seen from his *Reclining Warrior* (1953) that Moore had previously been toying with the idea of a reclining figure (fig.2).[2]

Both maquettes were the prelude to the final figure. Moore made separate studies for the head. His decision to turn it into a seated man made it appear more active. The subject of a soldier combined with the raised round shield gave it an unmistakably classical look. Idealising Greek sculpture, which he had rejected at the start of his career, made a great impression on him during his trip to Greece in 1951, as did the *Dying Gaul* in the Capitoline Museum in Rome and the *Elgin Marbles* in the British Museum. The latter collection of sculptures from the Parthenon represent the peak of Greek sculptural art, and several of the decorative elements bear battle scenes with warriors carrying similar round shields (fig. 3).[3]

The sculpture of a badly wounded warrior who has been felled to the ground was an unusual scene for Moore. He himself said that

he enjoyed working on it (fig. 4) 'This sculpture is the first single and separate male figure that I have done in sculpture and carrying it out in its final large scale was almost like the discovery of a new subject matter; the bony, edgy, tense forms were a great excitement to make.'[4] And he remarked about the martial nature of the injured figure: 'I would explain its (meaning)... being able to withstand aggression, being able to put up with the blows of fate.... It still is a strong and masculine and powerful type. It's like the bull that is being attacked and yet will put up a spirited resistance and fight.'[5]

The Dutch newspaper *De Volkskrant* described the sculpture at an open-air exhibition in Holland Park in London in 1957 as: 'An excellent example of this tension captured in beauty is Henry Moore's *Warrior with Shield*. Moore is called the most important abstract sculptor, but many of his creations are not abstract at all. He stylises and departs from observable nature wilfully. By doing so he achieves a befitting relevance where a faithfully detailed depiction would not come up to the mark. *Warrior with Shield* is an impressive

houwkunst, in zijn beginjaren nog door Moore afgewezen, maakte tijdens een reis in 1951 naar Griekenland veel indruk, net als de *Stervende Galliër* uit het Capitolijns Museum in Rome en de *Elgin Marbles* in het British Museum. Deze laatste verzameling sculpturen, afkomstig van het Parthenon, vormt het hoogtepunt van de klassieke Griekse beeldhouwkunst. Op enkele van de sierelementen zijn gevechtsscènes te zien met krijgers die vergelijkbare ronde schilden dragen.[3] (afb.3)

Het beeld van een zwaargehavende, tegen de grond gewerkte krijgsman was een voor Moore ongewone voorstelling. Naar eigen zeggen genoot hij van het werken aan het beeld. (afb.4) *This sculpture is the first single and separate male figure that I have done in sculpture and carrying it out in its final large scale was almost like the discovery of a new subject matter; the bony, edgy, tense forms were a great excitement to make.*[4] En over het strijdbare karakter van de gehavende figuur: *I would explain its (meaning)... being able to withstand aggression, being able to put up with the blows of fate...It still is a strong and masculine and powerful type. It's like the bull that is being attacked and yet will put up a spirited resistance and fight.*[5]

Naar aanleiding van een openluchttentoonstelling in Holland Park in Londen beschreef *De Volkskrant* het beeld in 1957 als volgt: *Een uitmuntend voorbeeld van deze in schoonheid gevangen geladenheid is Henry Moore's 'Warrior with shield'. Moore wordt de belangrijkste abstracte beeldhouwer genoemd. Vele van zijn creaties zijn echter geenszins abstract. Hij stileert en wijkt moedwillig van de waarneembare natuur af. Hij bereikt daarmee een doelmatigheid, waar een detail- getrouwe weergave tekort zou schieten. 'Warrior with shield' is een indrukwekkend brons. De gebogen rechterarm heft een schild om het geteisterde lichaam te beschermen. De andere ledematen zijn afgekapt. De gestileerde kop heeft een botte kracht, die het lijden verwacht en aanvaardt. Een bijna logisch noodzakelijke misvorming van de torso legt de nadruk op de agonie van het gewonde dier in de mens.*[6]

In de twintigste eeuw zijn originaliteit en experiment belangrijke vereisten voor het succes van een avant-garde kunstenaar. Henry Moore wordt terecht als zodanig erkend, toch was zijn werk minder revolutionair dan dat van sommigen van zijn tijdgenoten. Hoewel hij figuratie en abstractie in een eigen stijl wist te verenigen, zorgen de toegepaste deformaties vrijwel nooit voor een complete onherkenbaarheid van het onderwerp. Het

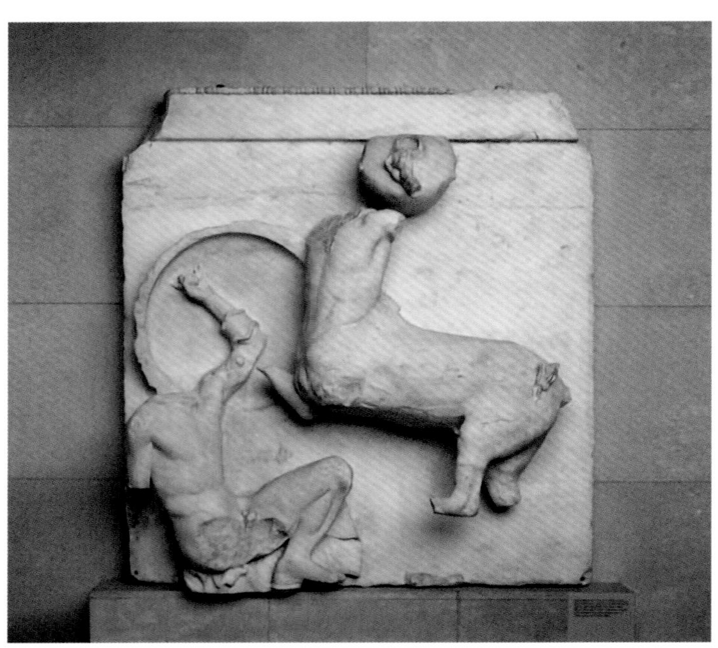

3. *Elgin Marbles*, South Metope IV

bronze, The bent right arm is raising a shield to protect the stricken body. The other limbs have been hacked off. The stylised head has a bony strength that expects and accepts the suffering. An almost logically necessary distortion of the torso lays bare the emphasis on the agony of the wounded animal in the human being.'[6]

Originality and experiment are important requirements for the success of an avant-garde artist in the twentieth century. Although Henry Moore was rightly recognised as such, his work was less revolutionary than that of some of his contemporaries. Although he succeeds in marrying figuration and abstraction in a style of his own, the distortions he applies very rarely make the subject completely unrecognisable. It proved to be a formula for success that often appealed to the public at large, which is another reason why his work is so often found on a monumental scale in the public space.

It was for those qualities that Henry Moore was also asked to take part in the outdoor International Sculpture Exhibition, *Sonsbeek '55*.

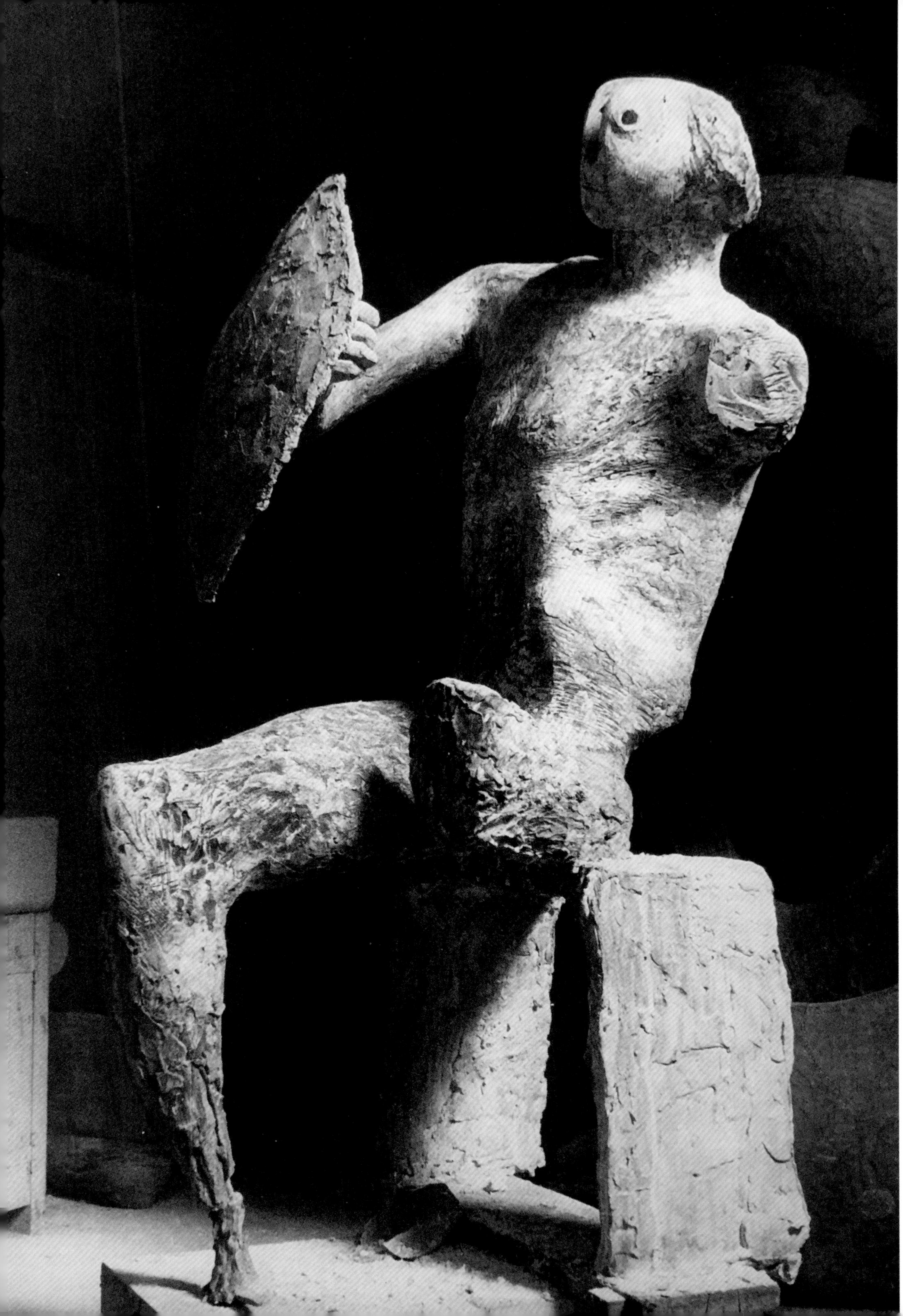

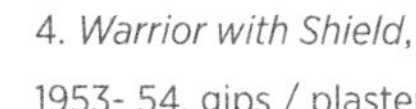

4. *Warrior with Shield*,
1953- 54, gips / plaster

bleek een succesformule die het vaak goed deed bij het grote publiek, reden ook waarom zijn werk veelvuldig op monumentale schaal in de openbare ruimte werd opgenomen.

Omwille van bovenstaande kwaliteiten werd Henry Moore wederom gevraagd voor de Internationale beeldententoonstelling in de openlucht *Sonsbeek' 55*. Zijn werk was ook in de twee voorgaande edities in 1949 en 1952 in Arnhem te zien geweest. Inmiddels was Moore uitgegroeid tot een van de belangrijkste vertegenwoordigers van de moderne beeldhouwkunst. Zijn ster was in die tijd sterk rijzende. Zo werd in Rotterdam in datzelfde jaar zijn *Wall Relief* uitgevoerd, een uniek werk in baksteen aan de gevel van het Bouwcentrum op het Weena.[7] In Arnhem werd *Warrior with Shield* getoond, samen met vijf andere beelden waaronder een kleine, bronzen maquette van *Warrior with Shield* en het eveneens aan Griekse invloed onderhevige *Draped Reclining Figure* (1952- 1953).

Sonsbeek '55 kon achteraf een voor kunstenaars lucratieve editie worden genoemd. De organisatie zelf sloot, ondanks meer dan honderdduizend betalende bezoekers en het opstrijken van enkele aankoopprovisies, de tentoonstelling af met een aanzienlijk tekort.[8] Gedurende de looptijd, van 28 mei tot 15 september, werden er volgens de *Arnhemsche Courant* maar liefst elf sculpturen verkocht waaronder die van Aristide Maillol, Luciano Minguzzi, Walter Linck, Fred Carasso, Cor Hund, Remo Rossi, Angelo Biancini en Pericle Fazzinni terwijl er over zeven beelden nog werd onderhandeld waaronder werken van Ossip Zadkine en Auguste Rodin.[9] Volgens een grove schatting was er inmiddels voor ongeveer anderhalve ton gulden verkocht. Zelfs de stad Arnhem, waar de tentoonstelling werd georganiseerd, had zich niet onbetuigd gelaten. Dat was uitzonderlijk, want in tegenstelling tot de Biënnale voor beeldhouwkunst in Antwerpen, waar de gemeente na elk jaar enkele stukken kocht, moest Sonsbeek vrijwel zonder kapitaal opereren waardoor van aankopen door de organisatie geen sprake kon zijn.[10]

Het Vrije Volk berichtte als eerste dat het stadsbestuur voornemens was om catalogusnummer 131, het bronzen beeld *The Warrior with Shield* van Henry Moore, aan te kopen dat in Sonsbeek op het grote gazon bij de ingang stond

68

5. Park Sonsbeek, *Provinciale Overijsselsche en Zwolsche Courant*, 21 juni / June 1955

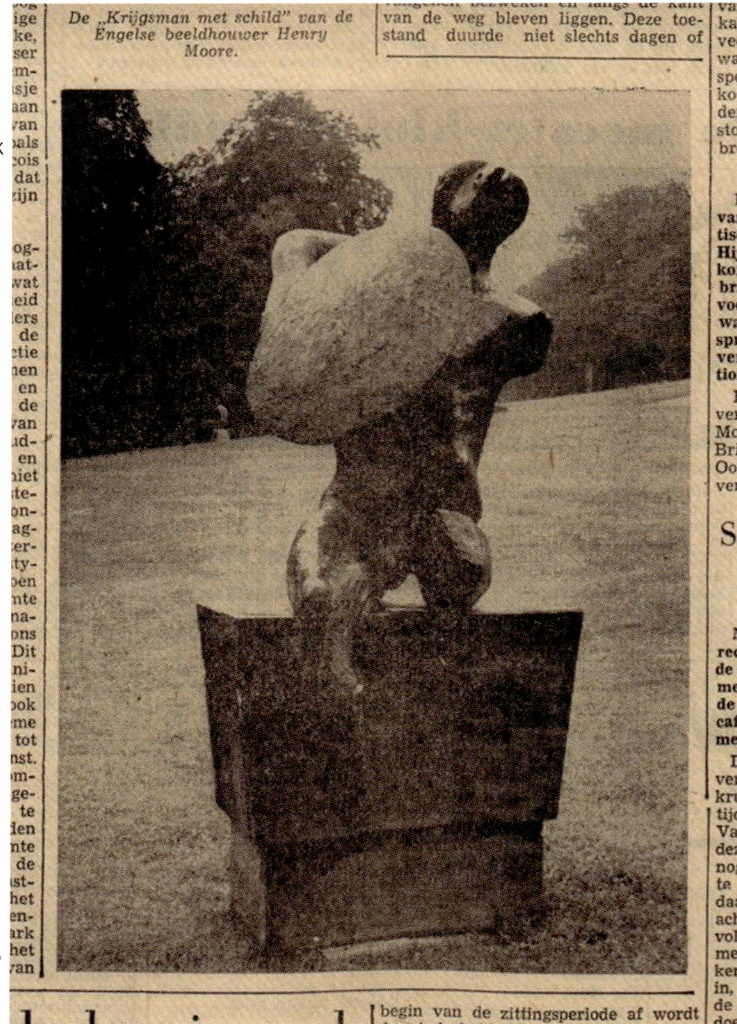

His work had also been shown at the two previous editions in 1949 and 1952 in Arnhem. By now Moore had become one of the most important representatives of modern sculpture. His star was rapidly rising at the time. For example, his *Wall Relief No. 1* was also executed in Rotterdam in 1955, a unique work in brick on the facade of the Bouwcentrum on Weena.[7] *Warrior with Shield* was exhibited in Arnhem, together with five other sculptures, among them a small bronze maquette of *Warrior with Shield* and the equally Greek-inspired *Draped Reclining Figure* (1952- 1953) (fig. 5).

Seen in retrospect, the exhibition was a lucrative edition for the artists. It closed with a sizable deficit, despite attracting more than 100,000 paying visitors and receiving several commissions for purchases.[8] No fewer than 11 sculptures were bought from 28 May to 15 September, according to the *Arnhemsche Courant*, including those by Aristide Maillol, Luciano Minguzzi, Walter Linck, Fred Carasso, Cor Hund, Remo Rossi, Angelo Biancini and Pericle Fazzinni , and there were negotiations over 7 more, among them

opgesteld.[11] (afb. 5) Het beeld kreeg in de pers veel positieve aandacht. In datzelfde artikel werd het besproken als 'een van de machtigste kunstwerken' van de tentoonstelling en als een van de belangrijkste uit het oeuvre van de kunstenaar. Wel vroeg de schrijver zich direct af waar het 'meesterwerk' het beste geplaatst kon worden. De tuin van het Gemeentemuseum was geen geschikte plek omdat het beeld daar te veel 'terzijde van het stadsleven' zou staan. Een park werd 'te vriendelijk' bevonden, het moest ergens dicht bij het 'kwetsbare leven' geplaatst worden, met genoeg ruimte eromheen. Ondanks deze suggesties bleek het de bedoeling van het gemeentebestuur om het beeld nabij de Rijnbrug te plaatsen waar het beeld moest fungeren als herdenkingsmonument ter herinnering aan de Slag om Arnhem, waarbij Britse luchtlandingstroepen er tijdens de operatie Market Garden niet in slaagden om via Arnhem de verdedigingslinies van de bezetter te doorbreken.

Warrior with Shield zou niet het officiële oorlogsmonument worden. Dat was enkele jaren daarvoor gemaakt door de plaatselijke beeldhouwer Gijs Jacobs van den Hoff (1889- 1965). Zijn sculptuur *Mens tegen macht*, een eveneens zittende, zich afwerende bronzen mannenfiguur geplaatst op een kalkstenen sokkel met op de hoekpunten rouwende figuren was in 1953 onthuld door Koningin Juliana. (afb.6) Ook stond het direct na de oorlog als voorlopig gedenkteken opgerichte *Airborne-monument* er nog, een restant van een van de zuilen afkomstig uit het gerechtsgebouw dat tijdens de Slag om Arnhem geheel was verwoest.

Hoewel er in die jaren in heel Nederland veel vraag was naar oorlogsmonumenten en aldus een opleving van de vaderlandse beeldhouwkunst inluidde, wilde het stadsbestuur een extra herdenkingsmonument, speciaal voor de Engelse luchtlandingstroepen. Een eerbetoon dat in dit geval door de belangrijkste exponent van de

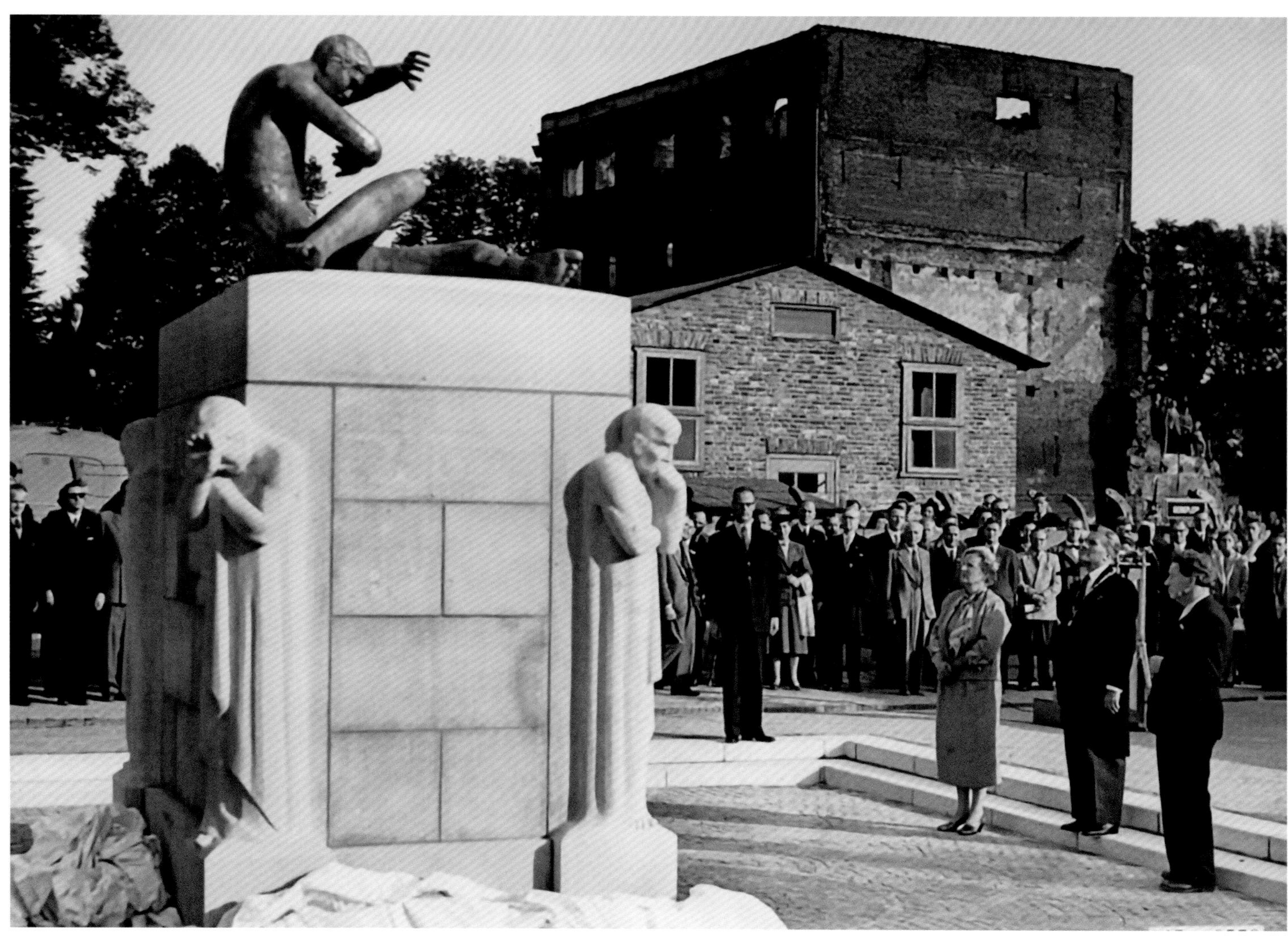

6. Onthulling van het officiële oorlogsmonument *Mens en Macht* van Gijs Jacobs Van den Hof door Koningin Juliana, 17 september 1953 / Revelation of the official war memorial *Mens en Macht* by Gijs Jacobs Van den Hof by Queen Juliana, 17 September 1953

Engelse moderne beeldhouwkunst gemaakt zou zijn. Een veteraan van de Eerste Wereldoorlog bovendien die in de loopgraven van Frankrijk had gevochten en als 'official war artist' tijdens de tweede- had gewerkt. Ook op dat vlak had Moore zijn sporen inderdaad ruimschoots verdiend. De keuze voor zijn persoon en dit specifieke werk sloten dan ook naadloos aan bij de bedoelingen van het stadsbestuur.

Hoewel het Arnhems Dagblad de volgende dag de aankoop als een voldongen feit presenteerde, werd de openbaarmaking ervan een maand later nog als te voorbarig bestempeld.[12] Het gemeentebestuur was door die publicatie ernstig in verlegenheid gebracht; er waren nog tal van moeilijkheden die opgelost moesten worden, waaronder het kiezen van de juiste plek in de stad waarvoor de kunstenaar naar Arnhem zou moeten komen. Dat laatste zou inderdaad, zo blijkt, nog veel voeten in de aarde hebben. De schrijver stelde dat aankoop van het beeld 'nog in de lucht hing' en hij hoopte dat de stad Arnhem met het beeld niet hetzelfde lot beschoren zou zijn als Haarlem met de plaatsing van het Hildebrand-monument, dat op het moment van schrijven al bijna 40 jaar in beslag nam.[13]

De contacten met Moore over de aanschaf van het beeld dateren van begin augustus 1955. Toen men het plan had opgevat werd al snel duidelijk dat allevier de exemplaren uit de oplage reeds waren verkocht. Fri Heil (1892- 1983) beeldhouwer en tevens bestuurslid van Sonsbeek '55, werd daarop aangezocht om voorzichtig bij de kunstenaar te informeren naar de mogelijkheid van het gieten van één extra exemplaar. Moore was op de hoogte van de relatie tussen het beeld en de nog vers in het geheugen liggende oorlogsjaren en schreef haar dat hij het plan toejuichte om 'Warrior' voor de stad aan te kopen en bij de brug te plaatsen als een gedenkteken voor de Britse luchtlandingstroepen.[14] De versies van de oplage hadden hun weg gevonden naar musea in Toronto, Minneapolis, Mannheim en Birmingham. Moore moest de eigenaren ervan toestemming vragen om een vijfde gieting te mogen maken. Voor dit bijzondere project voorzag hij echter geen bezwaren. De prijs zou dan GBP 1750,- worden, iets minder dan Mannheim had moeten betalen.

Voorzitter J.A. de Goeijen van Stichting Sonsbeek '49, organisator van de tentoonstellingen, meldde het goede nieuws aan het Gemeentebestuur en stelde: 'Wanneer dit kunstwerk, hetwelk algemeen als één der beste beelden van onze derde tentoonstelling is aangemerkt, inderdaad een plaats zou kunnen krijgen bij de Rijn-

works by Ossip Zadkine and Auguste Rodin.[9] A rough estimate put the total proceeds at around 150,000 guilders. Even the city of Arnhem joined in, which was exceptional, because in contrast to the sculpture Biennale in Antwerp, from which the city bought several pieces each year, Sonsbeek had almost no capital, so was unable to buy anything for itself.[10] *Het Vrije Volk* daily newspaper was the first to report that Arnhem was planning to buy catalogue number 131, Henry Moore's bronze *Warrior with Shield*, which had been installed in Sonsbeek on the large lawn by the entrance to the exhibition.[11] It was warmly praised in the press, and was described in the same article as 'one of the most powerful works of art in the show' and one of the most important in the artist's oeuvre. The writer immediately wondered about the best site for this masterpiece. The garden of the Gemeentemuseum was considered to be unsuitable, because there it would be 'too much outside the life of the city. A park was felt to be 'too amicable'. It had to go somewhere near 'defenceless life', with plenty of space around it. Despite these suggestions, it turned out that the city council

intended to install it close to the Rhine Bridge (Rijnbrug), where it would serve as a memorial recalling the Battle of Arnhem, when the British airborne troops proved unable to break through the defensive German lines.

Warrior with Shield never became Arnhem's official war memorial. That had been made several years earlier by the local sculptor Gijs Jacobs van den Hoff (1889- 1965). His sculpture, *Man against Power,* another seated male figure in bronze warding off a blow on a limestone plinth with mourning figures at the corners, was unveiled by Queen Juliana in 1953 (fig. 6). In addition, immediately after the war the *Airborne Monument* was still standing there, which was the remnant of one of the columns from the Courthouse, which had been totally destroyed in the Battle of Arnhem.

Although the great demand for war memorials throughout the Netherlands in those years sparked off a revival of national sculpture, the city authorities wanted to have an extra memorial that would

brug, dan zou daarmede niet alleen een blijvende hulde worden gebracht aan alle Engelsen, welke hun leven offerden, doch Uw Gemeente zou tevens in het bezit zijn van een beeld, waarvan geen volgend exemplaar meer gemaakt zal worden'.[15]

Ook de directeur van het Gemeentemuseum Arnhem, A.J. de Lorm, die zitting had in de in 1953 aangestelde commissie die het College adviseerde bij aankoop van beeldhouwwerken, reageerde positief.[16] Hij wees op het bijzonder culturele belang van een 'typisch kenmerkend groots en dynamisch kunstwerk' van een beeldhouwer van internationale betekenis en faam en benadrukte net als De Goeijen de bijzondere band tussen Engeland en de stad Arnhem.[17]

Bezwaren tegen de uitbreiding van de editie kwamen er inderdaad niet. Alle instituten waren het erover eens dat de plaatsing van het beeld in Arnhem 'ter ering van de gevallen strijders' bijzonder toepasselijk en wenselijk was.[18] En dus schreef Moore aan de secretaresse van Stichting Sonsbeek '49: 'So now all the owners have all agreed with enthusiasm and think it is a wonderful idea to have the 'Warrior' as a memorial to the airborne troops. And so it will please me immensely if the municipality of Arnhem decide to have it'.[19]

Vier maanden later, in februari 1956, gaan uiteindelijk de Commissie voor Onderwijs en Kunstzaken en het gemeentebestuur akkoord met de verwerving van het beeld.[20] Daarmee werd het de eerste aankoop van een sculptuur van Henry Moore voor een openbare collectie in Nederland.

Op 20 en 21 maart van dat jaar bezocht Moore samen met zijn vrouw Irina de stad Arnhem waar hij met Wethouder Bronkhorst, De Goeijen, De Lorm en de directeur van Gemeentewerken Veenstra een definitieve plaats in het Lauwersgrachtplantsoen voor het beeld uitkoos. (afb.7) Het waren de jaren van wederopbouw. Vanwege ingrijpende stedenbouwkundige aanpassingen kwam deze plek in het verlengde van de Rijnbrug de komende twee jaar nog niet beschikbaar.[21] Een door Moore aangedragen oplossing om het werk tijdelijk in park Sonsbeek onder te brengen werd in beraad genomen, maar men besloot uit veiligheidsoverwegingen om het de eerste tijd in het Gemeentemuseum Arnhem te stallen.[22] Het museumgebouw had in de frontlinie gestaan

7. Wethouder Bronkhorst, J. de Goeijen, Henry Moore en Ir. Veenstra bij de maquette van het Velperplein e.o., 20 maart 1956

/ Alderman Bronkhorst, J. de Goeijen, Henry Moore and Ir. Veenstra at the model of Velperplein and surroundings, 20 March 1956

single out the English paratroopers. It was to be a mark of honour made by the leading exponent of modern English sculpture, and one who had served in the First World War in the trenches of France and had been an 'official war artist' in the Second World War. In that respect Moore had his fame with distinction. Consequently, his selection for this specific work made a perfect match with the intentions of the city fathers.

Although the *Arnhems Dagblad* presented the purchase the following day as a foregone conclusion, the announcement was still being labelled as premature a month later.[12] The city council was seriously embarrassed by the publication, because there were still many difficulties that had to be overcome, among them the choice of venue for the sculpture, which would require the artist to come to Arnhem. It turned out to be far more problematic than had appeared at first sight. The writer said that the purchase of the sculpture 'was still up in the air', and hoped that Arnhem would not be saddled with the same fate as Haarlem, which had endured discussions

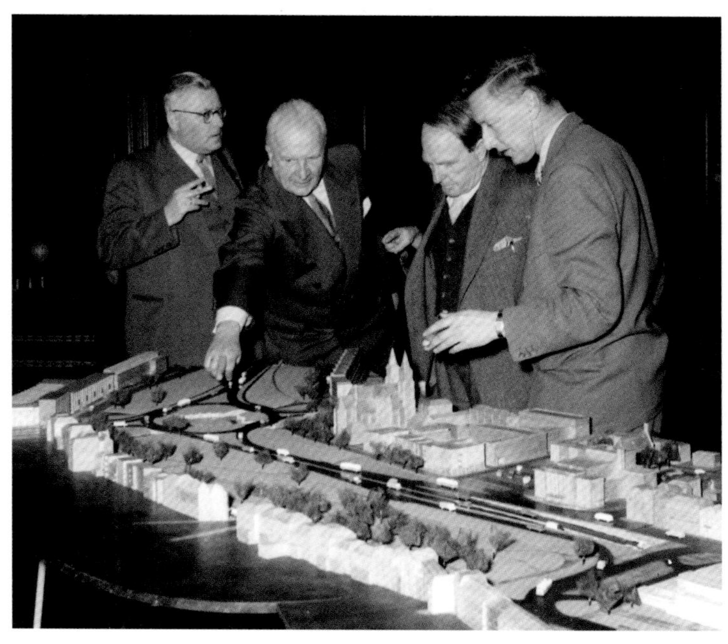

en was door de zware gevechten zwaar beschadigd geraakt. Na herstel van het pand werd het in 1954 her-
opend als een museum voor moderne kunst.

'Laat men het beeld plaatsen waar het hoort'

Inmiddels had Moore het beeld laten gieten en was met uitvoerder De Meteoor uit Rheden in overleg over het
ontwerpen van een passende sokkel en het uitkiezen van de juiste steenkleur. Het vers gegoten beeld stond
inmiddels klaar op Moore's landgoed in Much Hadham, gereed om verzonden te worden. In het kielzog van de
aankoop probeerde De Lorm een omvangrijke Henry Moore beeldententoonstelling naar Arnhem te krijgen,
een plan dat door een internationaal rondreizend overzicht van Moore's werk voorlopig werd gedwarsboomd.[23]

De firma Van der Berg transporteerde *Warrior with Shield* in augustus 1956 van Engeland naar het Gemeentemuseum Arnhem, waarop De Lorm aan Moore liet weten dat het beeld in uitstekende staat was aangeko-
men.[24] Moore's eerdere aanwijzing om het beeld, als de patina bij aankomst mogelijk wat dof oogde, op te
poetsen met een droge, zachte doek bleken niet noodzakelijk.[25] De Lorm besloot zijn bericht met de wens uit
te spreken dat het jaar erop de definitieve plaatsing van het beeld zou plaatsvinden.

Opmerkelijk genoeg ontving Moore anderhalf jaar later een brief van Burgemeester Matser met excuses voor
het feit dat de rekening voor *Warrior with Shield* nog altijd niet is voldaan.[26] De nota was gebruikt voor dou-
anedoeleinden en had daardoor nooit de stadsboekhouding bereikt. Moore reageerde voorkomend en liet
weten dat hij uiteraard op de hoogte was van de openstaande rekening, maar ervan uitging dat er een goede
reden voor was. Op verzoek stuurde hij terstond een kopie. (afb.8)

De definitieve plaatsing van het beeld leverde eveneens ernstige vertraging op. Zo informeerde A.M. Hammacher, directeur van Rijksmuseum Kröller Müller en jurylid van Sonsbeek '55 nog in januari 1959 bij zijn collega
of de aankoop had plaatsgevonden en zo ja, naar de plaatsing ervan. Naar eigen zeggen kon niemand hem
daarover inlichten.[27] De Lorm antwoordde hem dat het beeld inderdaad was aangekocht, maar nog altijd
wachtte op definitieve plaatsing bij de oprit van de brug naar Nijmegen.[28]

about the siting of the Hildebrand monument that had lasted for
almost 40 years at the time of writing.[13]

The correspondence with Moore about the purchase dates from
early August 1955. It soon became clear that all four sculptures of
the edition had already been sold. Fri Heil (1892- 1983) , the sculptor
and member of the Sonsbeek '55 board, was asked to delicately
approach the artist about the possibility of making an additional
cast. Moore was well aware of the link between the sculpture and
the war years that were still fresh in everyone's mind, and replied
that he was delighted with the idea of buying 'Warrior' for the
city and installing it near the bridge as a monument to the British
airborne troops.[14] The four previous versions had found their way
to museums in Toronto, Minneapolis, Mannheim and Birmingham.
Moore would have to ask the owners for permission to cast a fifth
version, but said that he did not foresee any problem in the case of
this exceptional project. The cost would be £1,750, a little less than
the price paid by Mannheim (fig. 7).

Chairman J.A. de Goeijen of the Sonsbeek '49 Foundation, the
organiser of the exhibitions, passed the good news on to the
Arnhem City Council, adding that 'If this work of art, which is
generally regarded as one of the best sculptures of our third
exhibition, is indeed given a place near the Rijnbrug, then not only
will it be a lasting tribute to all the English who sacrificed their lives,
but your city will also own a sculpture of which no further casts will
be made.'[15]

A.J. de Lorm, the director of the Gemeentemuseum Arnhem, who
was a member of the committee appointed in 1953 to advise the
college of Burgomaster and Aldermen on sculpture purchases,
also gave his approval.[16] He drew attention to the cultural
importance of a 'distinctively grand and dynamic work of art' by
a sculptor of international importance and fame, and followed
De Goeijen in stressing the special ties between England and
Arnhem.[17]

From: Henry Moore
      Hoglands
      Perry Green
      Much Hadham,
      Herts.

15th June, 1956.

To:

Mr. de Lorm
Director,
The Municipal Museum,
Arnhem, Holland

Sculpture

"Warrior with Shield"

1953/4 bronze 5ft.

Price   £ 1750

8. Rekening, 15 juni 1956 /
Invoice, 15 June 1956

And indeed, there were no objections to expanding the edition. All the museums agreed that placing the sculpture in Arnhem 'in honour of the fallen' would be very fitting and desirable.[18] So Moore wrote to the secretary of the Sonsbeek '49 Foundation: 'So now all the owners have all agreed with enthusiasm and think it is a wonderful idea to have the 'Warrior' as a memorial to the airborne troops. And so it will please me immensely if the municipality of Arnhem decides to have it'.[19]

Four months later, in February 1956, the Committee for Education and the Arts and the city council finally agreed to acquire the sculpture,[20] making it the first purchase of a sculpture by Henry Moore for a public collection in the Netherlands.

On 20 and 21 March that year Moore and his wife Irina visited Arnhem, where he, Alderman De Goeijen, De Lorm and Director Veenstra of the Arnhem City Works Department, chose the site for the sculpture on Lauwersgrachtplantsoen (fig. 8). These were the years of reconstruction, and due to radical urban redevelopments that location at one end of the Rijnbrug was unavailable for the next two years.[21] Moore suggested placing the sculpture in Sonsbeek Park temporarily, and that idea was considered but rejected, and security considerations led to its installation in the Gemeentemuseum Arnhem for the time being.[22] The museum had been in the front line of the fighting and had been badly damaged. It was restored after the war and reopened as a museum for modern art.

'Let them place the sculpture where it belongs'

In the meantime Moore had had the sculpture cast and was discussing a suitable plinth and the right colour of stone with the Meteoor stoneworks in Reden. The freshly cast work was by now standing on Moore's estate in Much Hadham, Hertfordshire, England, waiting to be dispatched. In the wake of the purchase De Lorm attempted to stage a major Moore sculpture exhibition in Arnhem, but it had to be put off temporarily by an international travelling retrospective of Moore's work.[23]

Het *Arnhems Dagblad* wijdde in 1960 zelfs een uitvoerig stuk aan de 'rare' omgang van het stadsbestuur met sommige aangekochte beelden. (afb.9) Dat een stad met een belangrijke internationale beeldententoonstelling als Sonsbeek zo onzorgvuldig met beeldhouwwerken omging wekte verbazing. De schrijver hekelt daarin de na jaren nog altijd niet nagekomen beloften aan Moore over plaatsing en stelt dat de weinig voortvarende houding van het bestuur de kunstenaar wel het idee moet geven 'dat Arnhem met een rouwkoop zit, die maar liefst grondig verdonkeremaand moet worden'. 'Ons dunkt dat de geheimzinnigheid nu lang geduurd heeft en dat het hoog tijd wordt, dat er klaarheid komt. Of wat nog beter is: laat men het beeld plaatsen waar het hoort en waar het voor bestemd is'.[29]

Begin jaren zestig zijn er opnieuw plannen om *Warrior with Shield* eindelijk in de nabijheid van de Rijnbrug te plaatsen, maar die worden wederom niet uitgevoerd. Zelfs uit de notulen van het gemeentebestuur wordt niet duidelijk wat precies een definitieve plaatsing in de weg staat en waarom er in die periode dus zo geschoven wordt met het beeld. Het is bijvoorbeeld Pierre Janssen, Gemeentemuseum- directeur en tv- presentator van kunstprogramma's, die het beeld in 1970 bij wijze van proef een plaats geeft naast de Eusebiuskerk die tijdens de oorlog grotendeels werd verwoest.[30] Daarna krijgt het eind jaren zeventig een plaats toebedeeld in de Gasthuisstraat, vlakbij de Waalse Kerk waar het tijdens nieuwjaarsnacht 1980 door vandalen van zijn voetstuk wordt getrokken.[31] (afb.10) Voor de gemeente Arnhem is deze gebeurtenis aanleiding om het beschadigde beeld nogmaals te verplaatsen. De nieuwe plek wordt beginjaren tachtig de Oranjewachtstraat, aan de

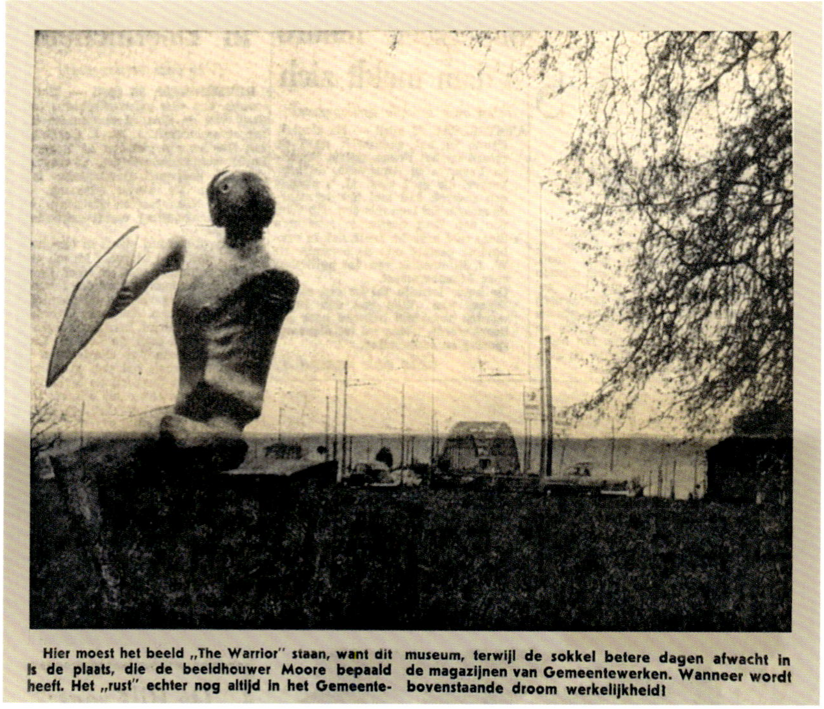

Hier moest het beeld „The Warrior" staan, want dit is de plaats, die de beeldhouwer Moore bepaald heeft. Het „rust" echter nog altijd in het Gemeente- museum, terwijl de sokkel betere dagen afwacht in de magazijnen van Gemeentewerken. Wanneer wordt bovenstaande droom werkelijkheid!

74

9. Arnhems Dagblad, 23 april 1960

In 1956 the Van der Berg shipping company transported *Warrior with Shield* from England to the Gemeentemuseum Arnhem, and De Lorm was able to tell Moore that the sculpture had arrived in excellent condition.[24] Moore had already suggested that if the patina looked a little dull on arrival the work could be polished with a soft, dry cloth, but that was not necessary.[25] De Lorm closed his letter with the hope that the sculpture could be installed in its final position the following year.

Oddly enough, Moore received a letter from Burgomaster Matser 18 months later apologising that the bill for *Warrior with Shield* had still not been paid.[26] It had been used for the customs declaration and as a result had not yet been passed on to the city's accounts department. Moore responded courteously by saying that he was of course aware that it had not yet been paid but had assumed that there was a good reason for that. At Arnhem's request he immediately sent a copy of the invoice.

There was also a major delay in deciding on the final site for the sculpture. A.M. Hammacher, director of Rijksmuseum Kröller Müller and member of the Sonsbeek '55 jury, asked his colleague De Lorm whether the purchase had taken place, and if so where the sculpture had been installed. He said that no one had been able to give him the answer.[27] De Lorm replied that it had indeed been bought but was still waiting to be taken to its final destination on the approach road to the bridge leading to Nijmegen.[28]

In 1960 the *Arnhems Dagblad* went so far as to devote a lengthy article to the 'strange' behaviour of the city authorities with some of the sculptures they had bought (fig. 9). It said that it was amazing that a city with an important sculpture exhibition like Sonsbeek was so casual with its sculptures. The writer criticised the fact that the promises made to Moore about the sculpture's final location had still not been honoured, and said that the city's very lethargic attitude must give the artist the idea 'that Arnhem had been left with a case of buyer's remorse that would be better off being thoroughly stifled'.

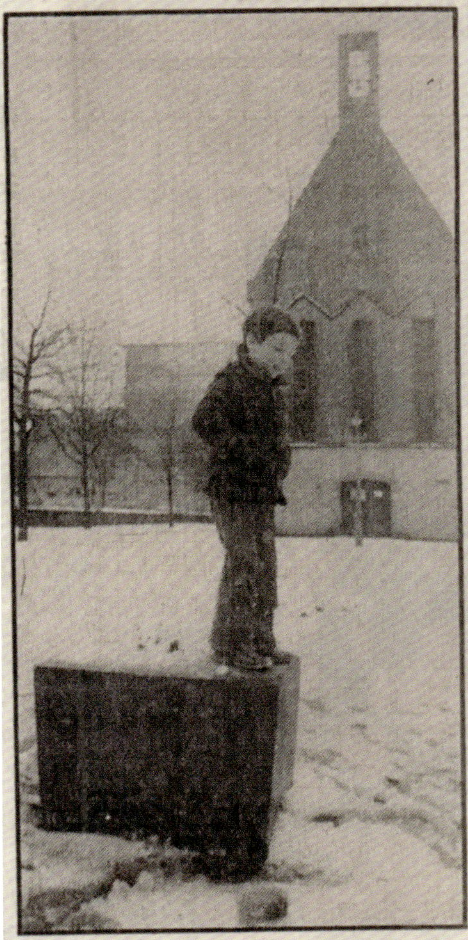

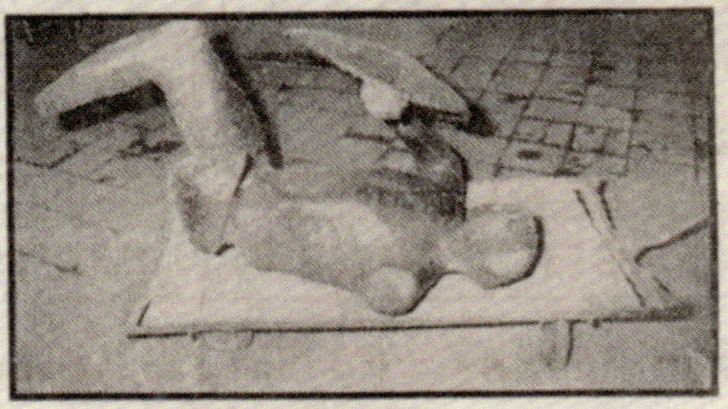

BEELD VAN DE SOKKEL GELOPEN

● In Arnhem is het beeld The Warrior van de beroemde Britse beeldhouwer Henry Moore, van zijn sokkel gevallen. Vermoedelijk is dat gebeurd als gevolg van vandalisme. De lege sokkel werd meteen een favoriet speeltuig voor de vakantievierende jeugd.

Het bronzen gevaarte (zie onderste foto) is nu voorlopig overgebracht naar de werkplaats van de Arnhemse dienst gemeentewerken, waar bekeken zal worden hoe het beeld weer op zijn voetstuk gezet kan worden.

Overigens zal de gemeente Arnhem van de gelegenheid gebruik maken het beeld te verplaatsen. Overeenkomstig de wens van Henry Moore krijgt het een plaats langs de Rijn, aan de voet van de Oude Rijnbrug waar zich in de laatste wereldoorlog de hevigste gevechtshandelingen van de slag om Arnhem afspeelden.

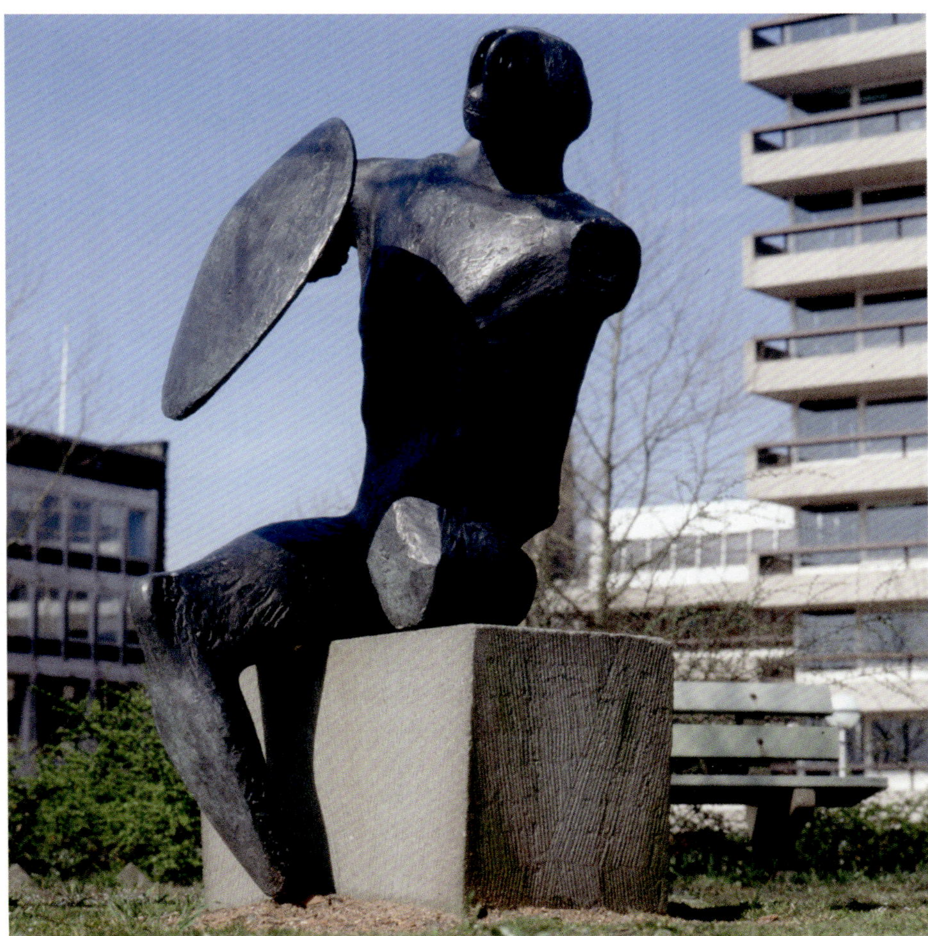

75

10. *Algemeen Dagblad*, 5 januari 1980

Boven / above: 11. De sculptuur opgesteld aan de Oranjewachtstraat, ca. 1985- 1989 /

The sculpture set up on Oranjewachtstraat, c. 1985- 1989

'It is our view that the secrecy has lasted long enough, and that it is high time that there was an explanation. Or even better: let them place the sculpture where it belongs and for which it was made'.[29]

In the early 1960s there were once again plans to install *Warrior with Shield* near the Rijnbrug at last, but once again they fell through. Even the minutes of the city council do not make it clear precisely what the delay was and why the decision was constantly being postponed. For instance, Pierre Jansen, director of the Gemeentemuseum and TV presenter of arts programmes who, by way of a trial, placed it beside the Eusebius Church, which had been largely destroyed during the war.[30] Then, in the late 1970s, a spot was allocated for it in Gasthuisstraat, close to the Walloon Church, where vandals tore it off its base on New Year's Eve 1980 (fig. 10).[31] That prompted the city to move the damaged sculpture once again, in the early 1980s, this time to Oranjewachtstraat, behind the Gelderland Provincial House (fig. 11). This, of all the places where it had stood, was the spot that best matched Moore's initial choice, facing the

achterzijde van het Huis der Provincie Gelderland. (afb.11) Van alle plaatsen waar het daarvoor had gestaan was dit de plek die het meest overeenkwam met Moore's initiële wens, uitkijkend op de Rijnbrug die inmiddels was omgedoopt tot John Frostbrug, genoemd naar de Britse officier die in 1944 de brug probeerde te veroveren.[32] Toch werd het beeld ook hier na enkele jaren weer weggehaald.

Met Moore's roem stegen ook de prijzen voor zijn werk. Dit was een ontwikkeling die de gemeente deed besluiten het kwetsbare beeld definitief niet meer in de openbare ruimte op te willen stellen. Rond 1989 keerde het daarom terug naar het Gemeentemuseum. In eerste instantie werd het in beheer gegeven, later kreeg het een inventarisnummer en voorgoed opgenomen in de collectie.[33] Daar staat het nog altijd in de tuin opgesteld. Hierdoor kreeg *Warrior with Shield* nooit de kans om bij officiële herdenkingen de rol te spelen die bij verkoop was voorzien. In de beeldentuin is het uiteindelijk omringd door sculpturen van een internationaal gezelschap beeldhouwers, en daarmee te bewonderen in de vorm zoals Moore het in feite had bedoeld: als kunstwerk. (afb.12)

12. Beeldentuin / sculpture garden, Museum
Arnhem, 2022

Rijnbrug, which by now had been renamed the John Frostbrug after the British army officer who had tried to recapture the bridge in 1944.[32] All the same, it was moved again after a few years.

Moore's growing fame also boosted the prices for his work. That was a development that persuaded the city not to install the fragile sculpture out in the public space any longer, which is why it returned to the Gemeentemuseum around 1989. At first it was just loaned to the museum for safekeeping, but later it was given an inventory number and added to the permanent collection,[33] and that is where it stands today, in the museum garden. As a result, it has never been given the chance to feature in commemoration ceremonies, as discussed in the conditions of sale. In the sculpture garden it is now surrounded by sculptures by an international group of sculptors, and can thus be admired in the form that Moore had originally intended: as a work of art.

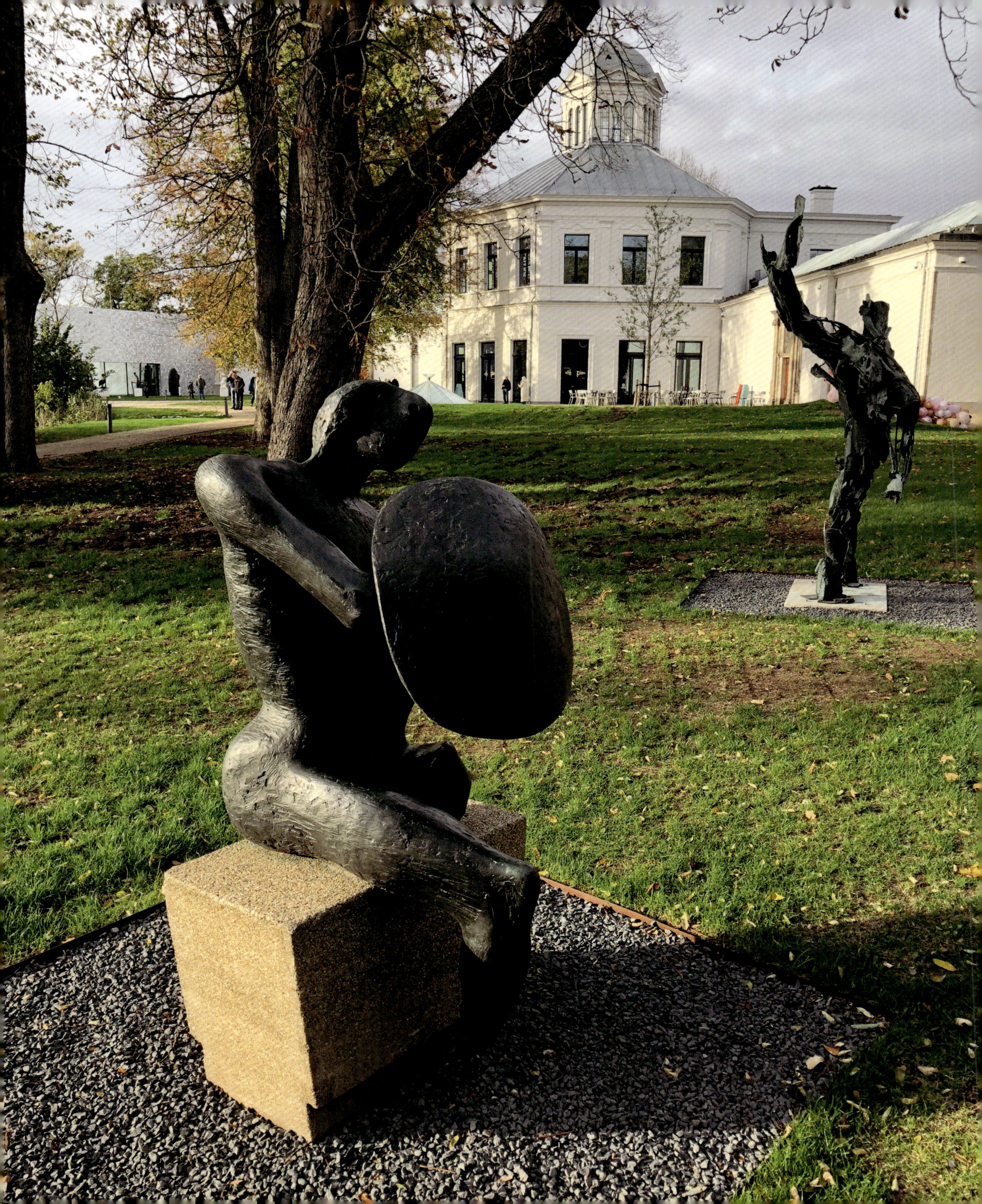

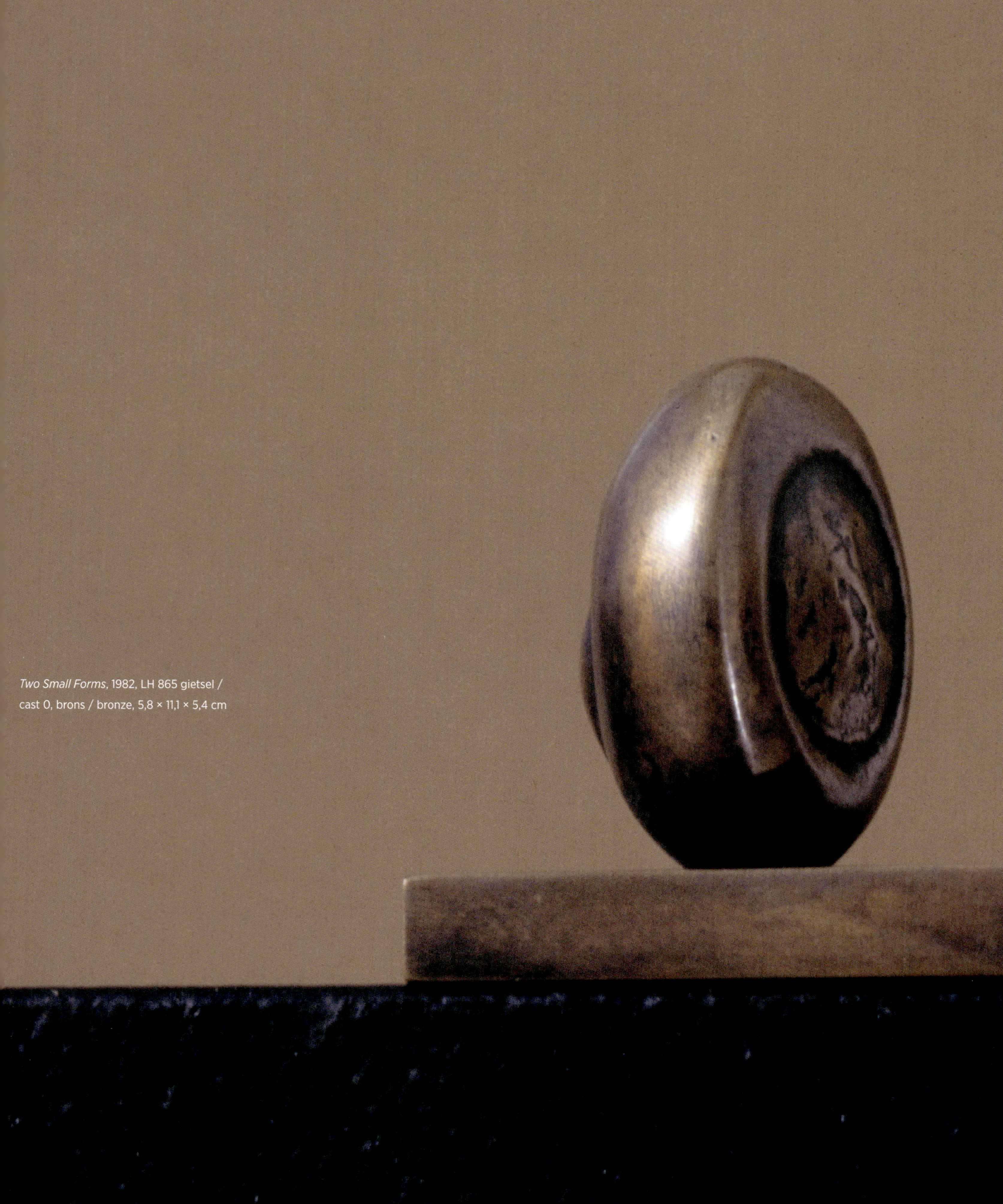

Two Small Forms, 1982, LH 865 gietsel /
cast 0, brons / bronze, 5,8 × 11,1 × 5,4 cm

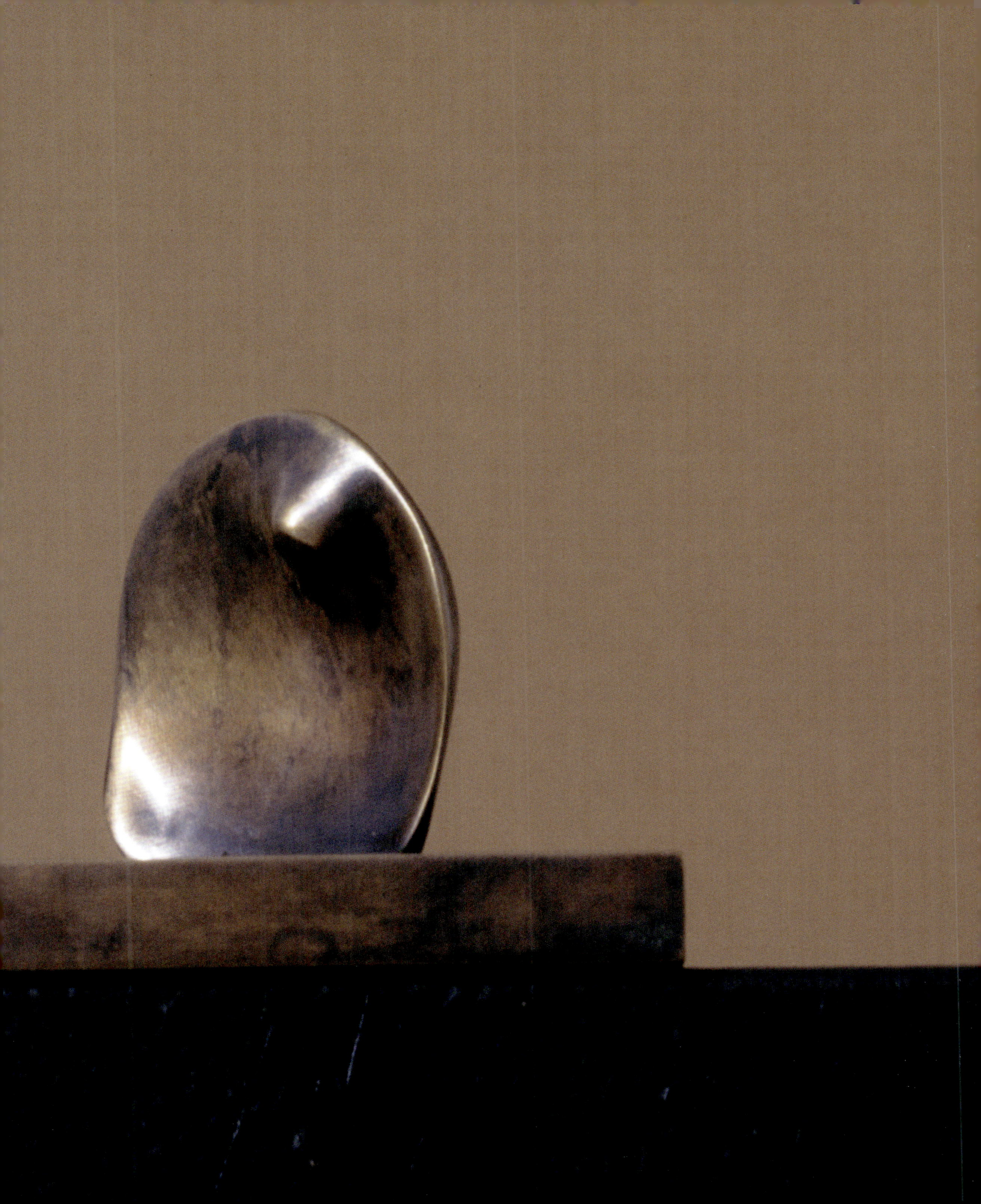

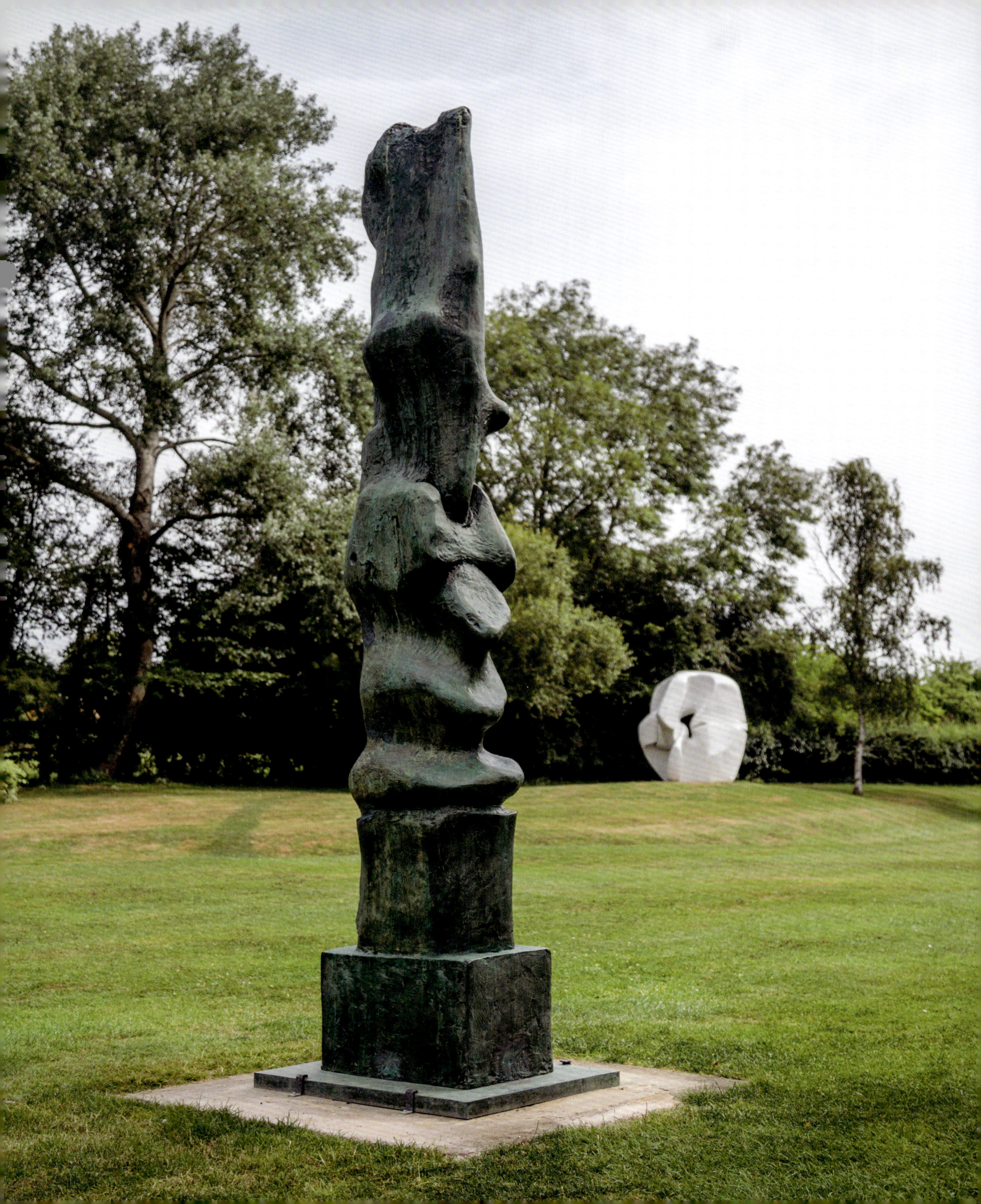

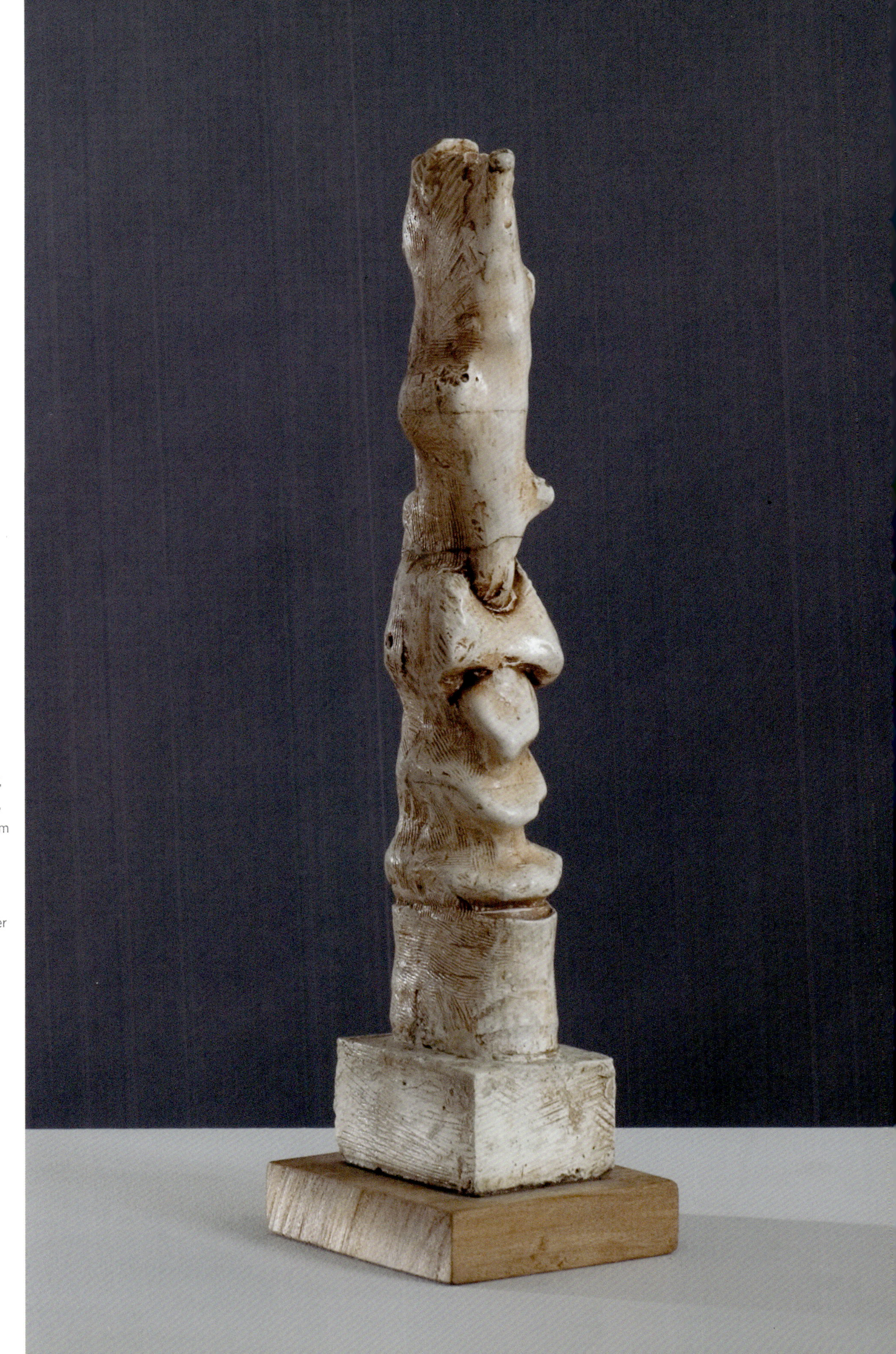

Links / left: *Upright Motive No.7*, 1955-56, LH 386 gietsel / cast 5, brons / bronze, 340 × 97 × 76 cm

Upright Motive: Maquette No.7, 1955, LH 385 gips / plaster, gips met gekleurd oppervlak / plaster with surface colour, 33,2 × 8,5 × 9,7 cm

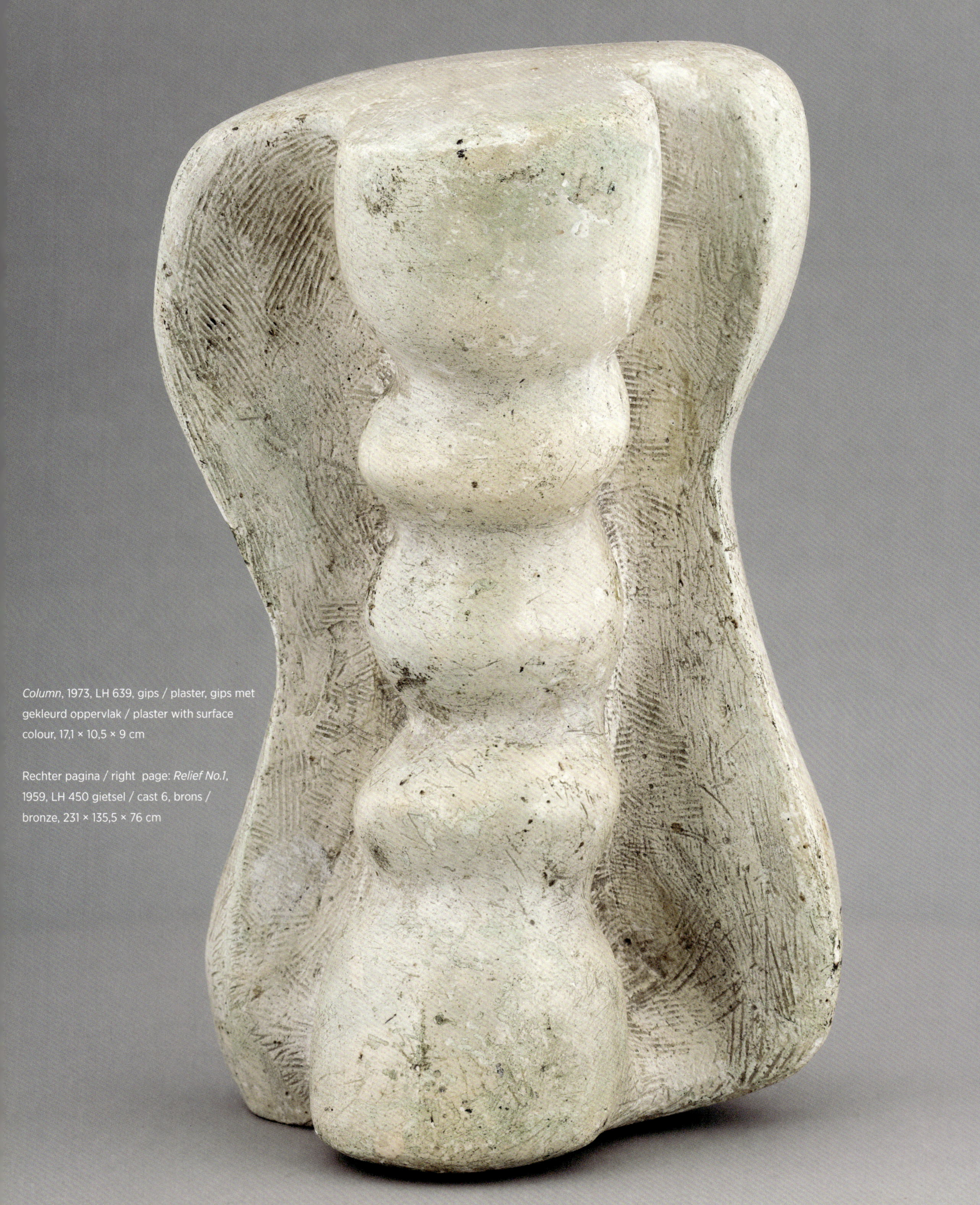

Column, 1973, LH 639, gips / plaster, gips met
gekleurd oppervlak / plaster with surface
colour, 17,1 × 10,5 × 9 cm

Rechter pagina / right page: *Relief No.1*,
1959, LH 450 gietsel / cast 6, brons /
bronze, 231 × 135,5 × 76 cm

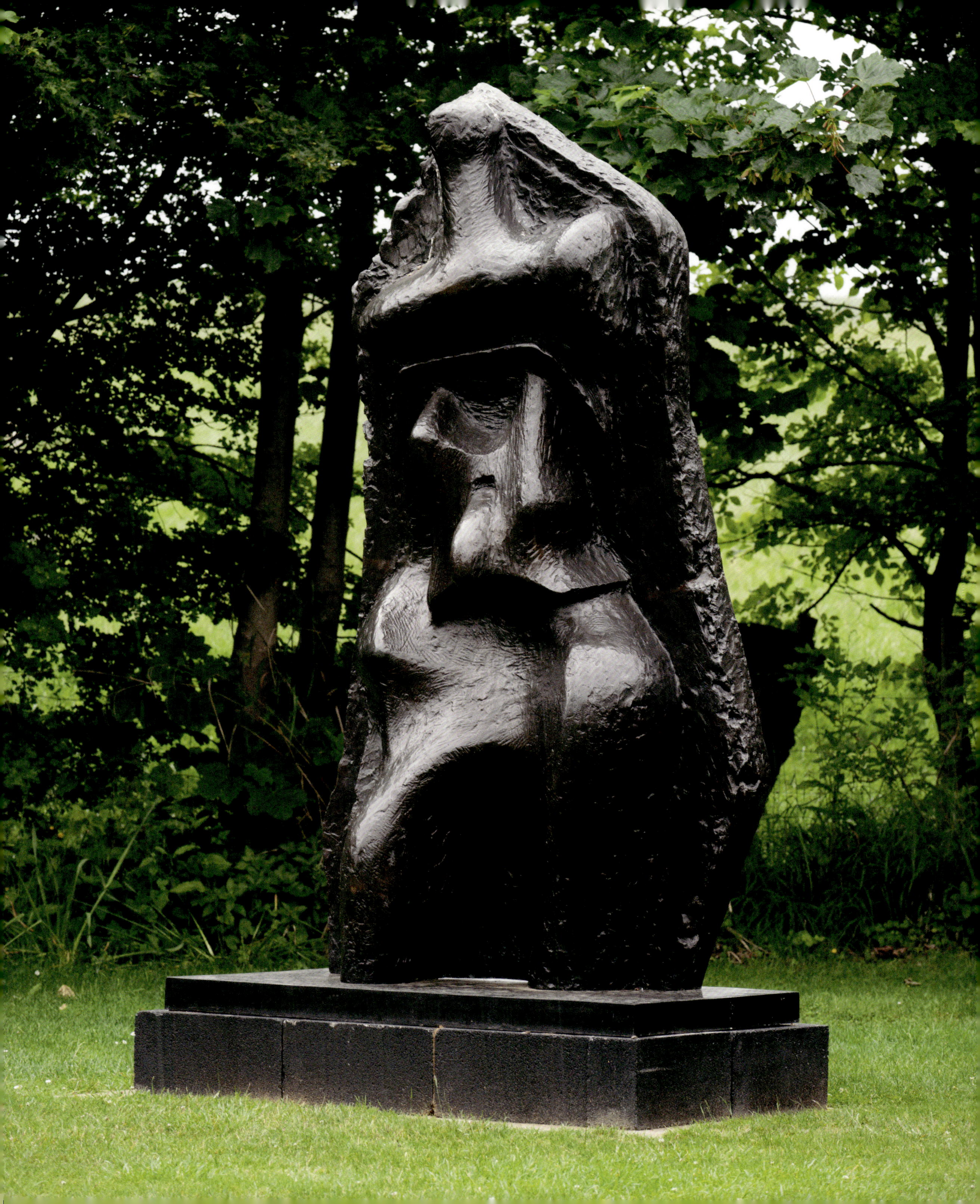

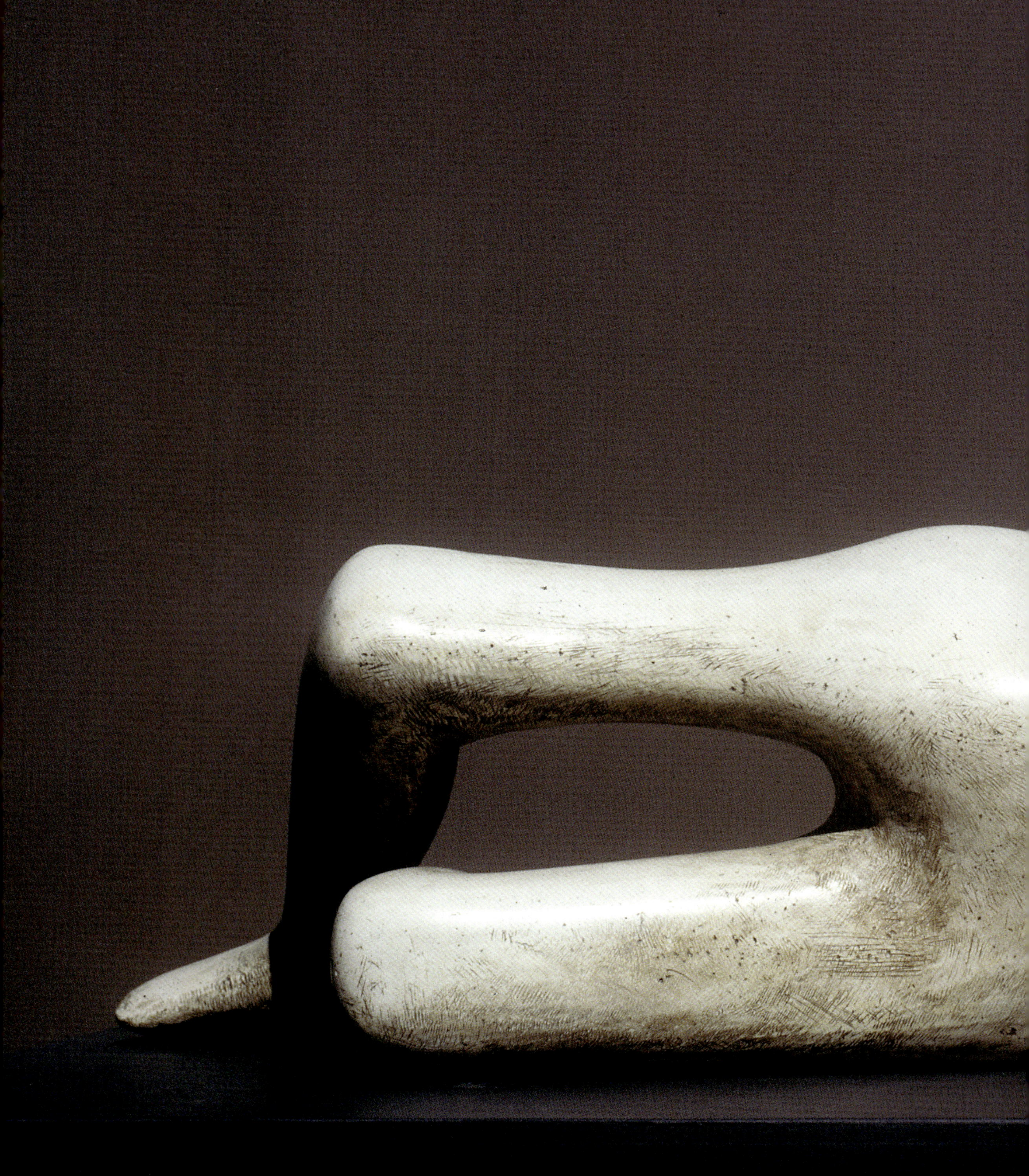

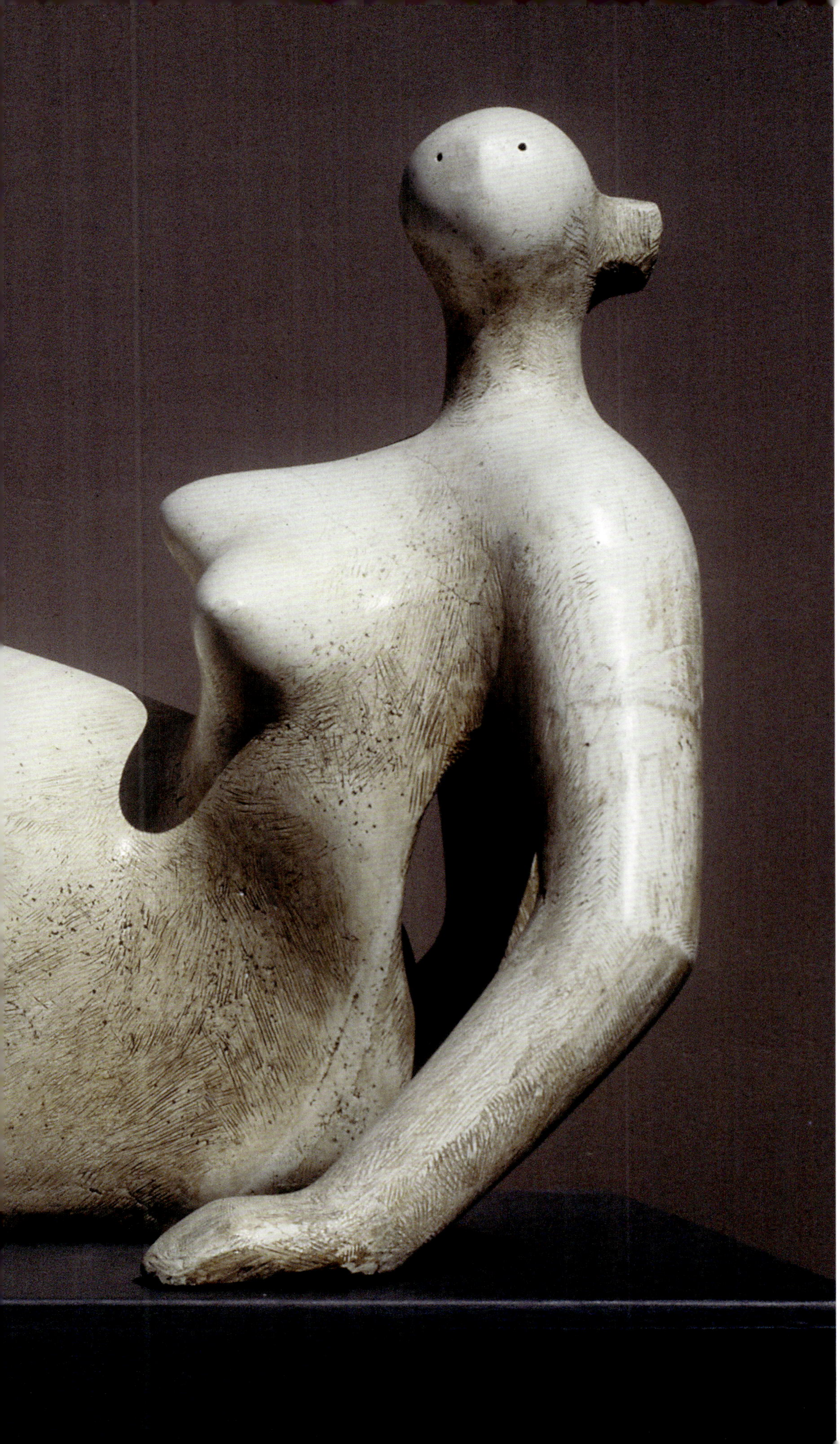

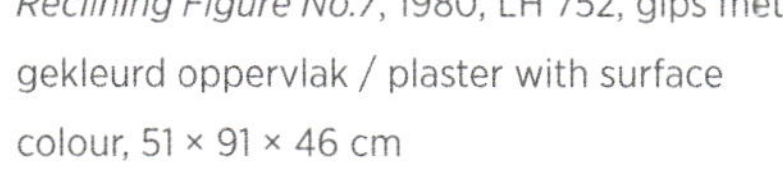

Reclining Figure No.7, 1980, LH 752, gips met
gekleurd oppervlak / plaster with surface
colour, 51 × 91 × 46 cm

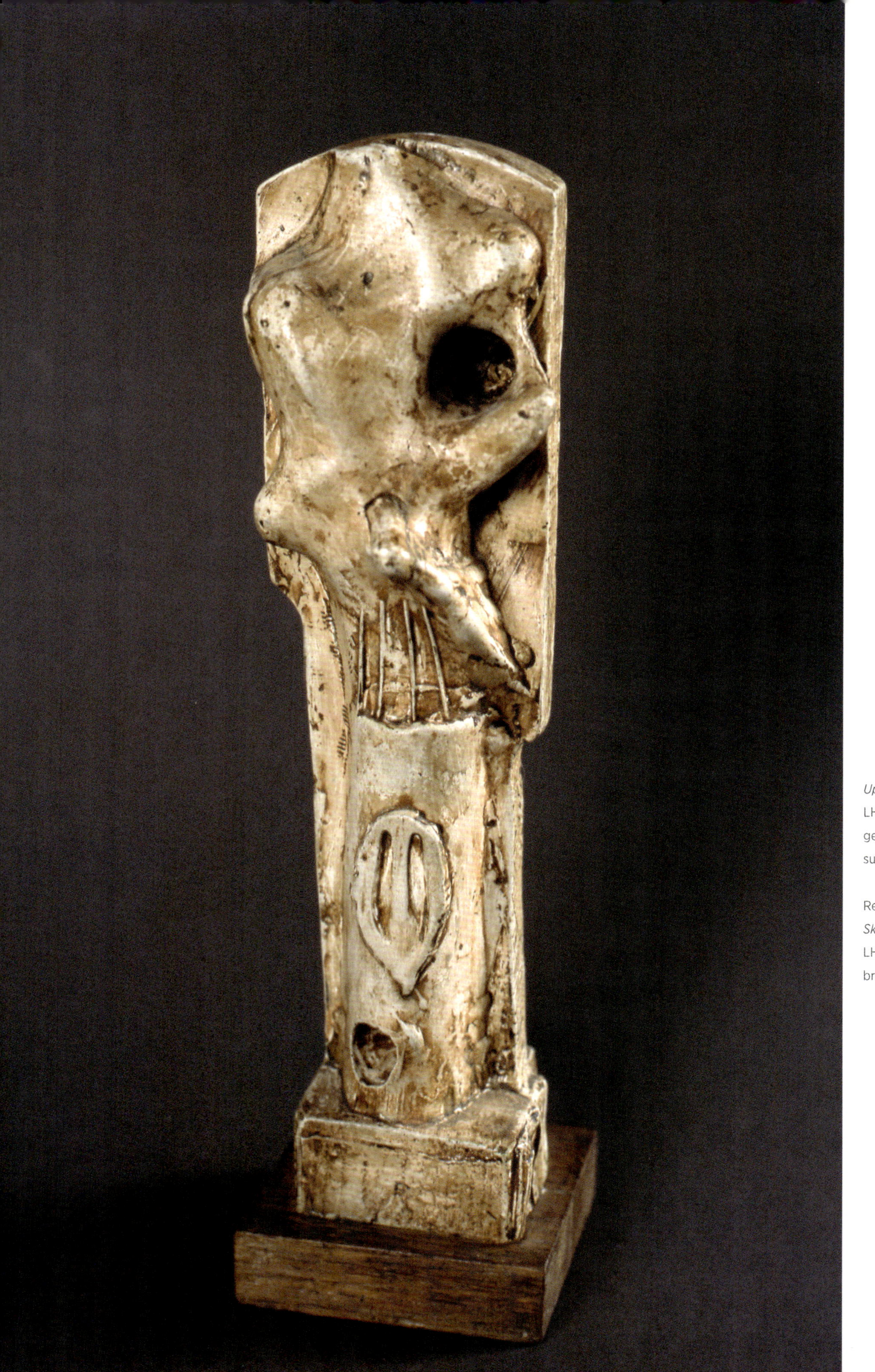

Upright Motive: Maquette No.3, 1955,
LH 380, gips / plaster, gips met
gekleurd oppervlak / plaster with
surface colour, 29 × 8 × 8 cm

Rechts / right: *Seated Woman: Shell
Skirt*, ca.1969 gietsel / cast 1984,
LH 911, gietsel / cast 0, brons /
bronze, 19,5 × 11,3 × 12,4 cm

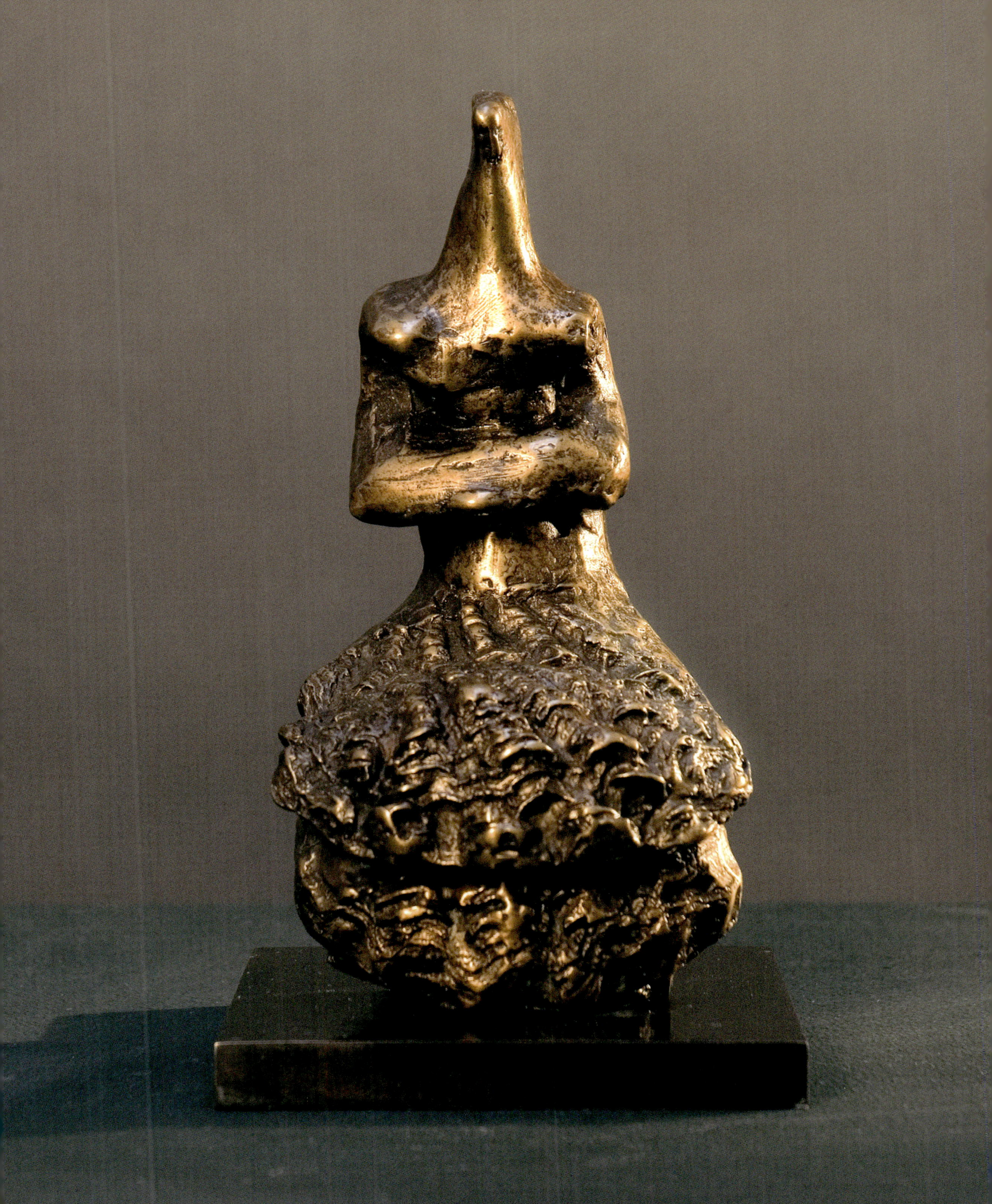

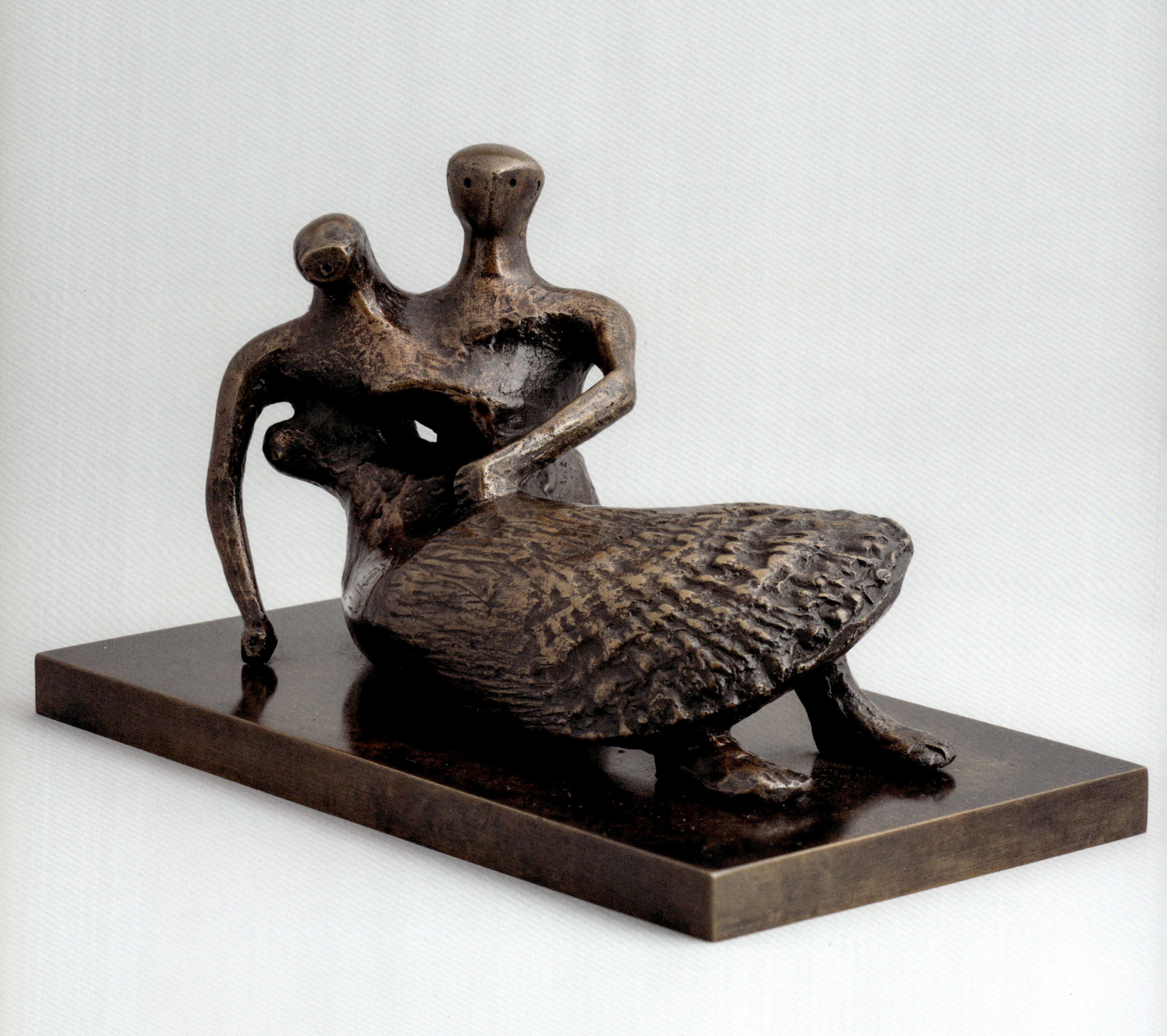

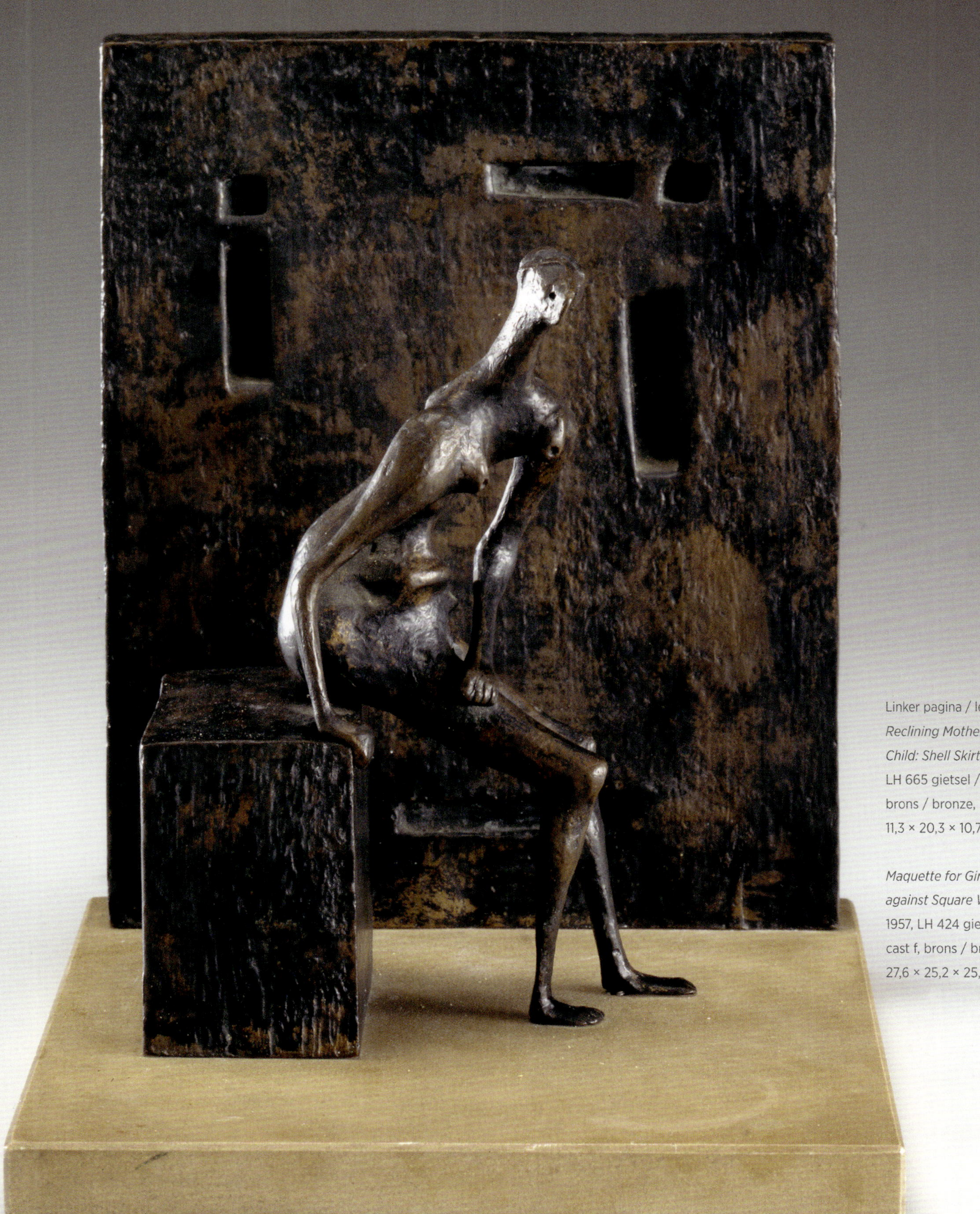

Linker pagina / left page:
Reclining Mother and Child: Shell Skirt, 1975, LH 665 gietsel / cast 0, brons / bronze, 11,3 × 20,3 × 10,7 cm

Maquette for Girl Seated against Square Wall, 1957, LH 424 gietsel / cast f, brons / bronze, 27,6 × 25,2 × 25,3 cm

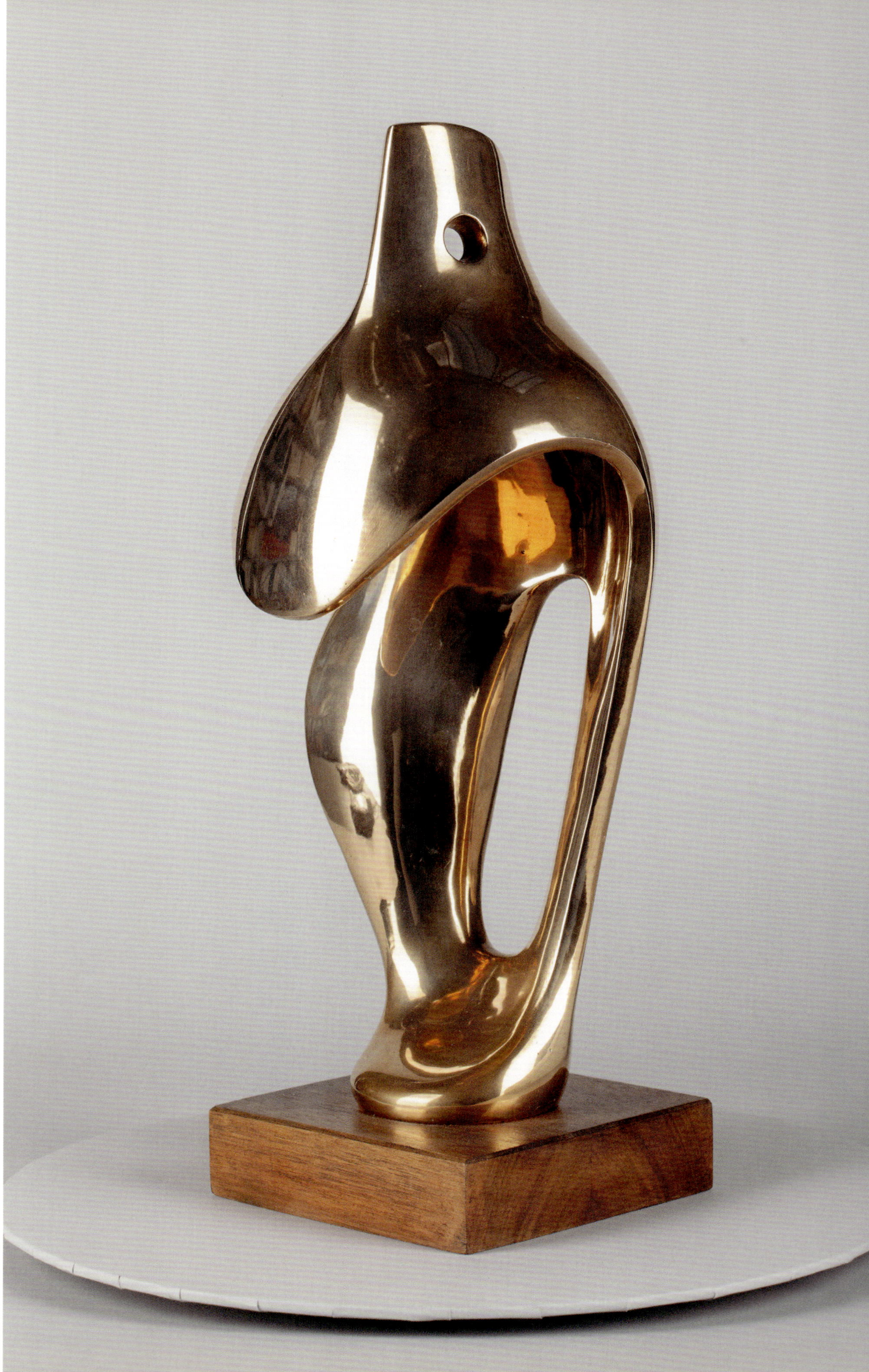

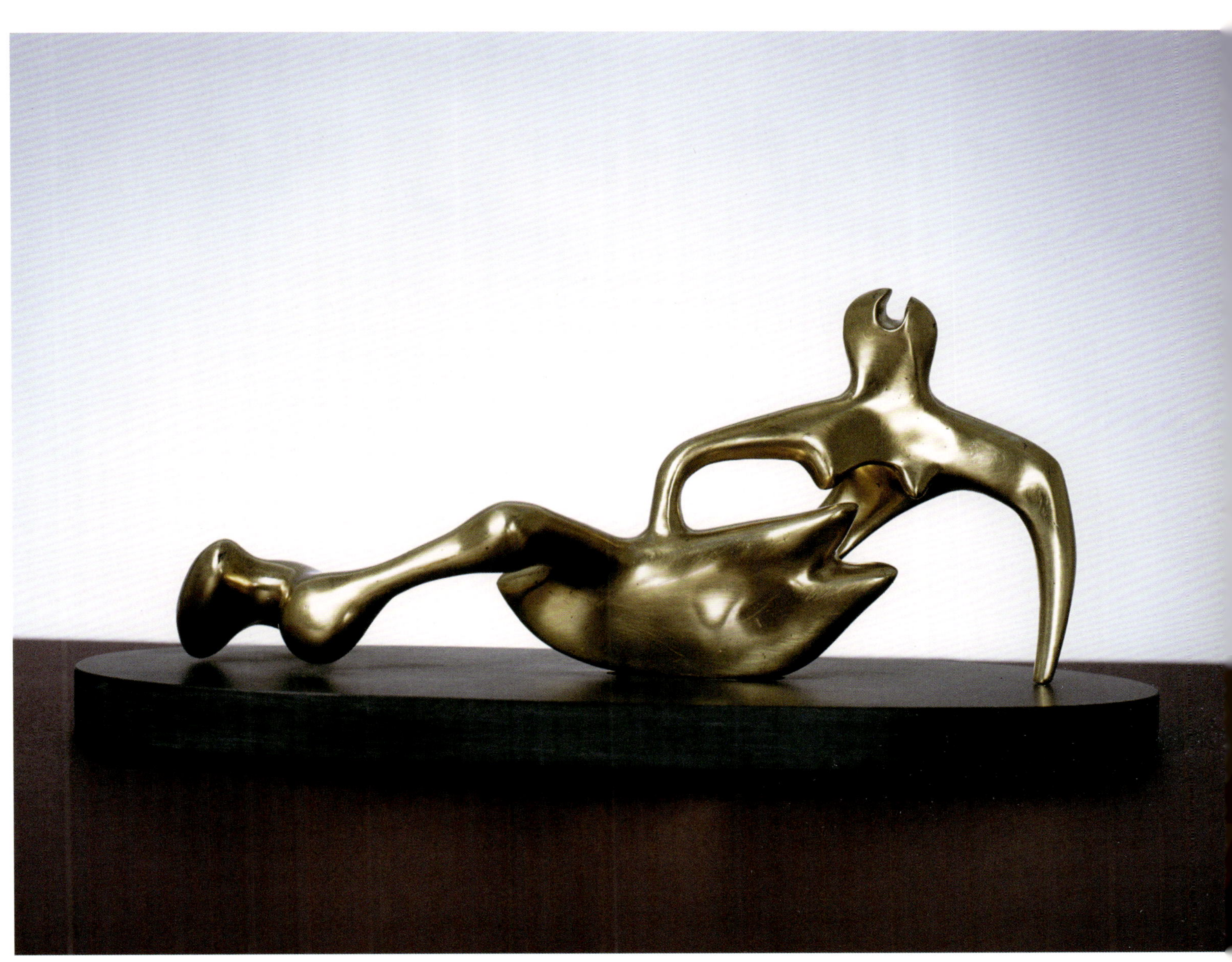

Reclining Figure, 1985, LH 192a gietsel / cast 0,
brons / bronze, 15,6 × 36,8 × 16 cm

Links / left: *Figure*, 1939 gietsel / cast 1974,
LH 209 gietsel / cast 0, brons / bronze,
40,5 × 15 × 14,3 cm

Leven en nalatenschap **van Henry Moore**

Emanuela Varga

The Life and Legacy **of Henry Moore**

De vroege jaren: 1898 – 1919

Henry Spencer Moore werd op 30 juli 1898 geboren in Castleford in Engeland – een kleine stad waar de kolenin-dustrie de belangrijkste bron van inkomsten vormde. Zijn ouders waren vastberaden in hun streven naar een bete-re toekomst voor hun kinderen.[1] Zijn vader, Raymond Spencer Moore, was zelf begonnen als boerenknecht, maar werkte zich door zelfstudie op tot mijnbouwingenieur. Zijn moeder, Mary Baker, bestierde het gezin van acht kin-deren in dezelfde geest. Toen Henry Moore zijn ouders vertelde dat hij kunstenaar wilde worden, eisten ze dat hij een veiliger pad zou kiezen en een opleiding tot leraar zou volgen. Vastbesloten dat geen van zijn zoons ooit in de mijnen zou komen te werken, stond Raymond Moore op een goede opleiding voor zijn kinderen om zo de maat-schappelijke ladder te beklimmen. In 1910 won Henry Moore op zijn lagere school een beurs voor Castleford Gram-mar School. Tijdens uitstapjes, georganiseerd door het hoofd van de school T.R. Dawes, ontdekte Henry Moore de 11de eeuwse stenen hoofden en reliëfs in de kerken in Yorkshire.[2] De omgeving van Castleford maakte een diepe indruk op Moore en zou hem zijn hele artistieke loopbaan blijven inspireren. Op zijn negende of tiende bezocht hij park Adel Woods met zijn vader. Daar zag hij voor het eerst Adel Rock, waarover hij later zei: 'het was het eerste grote, overweldigende rotsblok dat ik in een landschap zag, omringd door schitterende, verwrongen, pre-histori-sche bomen. Er was niets herkenbaars aan, niets natuurlijks – het is niet meer dan een imposante vorm.'[3]

De tijd die Moore tijdens zijn schooljaren in de vrije natuur doorbracht vormden de basis van zijn intuïtie als beeldhouwer. Hij wist zich later nog tot in detail de spelletjes te herinneren die hij met vriendjes verzon als ze in de steengroeve vlak buiten de stad speelden. Ze bouwden oventjes van klei die ze met hun vingers decoreerden en waarin ze hun handen warmden door er rottend hout in te verbranden. 'Piggie' was een ander spel dat regel-matig werd gespeeld: Moore en zijn vrienden sneden uit een stuk hout het dier zodat die met een stok ver weg kon worden geslagen. Moore vertelde dat hij 'genoot van het snijden ervan' en 'natuurlijk zat ik ook altijd in klei te kerven of boetseerde ik ermee.'[4]

Zijn kunstdocent Alice Gostick werd zijn mentor op Castleford Secondary School. Ze moedigde hem aan in zijn belangstel-

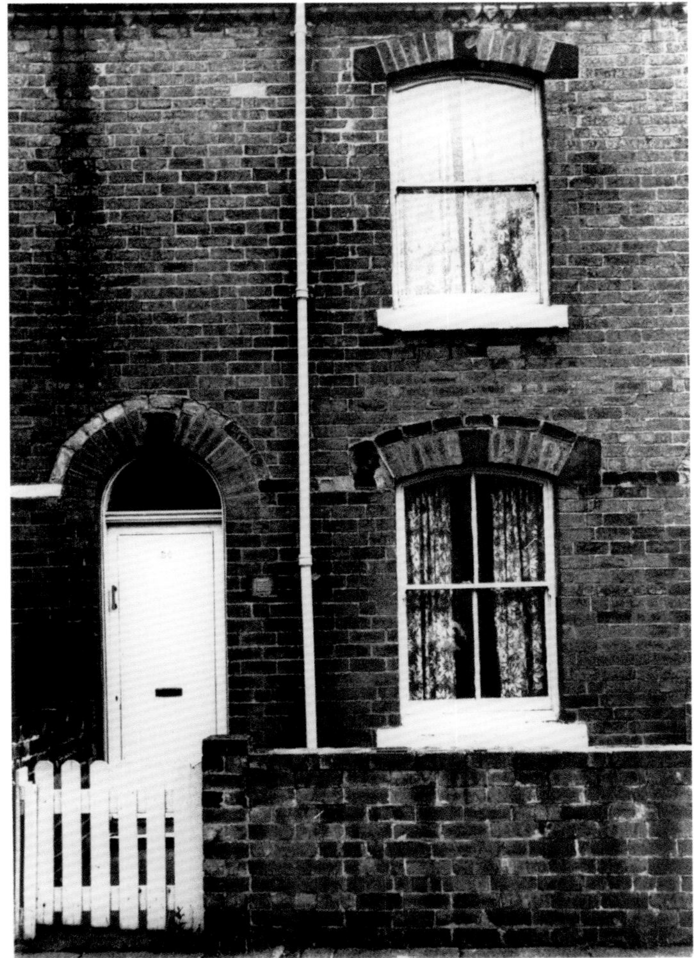

30 Roundhill Road, Henry Moores geboortehuis in Castleford

/ 30 Roundhill Road, the house in Castleford where Henry Moore was born

Beginning & Early Life: 1898 – 1919

On July 30th 1898, Henry Spencer Moore was born in Castleford, England - a small town with coal mining as its main activity. His parents set an example of rigorous perseverance for their children. His father, Raymond Spencer Moore, began working on a farm in his youth but through self-education acquired the knowledge necessary to become a mining engineer. Additionally, his mother, Mary Baker, demonstrated tremendous stamina in the constant labor of rearing eight children.[1] When Moore expressed his desire to become a sculptor to his parents, they insisted he instead pursue a stable career as a teacher. Determined that his sons would not work in the mines, Raymond Moore placed great emphasis on formal education as a way for them to advance far in life. On second attempt, Moore won a scholarship from his elementary school to Castleford Grammar School in 1910. As a boy, he attended school trips organized by the headmaster T. R. Dawes where he noticed stone heads and eleventh century carvings decorating Yorkshire churches.[2] The region around Castleford supplied Moore with rich experiences which would make an impression upon him and his

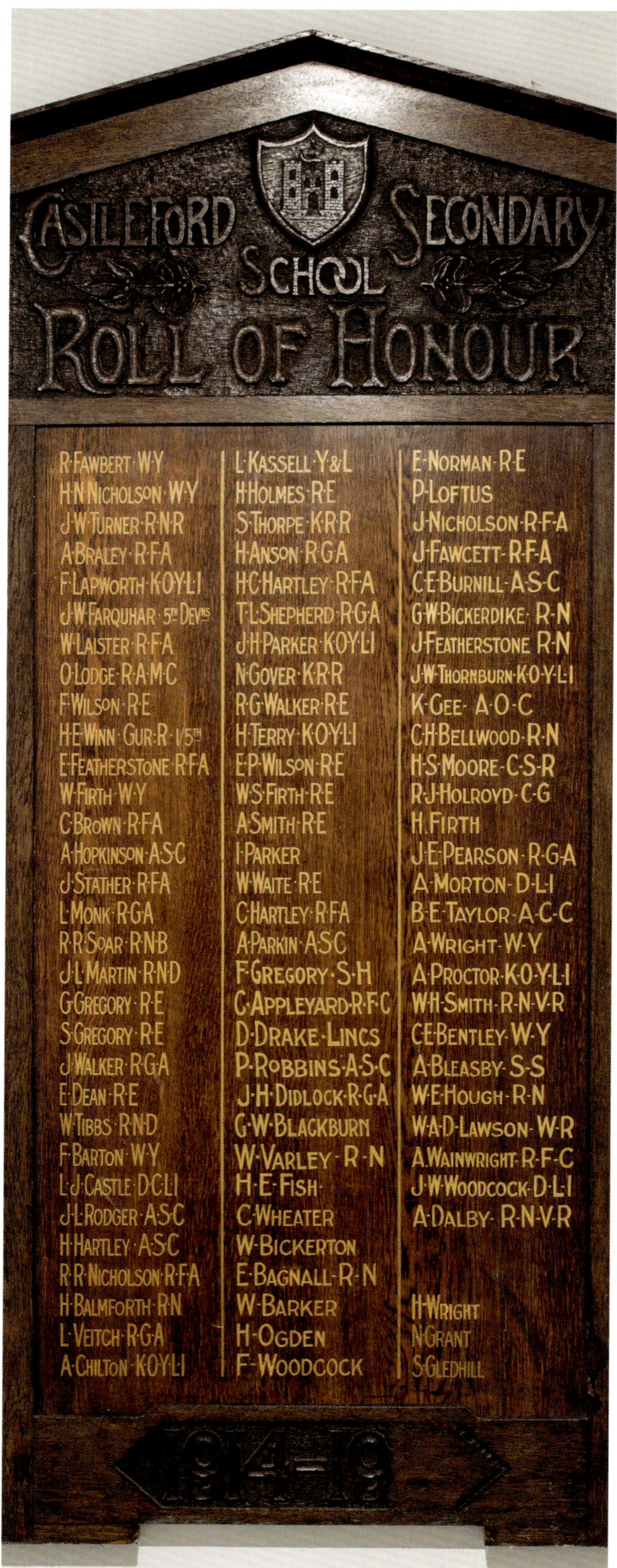

Castleford Secondary School Roll of Honour, rond 1916, een van Henry Moores vroegst bekende houtsnijwerken / *Castleford Secondary School Roll of Honour,* c. 1916, one of Henry Moore's earliest known carvings

ling voor Middeleeuwse beeldhouwkunst en stimuleerde de ontwikkeling van zijn artistieke talenten. In 1916 werd Moore onderwijzer op zijn lagere school. Als oud-leerling werd hij gevraagd om zijn eerste opdracht te ontwerpen en uit te voeren: een plaquette ter ere van oud-leerlingen die waren opgeroepen om in de Eerste Wereldoorlog te dienen. In februari 1917 nam Moore zelf dienst bij het !5th London Regiment (Civil Service Rifles). Bij een gasaanval tijdens de slag om Cambrai in november raakte hij gewond. Hij werd teruggestuurd naar Londen en na zijn herstel werd hij instructeur lichamelijke opvoeding in het leger. Hij keerde terug naar Frankrijk, maar werd in februari 1919 al snel gedemobiliseerd. Hij ging weer lesgeven, maar als afzwaaiend militair werd hem een beurs toegekend voor de Leeds School of Art. Moore was toen eenentwintig jaar.

Ontdekkingen 1919 – 1928

De Leeds School of Art had destijds geen leraar beeldhouwen in dienst, maar Moores onwrikbare voornemen om beeldhouwen te studeren leidde tot de aanstelling van een docent, speciaal voor hem. Leeds had Moore meer te bieden dan Castleford. Er was een grote bibliotheek en een gemeentelijk museum met een moderne collectie negentiende eeuwse kunst.[5] Moore tekende er een jaar naar levende- en naar gipsmodellen, maar ondervond weinig steun van zijn docenten.[6] Toch maakten twee ervaringen een diepe indruk op Moore. De eerste was een introductie voor de privé-verzameling van de vice-rector van de universiteit Sir Michael Sadler, die onder meer prachtig werk van Cézanne, Gauguin, Daumier en Courbet bevatte. De andere was Moores ontdekking van *Vision and Design,* een bundel essays van de kunst-

artistic choices later in life. At age nine or ten, Moore visited park Adele Woods with his father. There he saw Adele Rock, which Moore said "was the first big bleak lump of stone set in the landscape surrounded by marvelous gnarled prehistoric trees. It has no feature of recognition; no copying of nature – just a bleak powerful form."[3]

As a schoolboy, time spent in nature became an arena of play which bred use of Moore's sculptural intuition. He recounted in great detail various games which he designed with his friends in a nearby quarry. They built decorative 'touchstone ovens' out of clay and used them to warm their hands in the winter by burning rotten wood inside. 'Piggy' was also one of the games on seasonal rotation, where a piece of wood would be shaped such that it could be hit by a stick and propelled into the air. Moore said he "very much enjoyed carving the piggie, and of course I was carving and modelling the clay all the time too".[4]

Moore's art teacher Alice Gostick became a mentor to him at Castleford Secondary School, greatly encouraging his artistic talent

historicus en schilder Roger Fry. Daarin
kwam Moore voor het eerst in aanraking
met Afrikaanse en Mexicaanse kunst.
Fry's ideeën over de driedimensionaliteit
van dat werk, de oriëntatie op het gebruikte materiaal, evenals de overstijging
van het materiële door de makers ervan,
raakte bij Moore een gevoelige snaar en
zette hem intuïtief op het spoor dat hij
wilde volgen.[7] In 1921 won hij een beurs
om te gaan studeren op het Royal College
of Art in Londen. In die jaren werd hij een
trouw bezoeker van het British Museum,
waar hij kennis maakte met de Egyptische,
Afrikaanse en Pre-Colombiaanse beeldhouwkunst op de afdeling Etnografie. Die
eerste maanden in Londen zou hij later
omschrijven als 'een opwindende droom'.
'Als ik op een open dubbeldekker door
de stad reed, leek het alsof ik haast door
de hemel reisde en de bus door de lucht
zweefde. En 's avonds was het er even
hemels.'[8]. Al woonde hij in een naargees-
tig kamertje, waar de hospita hem elke
ochtend oneetbare schelvis als ontbijt
voorzette, voelde het alsof de wereld aan
zijn voeten lag: ''s Avonds had ik mijn

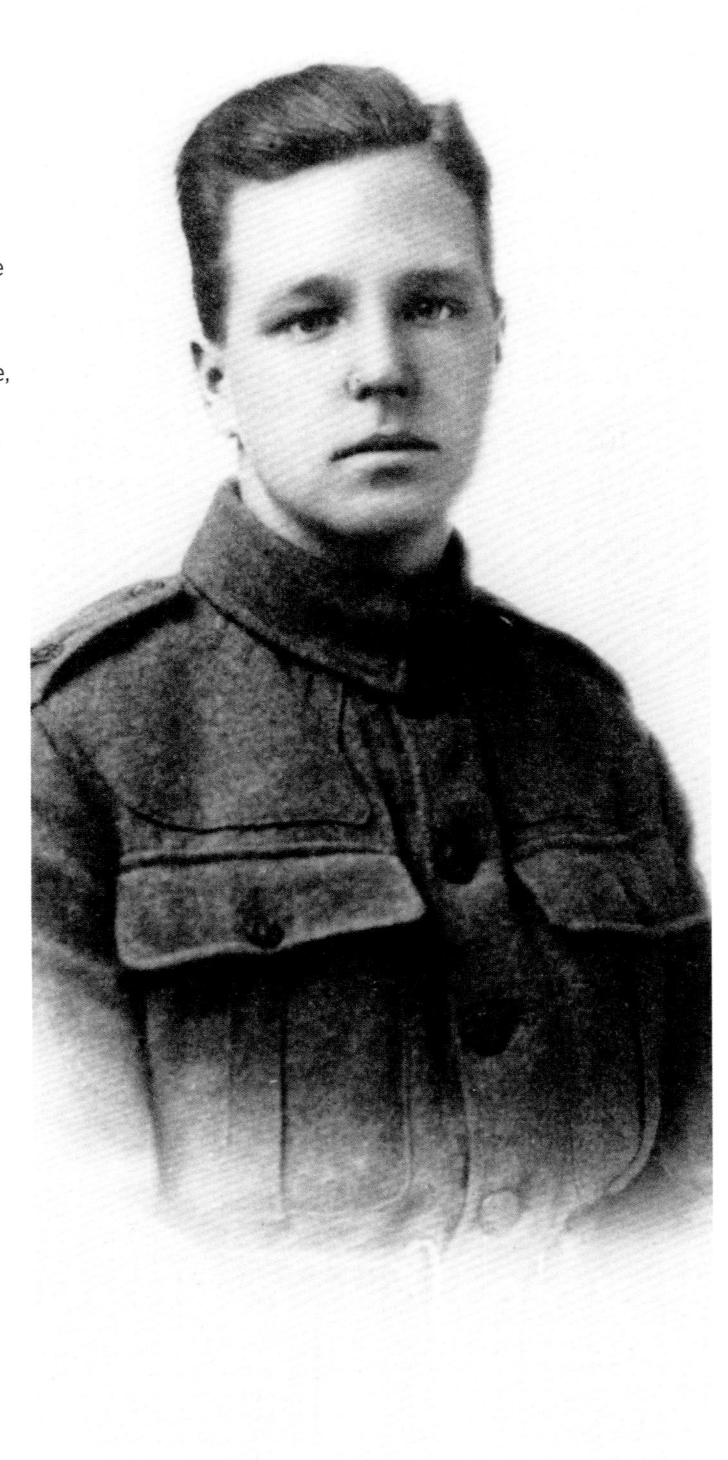

Portret van Henry Moore als soldaat in het
vijftiende regiment van Londen, in 1917

/ Portrait of Henry Moore in uniform as a
private in the 15th London Regiment, 1917

and interest in medieval sculpture. In 1916 Moore took up a teaching
position at his old elementary school. As one of the older boys, he
was asked to design and execute his first ever carving - a Roll of
Honour for the names of the former students going to serve in the
First World War. In February 1917, Moore enlisted in the 15th London
Regiment (Civil Service Rifles) and was wounded in a gas attack at
the battle of Cambrai in November. He was sent back to London and
after recovery became a physical training instructor. He returned
to France, but shortly afterwards was demobilized in February 1919.
After a brief period of teaching, he obtained an ex-serviceman's
grant to attend Leeds School of Art at twenty-one years old.

Time of Discovery: 1919 – 1928

Leeds did not have a sculptor tutor at the time but due to Moore's
resolute intentions to study sculpture, the university appointed one
for him. Leeds had more than Castleford could offer, holding a large
library and municipal art gallery with modern works from the 19th
century.[5] At Leeds, Moore sketched from models and busts for a

boeken,' zei hij over die periode, '[...] en ik wist dat de National Gallery vlakbij was, evenals het British Museum en het Victoria & Albert, met een bibliotheek waar ik elk boek kon lezen dat ik wilde. Ik kon er alles vinden over alle sculpturen die waar dan ook ter wereld waren gemaakt.'[9]

Vanaf het begin van zijn opleiding in Leeds botste Moore in zijn artistieke ontwikkeling met de algemeen aanvaarde en geaccepteerde manier van werken. In een artikel dat hij publiceerde in Times in 1967 schreef hij over de zware kritiek die hij kreeg te verduren op een werk dat ontstond onder invloed van Etruskische beeldhouwkunst die hij in het British Museum had bestudeerd. Na het beoordelen van zijn schilderij had Beresford Pyte, hoogleraar Architectuur tegen de klas gezegd dat Moore 'zich voedde met afval'.[10] Wie Moore wel steunde was het nieuwe hoofd van de opleiding, Sir William Rothenstein, die de grenzen van de gebruikte lesmethoden in het kunstonderwijs probeerde op te rekken door meer nadruk te leggen op de creativiteit van zijn studenten.[11]

Ook van zijn medeleerlingen, waarvan de meesten de schildersopleiding volgden, stak Moore veel op. Een van hen, Raymond Coxon, werd Moores boezemvriend, ze werden huisgenoten en in 1922 bezochten ze samen voor het eerst Parijs. Ze waren diep onder de indruk van de Cézannes die ze er zagen en kregen via Rothenstein een introductie om de collectie van de familie Pellerin te bewonderen. Zo konden de twee studenten ook Cézannes reusachtige doek *Grandes Baigneuses* bewonderen. De naakten op dat schilderij, zo schreef Moore 'leken uit bergrotsen gehakt.' Voor hem was het in het echt zien van dat schilderij een ervaring die vergelijkbaar was met een bezoek aan de Kathedraal van Chartres. Hij beschouwde het als 'één van mijn beslissende ervaringen'. Moore begon zich meer en meer in twee verschillende werelden te bewegen; in de ene tekende en modelleerde hij op de academie naar levend model, 's nachts en in het weekend probeerde hij zoekend en

Raymond Coxon (staand, links) en Henry Moore (zittend, derde van rechts) bij het tekenexamen aan de Leeds School of Art, op dinsdag 1 juni in 1920 / Raymond Coxon (standing, left) and Henry Moore (seated, third from the right) taking the Drawing Exam at Leeds School of Art, Tuesday, June 1st 1920.

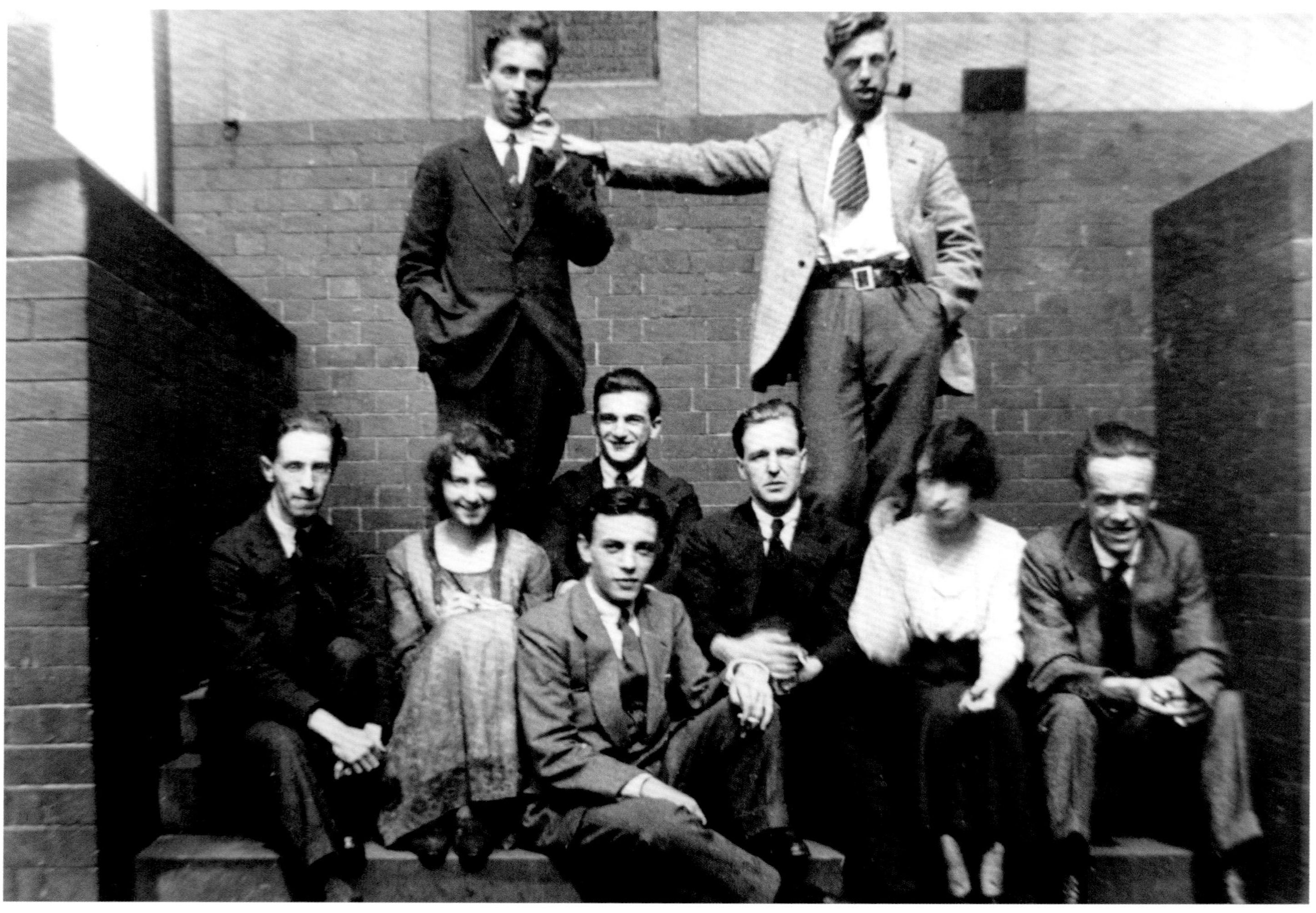

tastend zijn eigen artistieke pad te volgen.[12] Tijdens een vakantie in Norfolk begon Moore beelden te maken van deuren. In 1922 ontstonden onder invloed van Afrikaanse, Mexicaanse en Pre-Colombiaanse kunst, zijn eerste direct in steen en hout gehouwen en gehakte sculpturen.

In 1924 won Moore een beurs waarmee hij zes maanden door Europa kon reizen, maar hij stelde zijn vertrek uit toen hem een baan als docent beeldhouwen op de Royal Academy of Arts werd aangeboden. Moore heeft later gezegd dat hij op de academie niet alleen veel had geleerd van het modelleren naar en het tekenen van levende modellen, maar ook van het lesgeven, 'wat een bijna even intense observatie vereist als wanneer je het zelf doet.'[13] Toen hij uiteindelijk in 1925 naar Italië vertrok, kon hij de Oude Italiaanse meesters van nabij bestuderen: Giotto, Masaccio, Michelangelo, Donatello, Titiaan en Tintoretto. Onderweg schreef hij aan Rothenstein dat zijn reis hem deed beseffen dat 'als deze reis mij niets anders brengt, ik altijd zal blijven beseffen hoeveel kunstschatten wij in Engeland bezitten, en hoe inspirerend het Engelse landschap is.'[14] Toen hij vervolgens Parijs bezocht, zag hij daar voor het eerst een van de beroemde Mexicaanse 'Chac mools'. Het beeld vormde de aanleiding voor zijn langdurige onderzoek naar het weergeven van de liggende figuur.

De kunstenaar 1928 – 1938

Begin jaren dertig was Moore uitgegroeid tot een prominent lid van de avant-garde. In 1928 kreeg hij zijn eerste grote opdracht, die resulteerde in *West Wind* (1928/9) een reliëfsculptuur voor het net gebouwde nieuwe hoofdkantoor van de Londense Underground. In datzelfde jaar kreeg Moore zijn eerste tentoonstelling in de Warren Gallery in Londen. Daarna volgden nog solo-tentoonstellingen in de Leicester Galleries, waar hij in de jaren dertig nog regelmatig zou exposeren. Aan het eind van dat decennium verkocht Moore voor het eerst een beeld aan het buitenland, aan het Museum für Kunst und Gewerbe in Hamburg, en nam hij deel aan internationale tentoonstellingen in Zürich en New York. In 1929 maakte hij zijn eerste *Reclining figure* en verscheen er voor het eerst een gat in een van zijn menselijke gestalten.[15] Dat gat opende een negatieve ruimte in Moores beelden, die tot dat moment gesloten en monolitisch waren geweest. In hetzelfde jaar trouwde hij met Irene Radetzky, een studente op de schildersopleiding van de Royal Academy. Samen betrokken ze een atelier op 11a Parkhill Road in Hampstead. Toen Moore's werk steeds vaker werd tentoongesteld, veroordeelde

year and did not find his teachers to be of any help.[6] Nonetheless, two experiences left a significant impression on Moore. The first was his introduction to the University Vice-Chancellor Sir Michael Sadler's collection, which included a keen assemblage of modernist works by Cezanne, Gauguin, Daumier and Courbet. The next was Moore's fated discovery of a collection of essays titled *Vision and Design* by art critic and painter Roger Fry. It was the first time Moore heard about African and Mexican art, and Fry's ideas about their wholly three-dimensional orientation as well as their sensitivity to and departure from material itself struck a chord with Moore which would awaken an intuitive understanding of his future direction.[7] In 1921 he won a scholarship to study sculpture at the Royal College of Art in London. During his time there, he visited the British Museum and encountered Egyptian, African and pre-Columbian sculpture on display from the ethnographic collection. Reflecting on those early months in London, Moore described the 'dream of excitement' he found himself in. "When I rode on the open top of a bus I felt that I was travelling in Heaven almost, and that the bus was floating in the air. And it was Heaven all over again in the evening."[8] Though he stayed in a dismal, little room where the landlady served him lousy haddock every morning for breakfast, the critical factors were at his fingertips. "At night I had my books," he said "[...]and I knew that not far away I had the National Gallery and British Museum and the Victoria & Albert with the reference library where I could get any book I wanted. I could learn about all the sculptures that had ever been made in the world."[9]

From the outset of his formal education beginning at Leeds, Moore reached a critical moment in his artistic development in which new ideas were confronted by systematically approved ways of working. In an article published in the Times in November 1967, Moore wrote about the heavy criticism which followed a composition which exhibited influences of an Etruscan sculpture he had seen in the British Museum. After examining the painting, the professor of Architecture Beresford Pyte announced to the class that Moore had been 'feeding on garbage.'[10] Moore received stable encouragement

een criticus van de Londense *Morning Post* zijn werk als immoreel en riep hij op om Moore te ontslaan bij het Royal College of Art. Ondanks de steun van Rothenstein besloot Moore in 1932 om uit eigen beweging te vertrekken en een nieuwe afdeling beeldhouwen op te zetten aan de Chelsea School of Art.[17]

Moore's werk werd onder de invloed van zijn progressieve collega's steeds abstracter. Ook zijn regelmatige bezoeken aan Parijs droegen bij aan die ontwikkeling. Kort nadat hij was opgenomen in de Seven and Five Society werd hij ook lid van Unit 1 van Paul Nash, waar ook Barbara Hepworth en Ben Nicholson toe behoorden. Ook maakte Moore deel uit van het comité van de Engelse Surrealistische Beweging en nam hij deel aan de International Surrealist Exhibition in de New Burlington Galleries in Londen in 1936. In die periode maakte Moore zijn eerste monolitische, verticale, abstracte beelden, zijn eerste gefragmenteerde composities, zijn eerste beelden waarin draad was verwerkt en zijn eerste 'innerlijk/ uiterlijk' loden helmsculpturen. In diezelfde periode ging Moore over van beeldhouwen op gieten in brons en het maken van modellen voor zijn beelden in gips of klei in plaats van ze eerst op papier te schetsen.[17] Die ontwikkeling viel samen met zijn verhuizing naar een boerderij met twee hectaren land in Kingston, waar hij buiten kon werken en zijn beelden kon fotograferen. Daarachter lag een vallei, waarover Moore zei: 'Elk stuk steen dat daar in de grond zat, had een fantastische vorm – als stukjes Stonehenge.'[18] Moore en zijn assistent Bernard Meadows werkten veertien uur per dag. Ze begonnen om halfzes 's- ochtends als ze een emmer water over elkaar heen gooiden. Om halftwaalf onderbraken ze het werk, reden ze in Moores Ford Standard Coupé naar zee om te zwemmen en te lunchen. Daarna werkten ze in de open lucht tot theetijd, daarna gingen ze verder tot het donker werd. Voor Moore voelde het verblijf daar 'als vakantie, in vergelijking met Londen.[19]

Oorlog en trauma 1939 – 1942

Aan het begin van de Tweede Wereldoorlog, ontdekten de Moores dat hun boerderij op verboden terrein lag, waardoor het moeilijk te bereiken was. Uiteindelijk verhuisden ze weer terug naar Londen.[20] Chelsea School of Arts werd geëvacueerd naar Northampton, wat het einde van Moore's docentschap betekende. De Moores verhuisden opnieuw toen hun huis en atelier tijdens de Blitz zwaar werd beschadigd. Ze huurden een boerderij in Perry Green, Much Hadham, in Herfordshire, waar Moore de rest van zijn leven zou blijven wonen en werken.

Henry Moore terwijl hij in 1942 mijnwerkers schetst bij Wheldale Colliery / Henry Moore sketching miners at Wheldale Colliery, 1942

from newly appointed Principal Sir William Rothenstein who sought to extend the boundaries of existing methods of art teacher training by placing a new importance on creativity amongst students.[11]

Moore also learned from his fellow colleagues, most of whom were from the painting school. One of them, Raymond Coxon, became Moore's closest friend and later flatmate. In 1922, they went to Paris together for the first time. They were excited to see Cezanne originals and gained an introduction by Rothenstein to the Pellerin family and collection. As a result, the two students were able to see Cezannes humongous *Grandes Baigneuses*, whose nudes looked to Moore "as if they were cut out of mountain rock." For Moore, seeing that picture "was like seeing Chartres Cathedral," it was "one of the big impacts."Moore effectively began to occupy two different worlds; one included drawing and modelling from life during the day in class and the other occurred at night and on the weekends when he struggled to develop his own artistic direction.[12] While on vacation in Norfolk, Moore started making sculpture out of doors.

In 1922, his first direct carvings in wood and stone were made influenced by African, Mexican and Pre-Columbian sculpture.

In 1924, Moore won a six-month travelling scholarship to Europe. However, he postponed going abroad to accept an invitation to take over as professor of sculpture at the Royal Academy of Art. While at the college, Moore said he benefited greatly from modelling and drawing from the life figure, but also from teaching it which "demands nearly as intense observation as doing it oneself."[13] When he finally went to Italy in 1925, he saw works by old Italian masters Giotto, Masaccio, Michelangelo, Donatello, Titian and Tintoretto. During his travels he wrote to Rothenstein about his newfound awareness that "if this scholarship does nothing else for me, it will have made me realize what treasures we have in England, and how inspiring is our English landscape."[14] When he moved on to Paris, he caught sight of the Mexican Chacmool for the first time - a sculpture which would set off an exploration into the subject of the reclining figure.

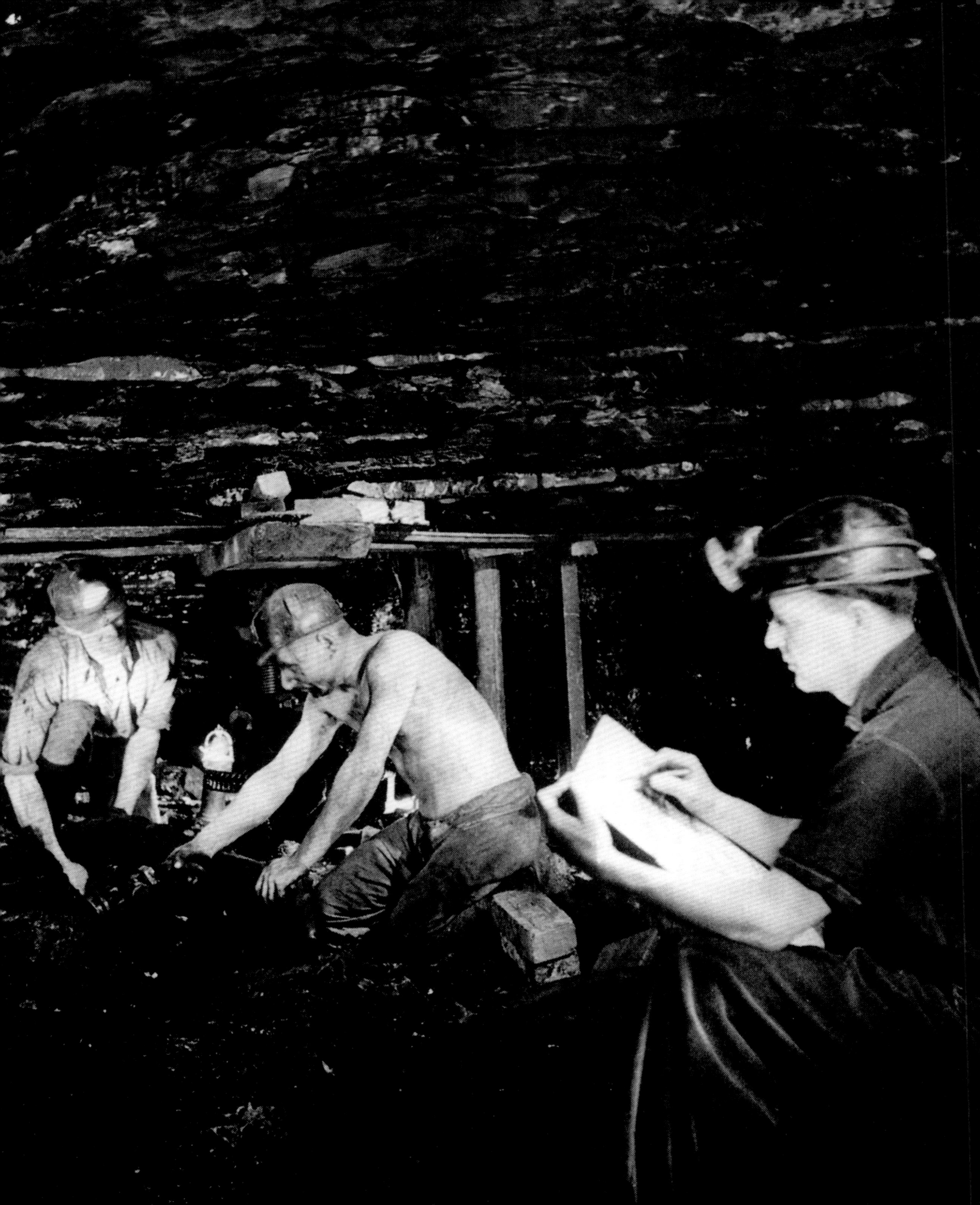

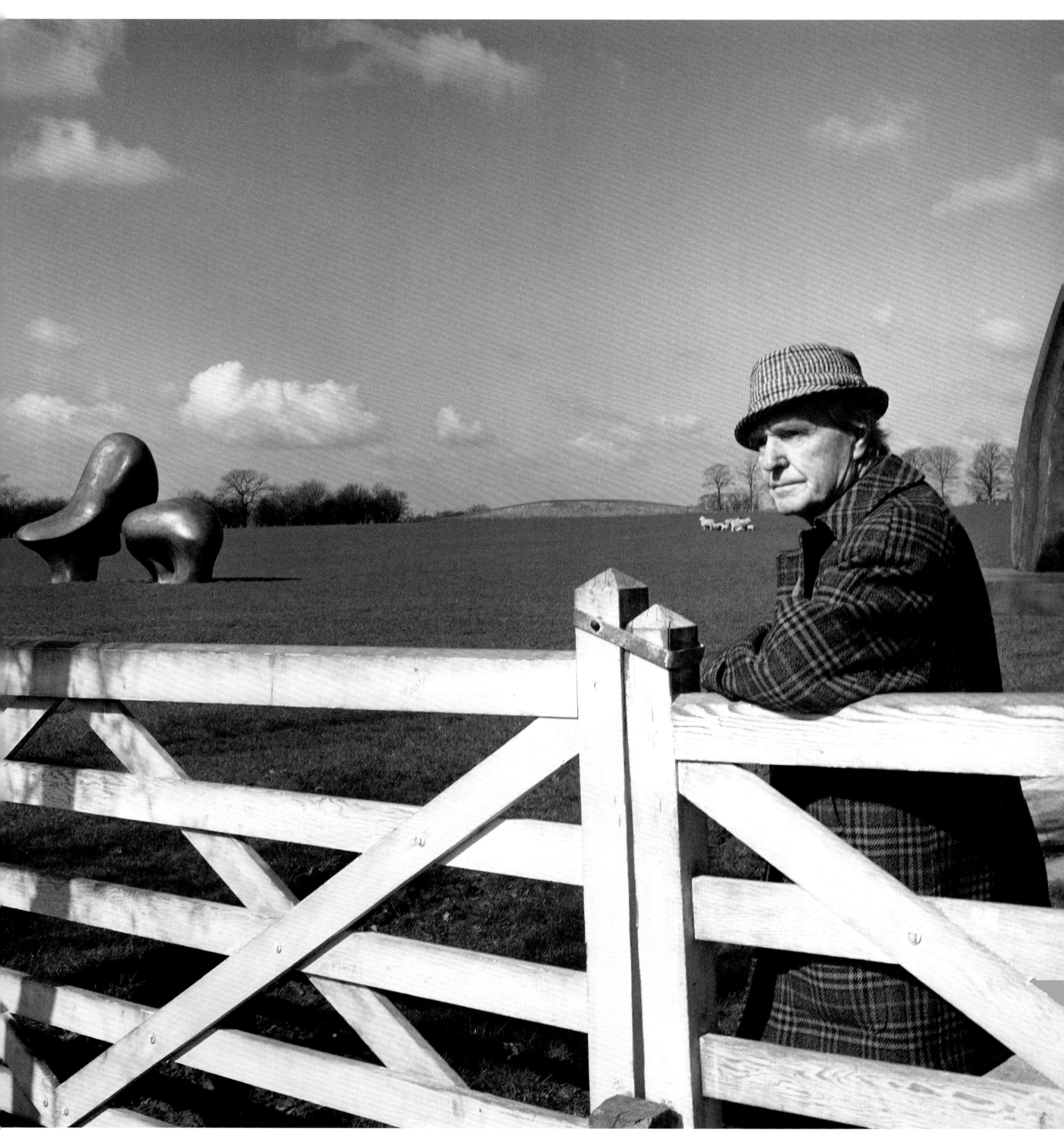

Moore raakte geïnteresseerd in de schuilkelders in de Londense Underground en hij begon de mensen te tekenen die in de metrogangen schuilden voor de bombardementen. In die ondergrondse ruimten zag hij duizenden mensen op elkaar geperst, die rusteloos probeerden de slaap te vatten. De uitgewerkte tekeningen die hij
er later van maakte op basis van snelle schetsen werden onmiddellijk herkend als een sensitieve en krachtige
reactie op de oorlog. Moore reisde per trein naar Londen, bracht de nacht door in de Underground en reisde
's ochtends weer terug naar hun woonhuis Hoglands om zijn ervaringen op papier vast te leggen.

Dat hij weer was gaan tekenen had deels te maken met het probleem om goed materiaal voor zijn beelden
te bemachtigen, maar zijn tekeningen raakten een snaar in het collectieve bewustzijn en Moore werd daar
min of meer het boegbeeld van.[21] Een jaar later exposeerde Moore voor het eerst een retrospectief in Temple
Newsam in Leeds. De voorzitter van de War Artist Advisory Committee (WAAC) Kenneth Clark – toen directeur van de National Gallery in Londen – kocht een reeks van de tekeningen uit de schuilkelders aan. Zo werd
Moore officieel uitgeroepen tot War Artist. In 1942 volgde een officiële opdracht van het WAAC. Hem werd
gevraagd terug te keren naar zijn geboorteplaats Castleford om de mijnwerkers daar te tekenen. Hij belandde
er in dezelfde mijn waar zijn vader als mijnbouwingenieur had gewerkt. Beide series tekeningen versterkten
Moores internationale reputatie en brachten hem zoveel succes dat hij geen les meer hoefde te geven om in
zijn onderhoud te voorzien.[22] In Perry Green begonnen Moore en zijn vrouw schuren tot ateliers te verbouwen
en werd verwilderde grond waar moestuinen en kippenrennen hadden gestaan opgeknapt om er beelden te
kunnen plaatsen.[23]

Moeders en dochters 1943 – 1948

De menselijke gestalte – meestal vrouwen – bood Moore de inspiratie om belangrijke thema's in zijn werk als
'moeder en dochter' en 'gezinnen' uit te werken. In de jaren veertig richtte Moore zich op deze traditionele,
populaire onderwerpen met herkenbare, menselijke figuren. In 1943 kreeg hij de opdracht om een Madonna
met kind te maken voor St. Matthew's Church in Northampton. Het vormde het begin van een belangwekken-
de reeks van beelden van gezinnen. In 1946 beviel Irina van een dochter, Mary Moore. Henry Moore ontkende
niet dat een kunstenaar werkt met wat hij kent en beschouwde de geboorte van zijn dochter later als 'een

Henry Moore in Perry Green in 1977, met
Sheep Piece op de achtergrond /

Henry Moore in Perry Green, 1977, with *Sheep
Piece* in the background

Henry Moore the Artist: 1928 – 1938

By the 1930's Moore had established a reputation as a prominent avant-
garde figure. In 1928 he received his first public commission *West Wind*
(1928-9), a relief carving for the newly opened London Underground
Headquarters. The same year Moore held his first solo exhibition at the
Warren gallery in London, which preceded further one-man shows at
the Leicester Galleries throughout the 1930s. By the end of the decade,
Moore had made his first sale abroad to the Museum fur Kunst und
Gewerbe in Hamburg and showed pieces in international exhibitions in
Zurich and New York. In 1929 he made his first reclining figure inspired
by the Chacmool, and it was the first time a hole appeared in a figure
composition.[15] This gap which opened up negative space departed
from Moore's closed-off, monolithic forms. The same year he married
Irina Radetzsky, a painting student from the Royal College of Art.
Together, they moved into a studio at 11a Parkhill Road in Hampstead.
After Moore's work began to surface in independent exhibitions, a critic
from the London *Morning Post* labelled Moore's sculptures as immoral
and insisted on his dismissal from The Royal College of Art. Though

defended by headmaster Rothenstein, Moore made the decision in 1932
to leave the Royal College of Art and start up a new department of
sculpture at the Chelsea School of Art.[16]

Moore's work became progressively more abstract, animated by his
close rapport with forward-thinking artists as well as regular trips to
Paris. Shortly after being elected to the 7 & 5 society he became a
member of Paul Nash's Unit 1, which included Barbara Hepworth and
Ben Nicholson among others. Moore also served on the organizing
committee of the English surrealist movement and participated in
the International Surrealist Exhibition held at the New Burlington
Galleries in London in 1936. This period saw Moore's first monolithic,
rectilinear abstract forms, his first multiple-piece compositions, first
stringed figures and first internal/external helmet form in lead. At
this time, Moore also began to move away from direct carving to
casting in bronze, and modelling preliminary maquettes in plaster or
clay instead of drafting preparatory sketches.[17] These events cropped
up alongside Moore and Irina's shift to a cottage with a large field

gebeurtenis die in mijn werk opnieuw het thema "moeder en kind" wakker riep.' De komst van een nieuw gezinslid inspireerde hem tot het maken van meer beelden, zoals *King and Queen* uit 1952-3, waarover Moore later zei dat het hem was ingegeven door zijn gewoonte om Mary 's avonds, voor het slapen gaan sprookjes voor te lezen waarin het wemelde van de koningen, koninginnen en prinsessen.[24] Na de Tweede Wereldoorlog vormde kunst een van de speerpunten bij het herstel en de wederopbouw van Engeland. In de decennia erna zou Moore talloze beelden maken voor openbare instellingen, nieuwe woonwijken, scholen en ziekenhuizen. Zijn eerste opdracht voor een groot werk in brons, *Family Group* uit 1950, werd gemaakt voor Barclay School of Arts in Stevenage, Hertfordshire.[25]

De openbare ruimte: 1948 – 1977

In de jaren na de oorlog concentreerde Moore zich opnieuw op het driedimensionale aspect van zijn werk. De aanwezigheid van zijn beelden in het omringende landschap werd benadrukt door glooiende volumes die door natuurlijke krachten leken te zijn gevormd. Moore werkte nog maar zelden in steen, maar maakte modellen die vervolgens in brons werden gegoten. Op die manier kon hij sneller werken, en op een grotere schaal.

In 1946 werd Moore, na zijn eerste internationale retrospectief in het Museum of Modern Art in New York uitbundig geprezen om zijn vernieuwende werk. Er volgden meer grote tentoonstellingen. In 1948 vertegenwoordigde Moore Engeland op de 24ste Biënnale van Venetië en won hij er de Internationale Prijs voor Beeldhouwkunst. Snel daarna werd hij overspoeld met belangrijke opdrachten, eerbewijzen en prijzen.

In 1950 vroeg het Arts Council hem een grote *Reclining Figure* in brons te maken voor het Festival of Britain in 1951. Een jaar later begon hij aan een stenen wand voor het Time-Life gebouw in Londen. Vanaf 1954 werkte hij aan een bakstenen reliëf voor het Bouwcentrum in Rotterdam, dat later door lokale metselaars werd uitgevoerd. In 1956 kreeg hij de opdracht om een beeld te ontwerpen voor het hoofdkwartier van Unesco in Parijs, weer een jaar later vertrok hij naar de marmergroeven bij Carrara in Italië om daar een beeld te maken. In 1967 werd op het terrein van de University of Chicago zijn beeld *Nuclear Energy* onthuld, ter gelegenheid van het vijfentwintigjarige jubileum van het splitsen van het eerste atoom.[26] Dit is maar een greep uit de opdrachten

in Kingston, where he could work out of doors and photograph his sculptures in the five-acre landscape. The ground extended into a valley and Moore said "any bit of stone stuck down in that field looked marvellous – like a bit of Stonehenge."[18] Moore and his assistant Bernard Meadows shared a 14-hour work day. It started with throwing a bucket of water over each other at 5:30 in the morning, breaking at 11:30 to drive down to the sea in their standard coupe for a swim and sandwiches, and returning around 1:30 to work in the open air until a tea time at 5 and then continuing on to work until dark. For Moore, "it was like a holiday, compared with London."[19]

War & Trauma: 1939 – 1942

With the onset of the Second World War, the Moores discovered their cottage to be situated on restricted grounds and because it made movement into and out of the city difficult, they moved back to London.[20] The Chelsea School of Art was evacuated to Northampton, and so Moore's teaching also came to an end. They were forced to relocate again in 1940 when their Hampstead home and studio was damaged in the Blitz. The two rented a farmhouse at Perry Green, Much Hadam, Hertfordshire where Moore continued to live and work for the remainder of his life.

In September, Moore took an interest in the underground shelters and began drawing people seeking protection from the Blitz in the London Underground. He witnessed thousands of people crammed together in these subterranean spaces restlessly attempting to sleep. The resulting drawings, which Moore made from memory, became recognized as a sensitive and potent response to the war. Moore commuted into London to spend nights in the Underground, and returned to Hoglands in the morning to put his impressions down on paper.

This shift to drawing was in part due to the fact that it was difficult to obtain material for making sculpture. The shelter drawings resonated with the collective conscience, of which Moore became a kind of keeper.[21] The following year Moore held his first retrospective exhibition at Temple Newsam in Leeds. The chairman of the War

die Moore voltooide. Tegenwoordig staat zijn werk op talloze plekken over de hele wereld in de publieke ruimte opgesteld.

Vanaf 1960 verscheen Moore regelmatig in het nieuws en in andere media en onderhield hij nauwe betrekkingen met verschillende fotografen. Het Koningshuis verleende hem in 1955 de titel Companion of Honour, in 1963 ontving hij de Order of Merit en werd hem in Nederland in 1968 de Erasmusprijs toegekend. Al vond hij algemene erkenning, Moore accepteerde niet alle eerbewijzen. Hij weigerde zich tot ridder te laten slaan, maar verwelkomde artistieke prijzen en ere- doctoraten.[27] Dat hij de voorkeur gaf aan eerbewijzen door kenners en gelijken, paste bij zijn vroegere status als onderwijzer die altijd blijk gaf van een diepgaande betrokkenheid met zijn leerlingen.

Tot op hoge leeftijd raakte Moore gegrepen door nieuwe projecten en wist hij zijn enthousiasme soms maar met moeite in te tomen. Daarvan deed Frank Stanton verslag na een gesprek met Moore over een bronzen *Reclining Figure* voor het Lincoln Center for the Performing Arts in New York. Nadat de blauwdrukken van het ontwerp voor een bassin waren uitgerold in de woonkamer, riep Moore: 'By George, dat heeft de afmetingen van een cricketveld!' Daarna kreeg hij een bloedneus zoals Stanton er nog nooit een had gezien. Zijn hemd, de blauwdrukken, alles zat onder het bloed. Mevrouw Moore, die net langsliep, kwam aansnellen met een doos Kleenex en zei: 'Henry, dat overkomt je altijd als je enthousiast raakt.' Stanton vertrok met Moore's belofte dat hij naar New York zou komen om de ruimte waar John D. Rockefellers 'grote droom'[28] zou worden verwezenlijkt, met eigen ogen te komen bekijken.

Moore werd in zijn tijd nog meer bewonderd dan illustere namen als Picasso en Giacometti. Hij maakte deel uit van de avant-garde, maar werd tegelijkertijd omarmd door het establishment. Hij was niet alleen een drijvende kracht in progressieve artistieke kringen, maar onderhield ook goede betrekkingen met de Engelse elite en de rest van de maatschappij. Hij was geen dogmatische avant-gardist, maar eerder iemand die in zijn eigen wereld leefde. Met zijn kunst schiep Moore een universele vormentaal die alles wegliet wat niet strookte met wat het in essentie betekende om mens te zijn.

Artists Advisory Committee (WAAC), Kenneth Clark - who was then director of the National Gallery in London - purchased some of the shelter drawings. Moore became an Official War Artist, and received his first commission from the WAAC in 1942. He was asked to return to his hometown in Castleford, to observe miners working at the coal face. He found himself in the same Yorkshire colliery in which his father had once worked as a mining engineer. Both series of drawings helped to advance Moore's international reputation and brought him so much success that he no longer needed to rely on teaching to earn his living.[22] At Perry Green, the Moores slowly converted barns into studios, and overgrown areas of chicken runs and vegetable plots turned into gardens for exhibiting sculpture.[23]

Mothers and Daughters: 1943 – 1948

The human figure – most often female – provided the basis for Moores exploration into essential themes of his oeuvre such as the mother and child and the family-group. In the 1940s, Moore turned to this type of traditional populist imagery which included recognizable human subjects. In 1943, Moore received a commission to carve a *Madonna and Child* for St. Matthew's Church in Northampton. This began an important series of family-group sculptures. In 1946, Irina gave birth to a daughter Mary Moore. Moore did not deny that an artist draws from what he knows and recalled the former as an event "which re-invoked in my sculpture my Mother and Child theme." The introduction of a new family member left an impression on further works, notably the *King and Queen* from 1952-3, which Moore realized came about from his habit of reading fairy tales to Mary each night teeming with kings, queens and princesses.[24] After the Second World War, art was upheld as a means to Britain's recovery and repair. In the coming decades, Moore developed a number of public works for housing estates, schools and hospitals. His first large-scale bronze commission, *Family Group* (1950), was made for Barclay School of Art in Stevenage, Hertfordshire.[25]

Presence in the Public Space: 1948 - 1977

In the post-war period, Moore was steadfast on teasing out his works' three dimensional presence. His sculptures' relationship to

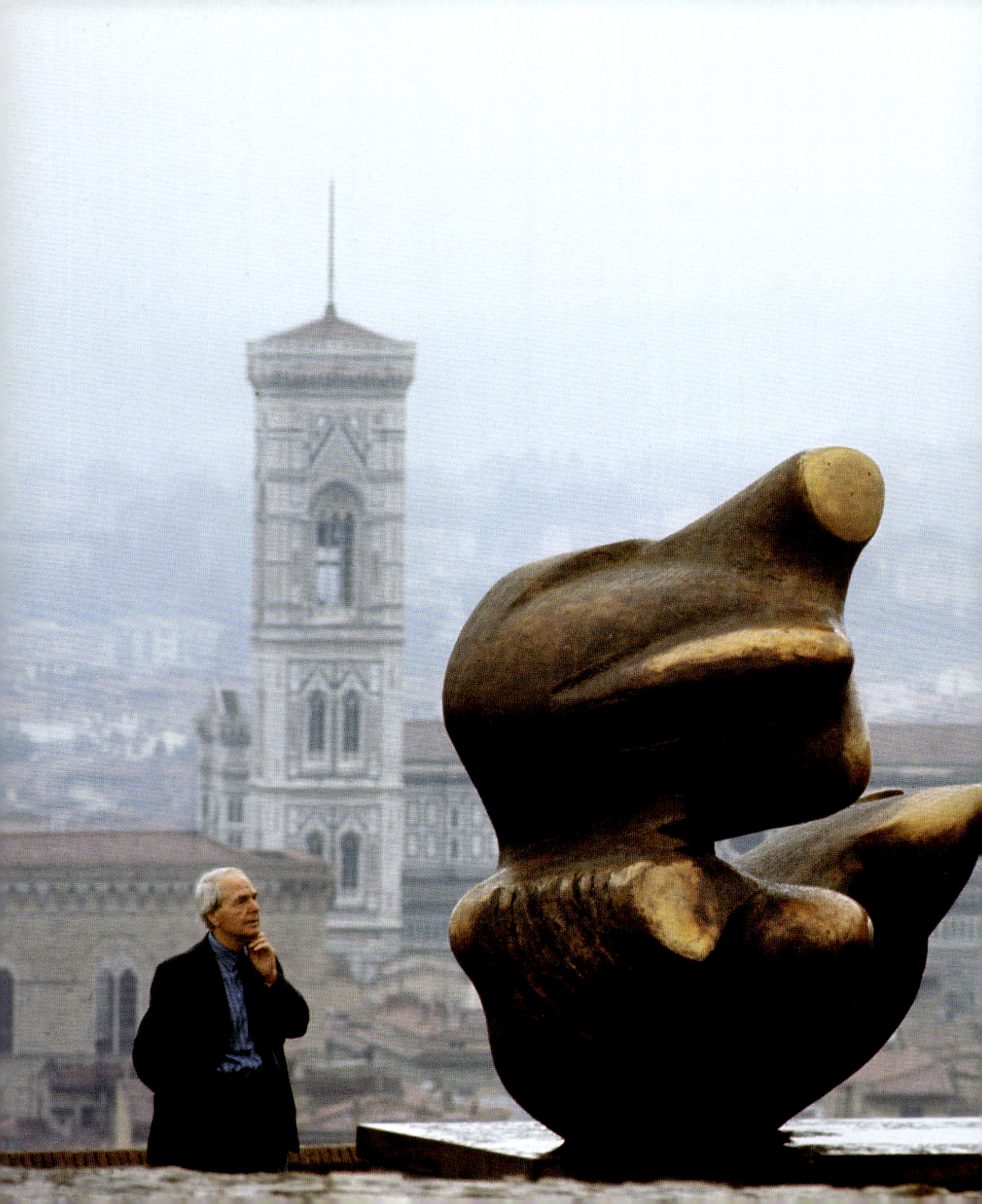

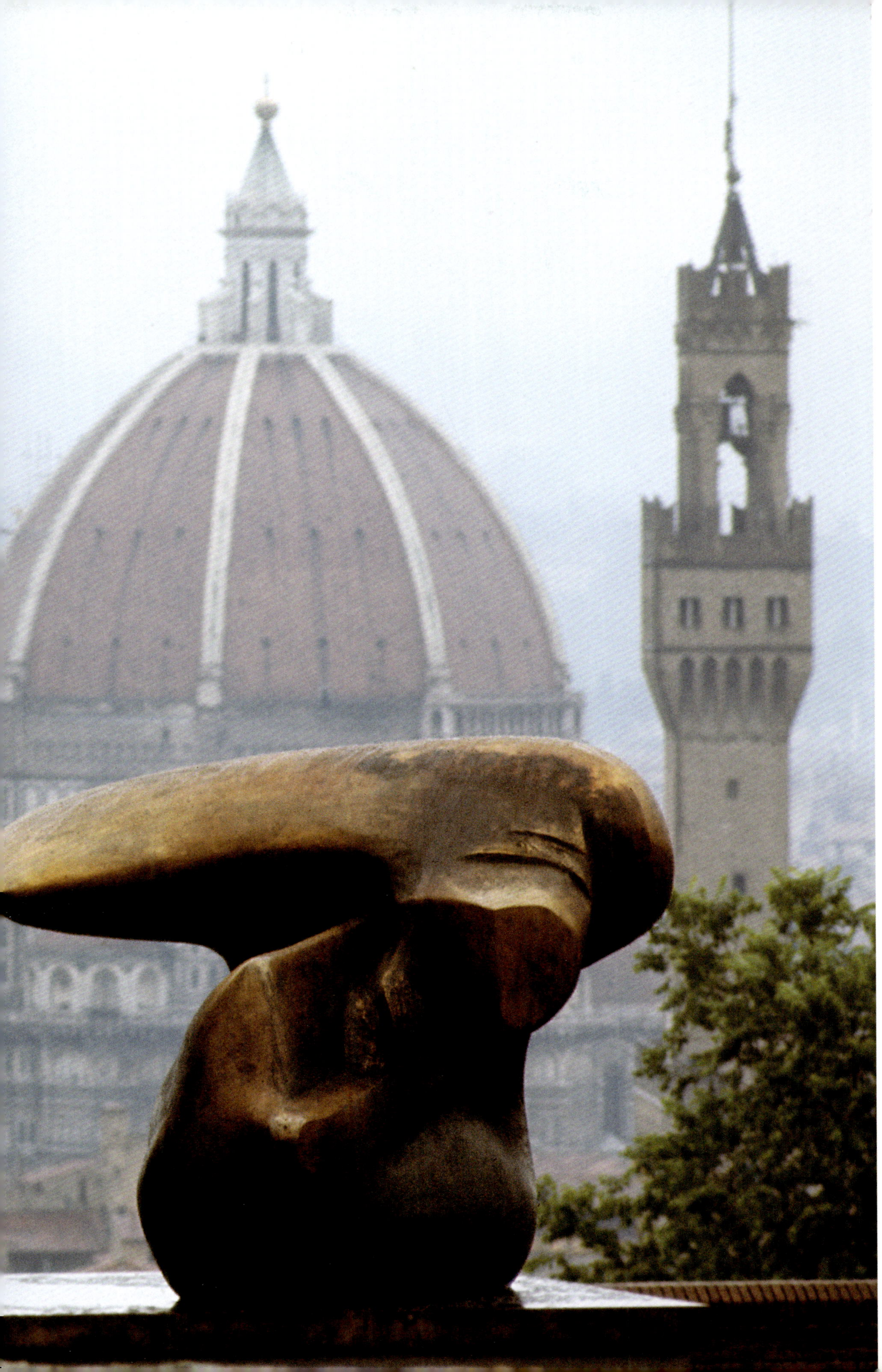

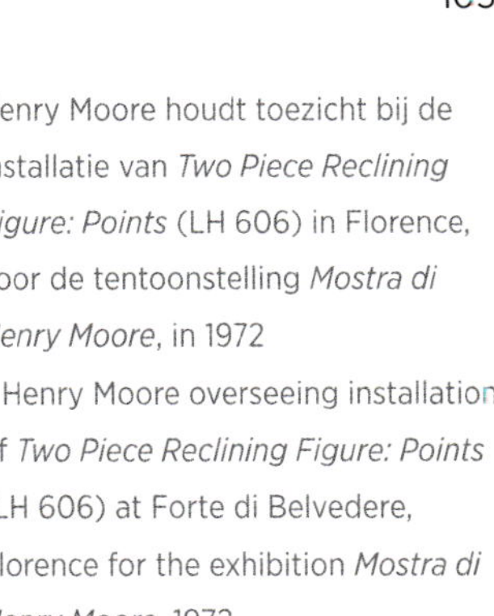

Henry Moore houdt toezicht bij de installatie van *Two Piece Reclining Figure: Points* (LH 606) in Florence, voor de tentoonstelling *Mostra di Henry Moore*, in 1972
/ Henry Moore overseeing installation of *Two Piece Reclining Figure: Points* (LH 606) at Forte di Belvedere, Florence for the exhibition *Mostra di Henry Moore*, 1972.

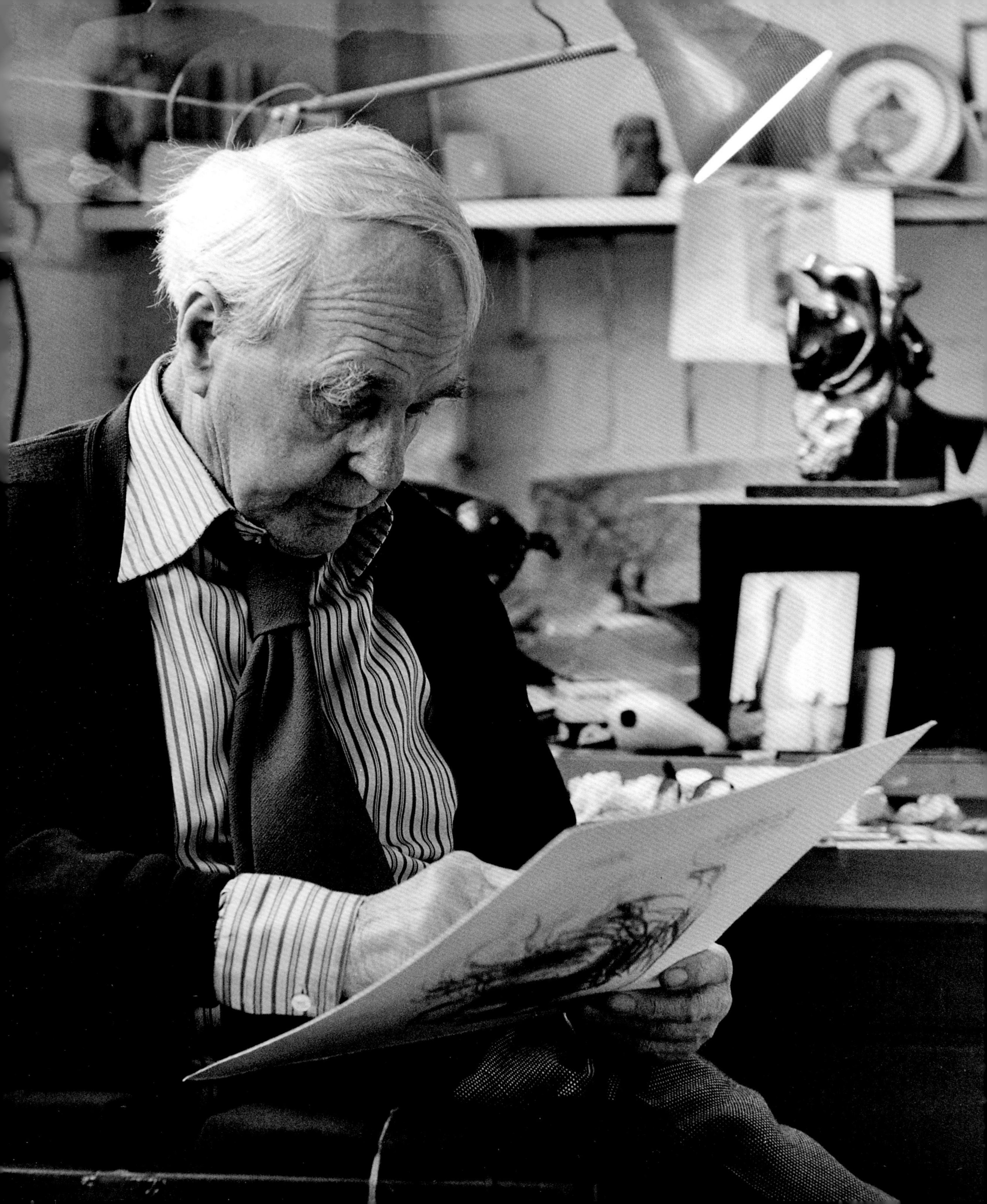

Levenseinde en nalatenschap

In 1977 werd de Henry Moore Foundation opgericht door de kunstenaar zelf en zijn familie, met als doel het stimuleren van belangstelling voor de beeldende kunsten. De curatoren van de stichting erfden om die reden Moore's huis in Perry Green en zijn collectie.[29] Aan het eind van hun leven proberen veel kunstenaars om hun werk in de tijd te bevriezen. Moore daarentegen probeerde een voortgaand onderzoek naar de waardering van beeldhouwkunst in het algemeen te stimuleren. Als deel van de Henry Moore Foundation wijdt het in 1982 geopende Henry Moore Centre for the Study of Sculpture in Leeds zich aan die opdracht.[30]

Henry Spencer Moore overleed op 31 augustus 1986, thuis, in Much Hadham in Hertfordshire. Voor zijn dood deed hij nog genereuze donaties aan een reeks van culturele instellingen. Eén van de ontvangers was het Tate Modern in Londen, waar in twee zalen meer dan dertig werken van Moore tentoongesteld worden.[31] In het Henry Moore Sculpture Center van the Art Gallery in Ontario staan in de vaste opstelling gipsen en bronzen modellen, afkomstig uit een donatie die nu meer dan negenhonderd beelden en tekeningen omvat.[32]

Henry Moore werkend aan een tekening in Gildmore Graphics Studio in 1982.

/ Henry Moore in Gildmore Graphics Studio working on a drawing, 1982.

the space around them was thickened by curved masses which appeared to be orchestrated by natural forces. By now Moore had for the most part abandoned direct carving, opting to work instead from preliminary models and cast in bronze. This allowed him to create a greater number of works on a larger scale.

In 1946, Moore's novel conception of sculpture was praised at his first international retrospective at the Museum of Modern Art in New York. It was followed by a series of major exhibitions, and by the end of Moore's career the number of exhibitions had increased to an average of forty per year. In 1948, Moore represented Great Britain at the 24th Venice Biennale and won the international prize for sculpture for his participation. He was soon flooded with significant commissions, honours and awards.

In 1950, he was asked by the Arts Council to create a large bronze reclining figure for the 1951 Festival of Britain. The following year, he began to work on a similar figure and stone screen for the Time-Life building in London. In 1954, he started on a request to design a brick wall relief for Rotterdam's Bouwcentrum, carried out by local bricklayers. In 1956, Moore received a commission for the UNESCO headquarters in Paris, and the following year went to Italy to begin carving the figure at a stoneyard near Carrara. At the University of Chicago in 1967, Moore's *Nuclear Energy* was unveiled to commemorate the splitting of the atom that occurred twenty-five years earlier.[26] These are only a handful of the large-scale commissions which Moore received. Today, his works can be seen in a multitude of public spaces around the world.

From the 1960s, Moore appeared frequently in news and media outlets and held a close working relationship with several photographers. He was recognized by the British monarchy as a Companion of Honour in 1955, received the Order of Merit in 1963 and won the Erasmus Prize in 1968.While Moore received widespread appreciation, he had his limits in acceptance. He refused an offer of knighthood, but welcomed artistic accolades

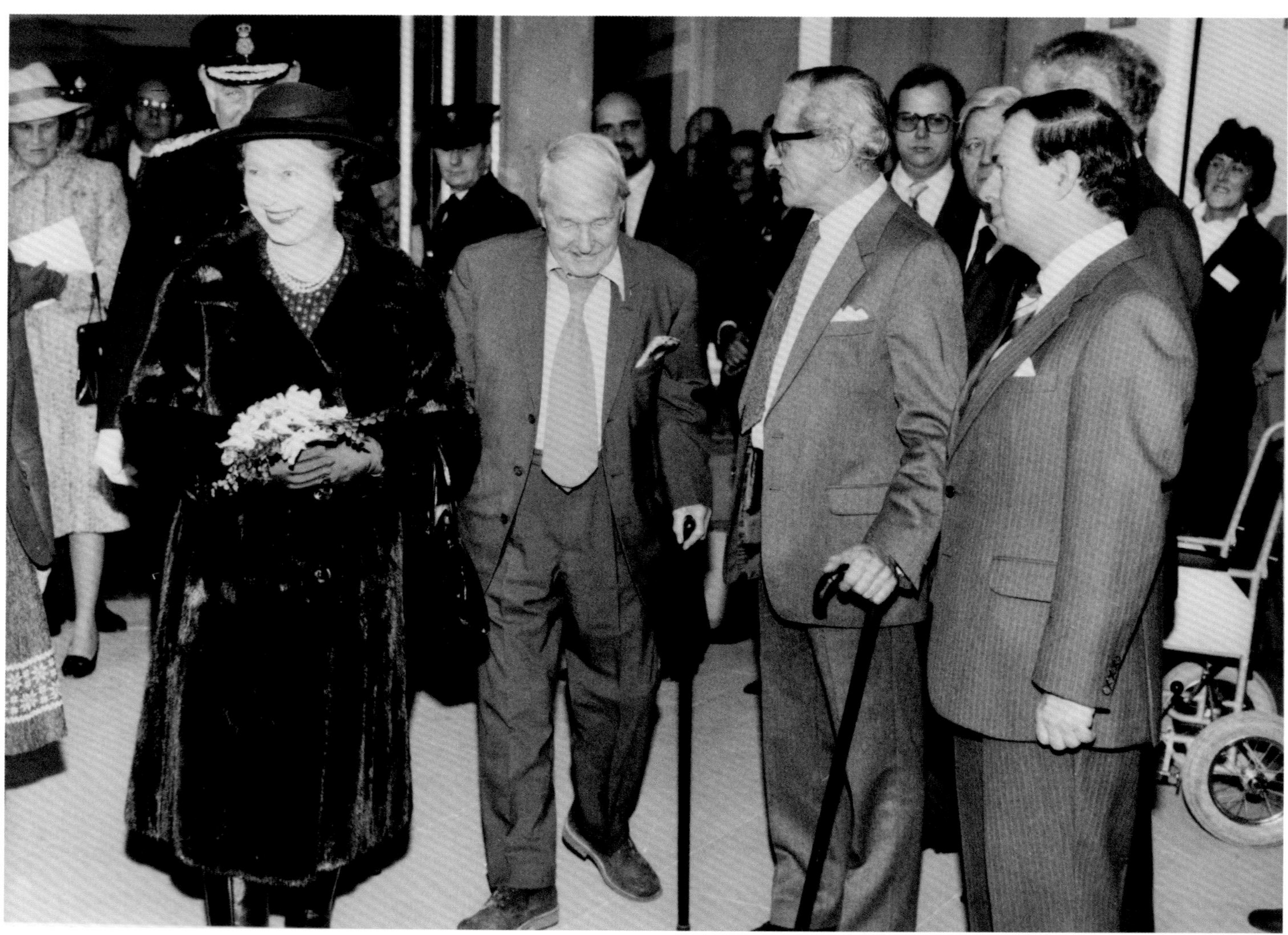

and honorary degrees.[27] Moore's preference to be acknowledged by stewards of knowledge is characteristic of his past standing as an educator deeply committed to his students.

Still in his later years, Moore became excited by new projects and even struggled to curb his enthusiasm at times. This was described by Frank Stanton in a meeting he had with Moore about a bronze reclining figure for the Lincoln Center for the Performing arts in New York. After seeing the blueprints for the pool unrolled on the living room floor, Moore exclaimed "By George, that's as big as a cricket field!" He proceeded to have the worst nosebleed that Stanton had ever seen, covering his shirt and the plans. WHen Mrs. Moore happened to pass by the door "she rushed to his side with Kleenex and said, 'Henry, you know this happens every time you get excited.'" Standing left the meeting with a promise from Moore that he would come to New York to see the space for John. D. Rockefeller's 'great dream.'[28]

Moore was even more revered than lofty names like Picasso and Giacometti at his time. This gap resided in his status as at once avant-garde and at the same time accepted by the establishment. He was not only an influential force in progressive artistic circles, but also connected to members of the English elite and society at large. Moreover, he was not a traditionalist in his avant-garde thinking, circling around a type of personal fantasy. Through his artwork, Moore developed a universal language of form which stripped away everything that did not communicate the enduring essence of what it means to be human.

End of Life & Legacy

In 1977, the Henry Moore Foundation was established by the artist and his family to foster public interest in the visual arts. Trustees of the foundation inherited Moore's estate at Perry Green along with his collection of work for this very purpose.[29] At the end of their lives, many artists hoped to see their works frozen in time, but Moore instead sought to facilitate an ongoing investigation

Henry Moore met koningin Elizabeth II bij de opening van het Henry Moore Centre voor de opleiding in beeldhouwkunst in Leeds, in 1982. / Henry Moore with Queen Elizabeth II at the opening of the Henry Moore Centre for the Study of Sculpture in Leeds, 1982.

into an appreciation of sculpture itself. As part of the Henry Moore Foundation, the 1982 opening of the Henry Moore Centre for the Study of Sculpture furthered this mission.[30]

Henry Spencer Moore died on August 31st, 1986 in his home at Much Hadam, Hertfordshire. Before he passed away, Moore made generous donations to a number of cultural institutions. One of these recipients was the London Tate Modern, where two galleries are dedicated to exhibit more than 30 of his works.[31] In its Henry Moore Sculpture Center, the Art Gallery of Ontario has on permanent display plaster and bronze maquettes from a donation which now totals over 900 sculptures and works on paper.[32]

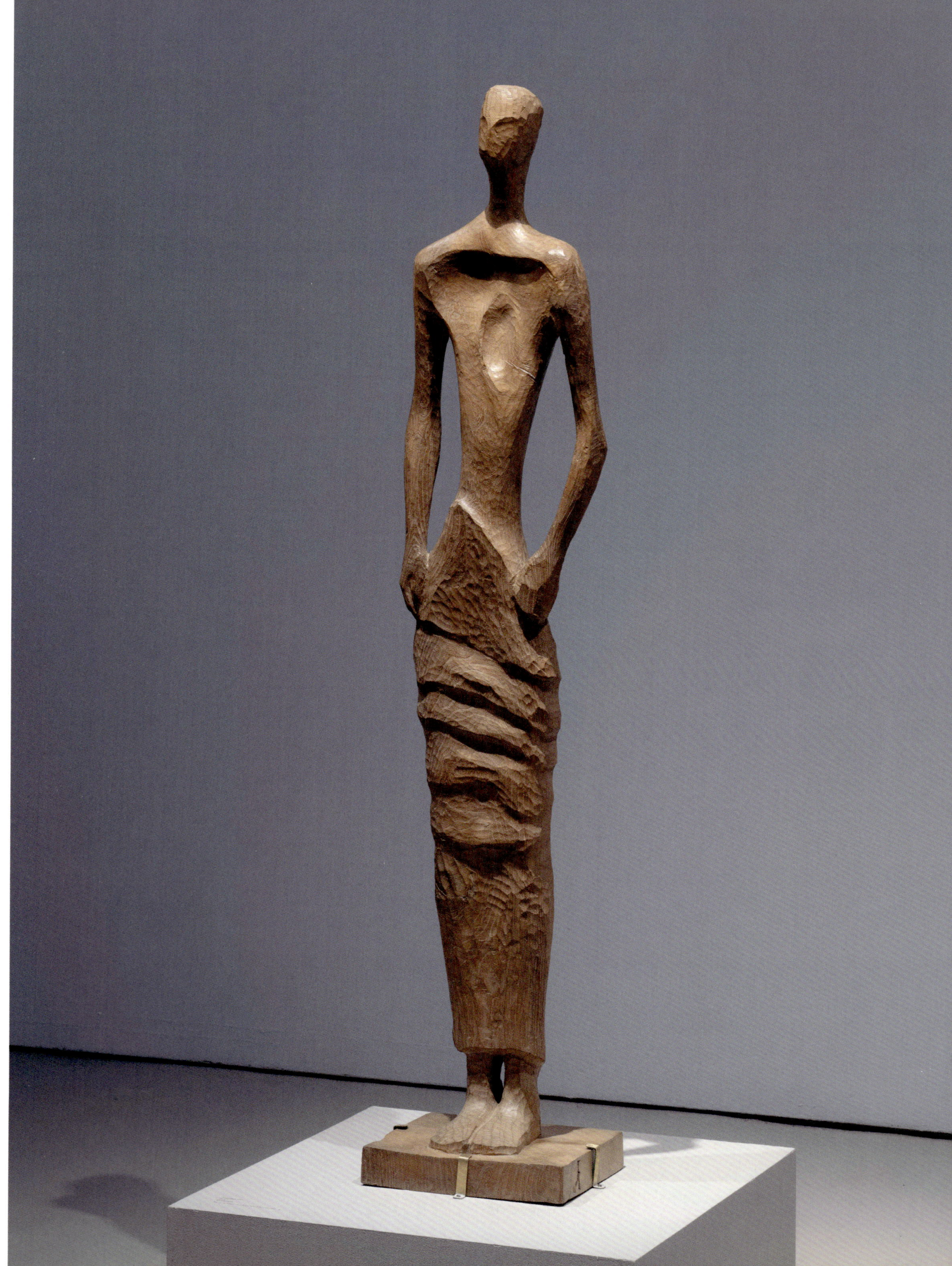

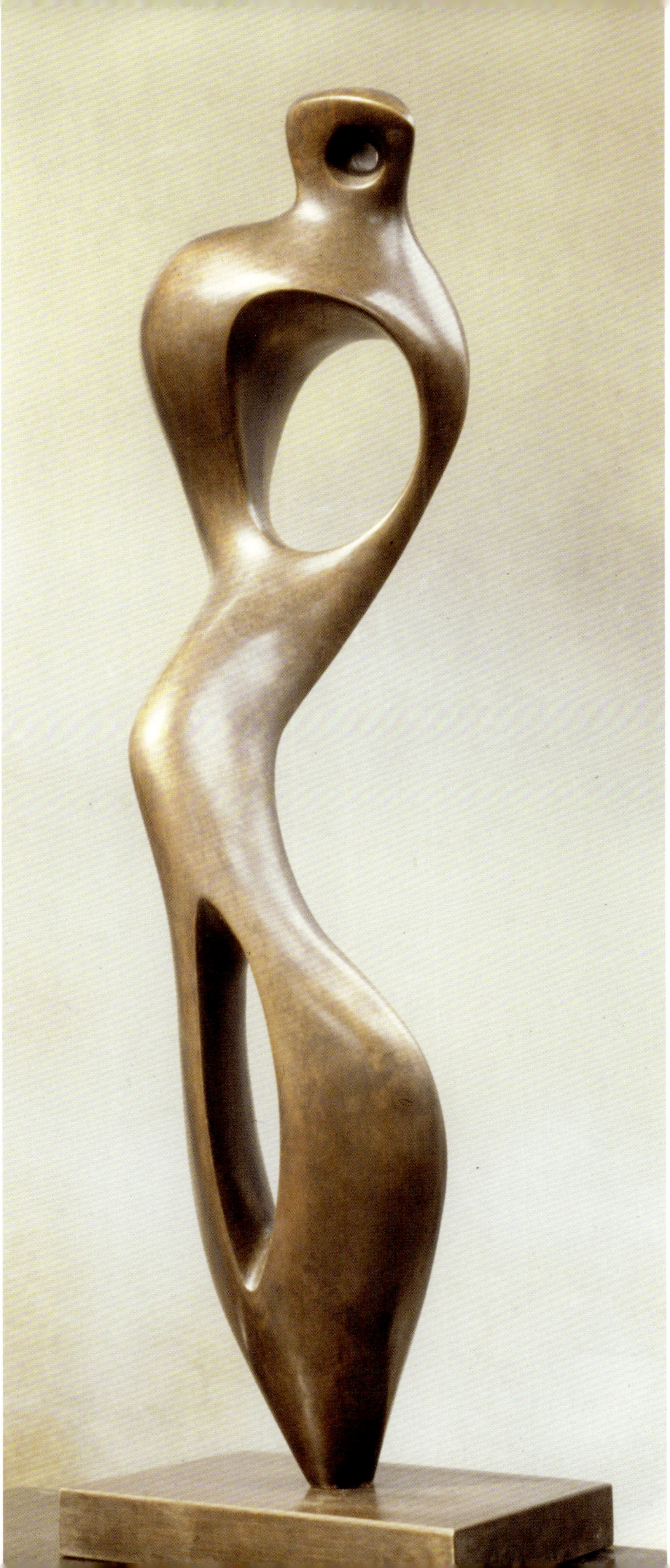

Linker pagina / left page: *Standing Girl*, 1952,
LH 319a, iepenhout / elmwood,
169 × 33,5 × 28 cm

Interior Form, 1951 gietsel / cast 1981, LH 295a,
gietsel / cast 0, brons / bronze, 47 cm

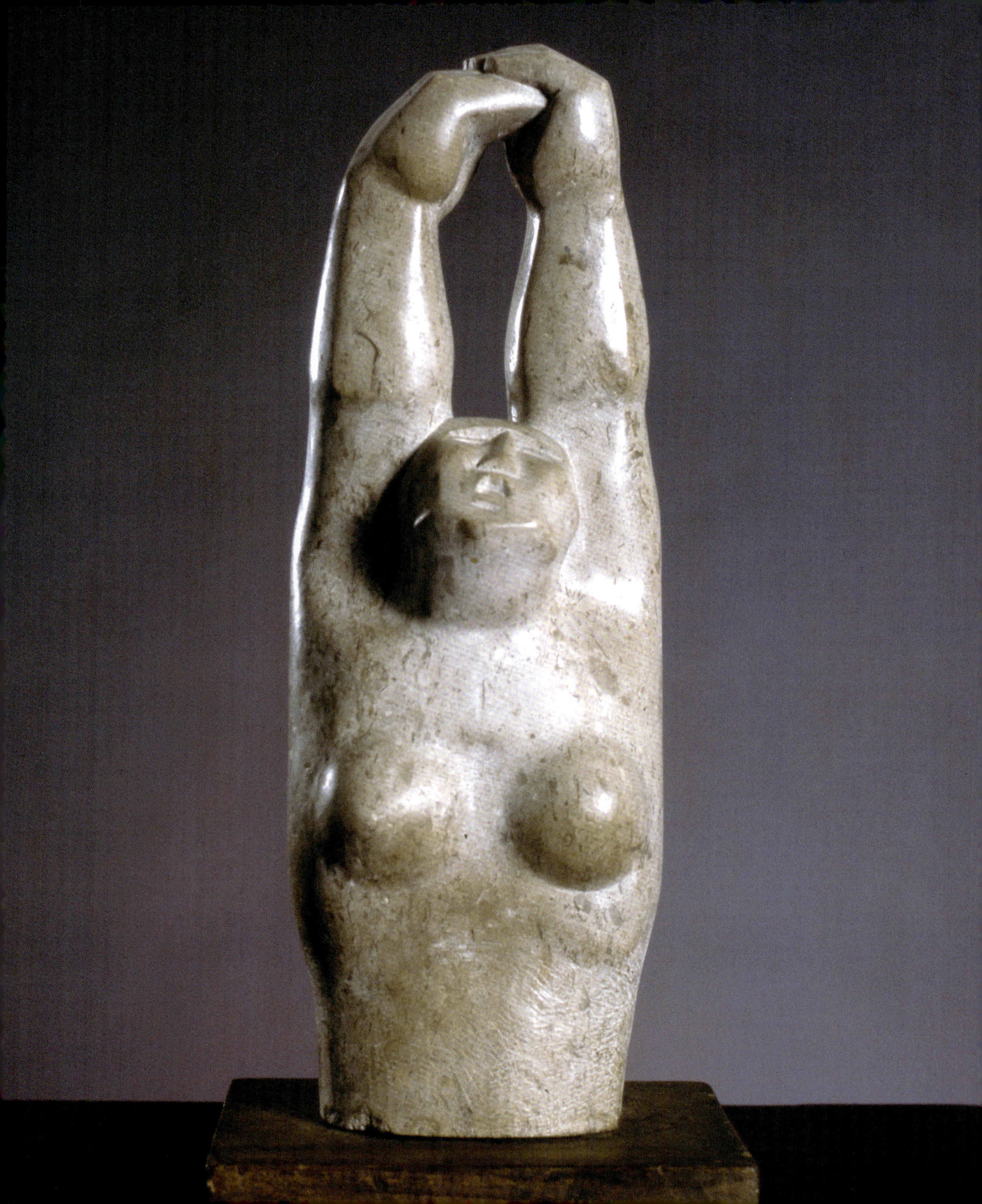

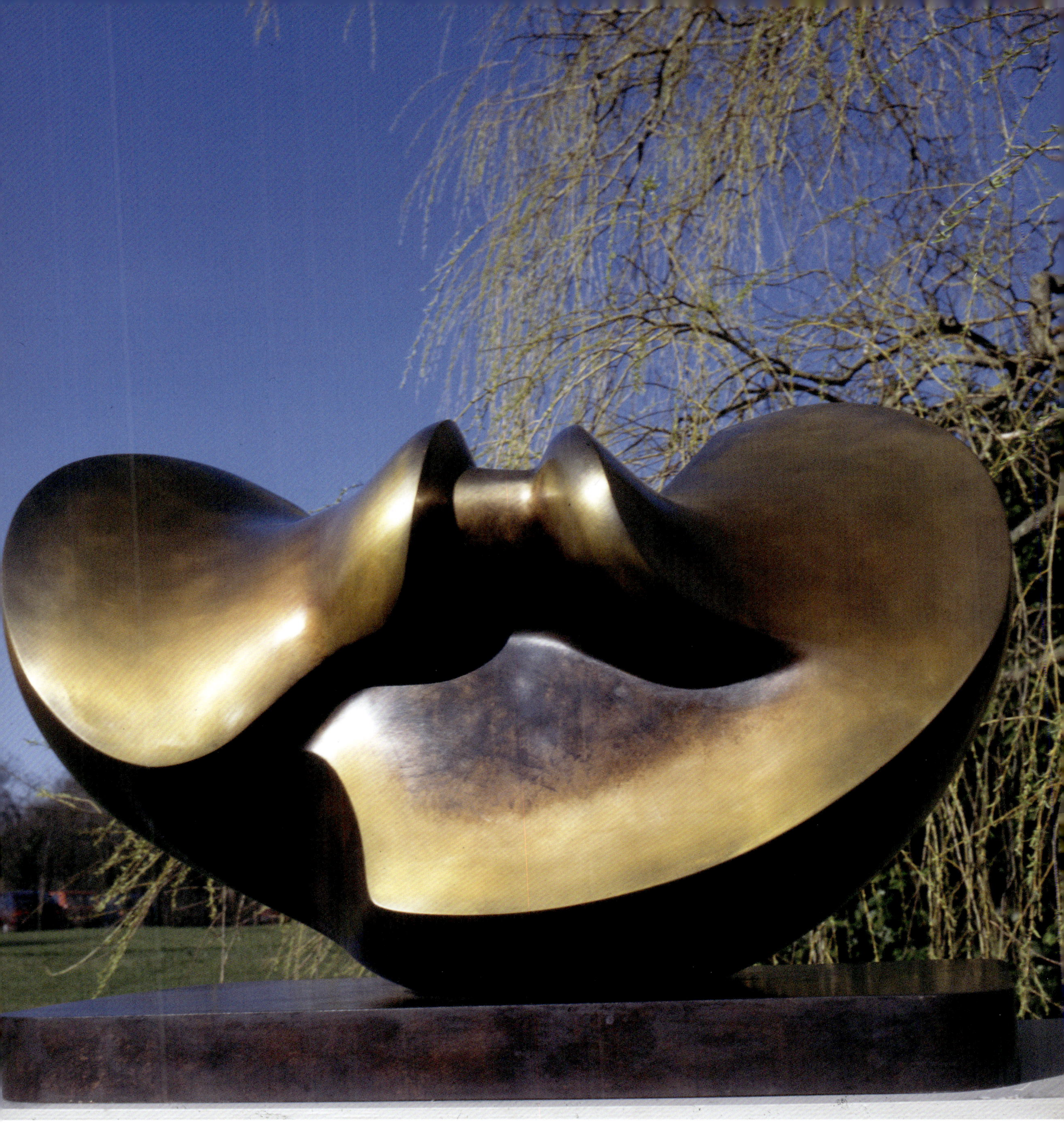

Woman with Upraised Arms, 1924-1925,
LH 23, Hopton Wood steen / stone,
48,2 × 21 × 15,7 cm

Working Model for Divided Oval: Butterfly,
1967 gietsel / cast 1982, LH 571a, gietsel / cast
0, brons / bronze, 61 × 88 × 54,5 cm

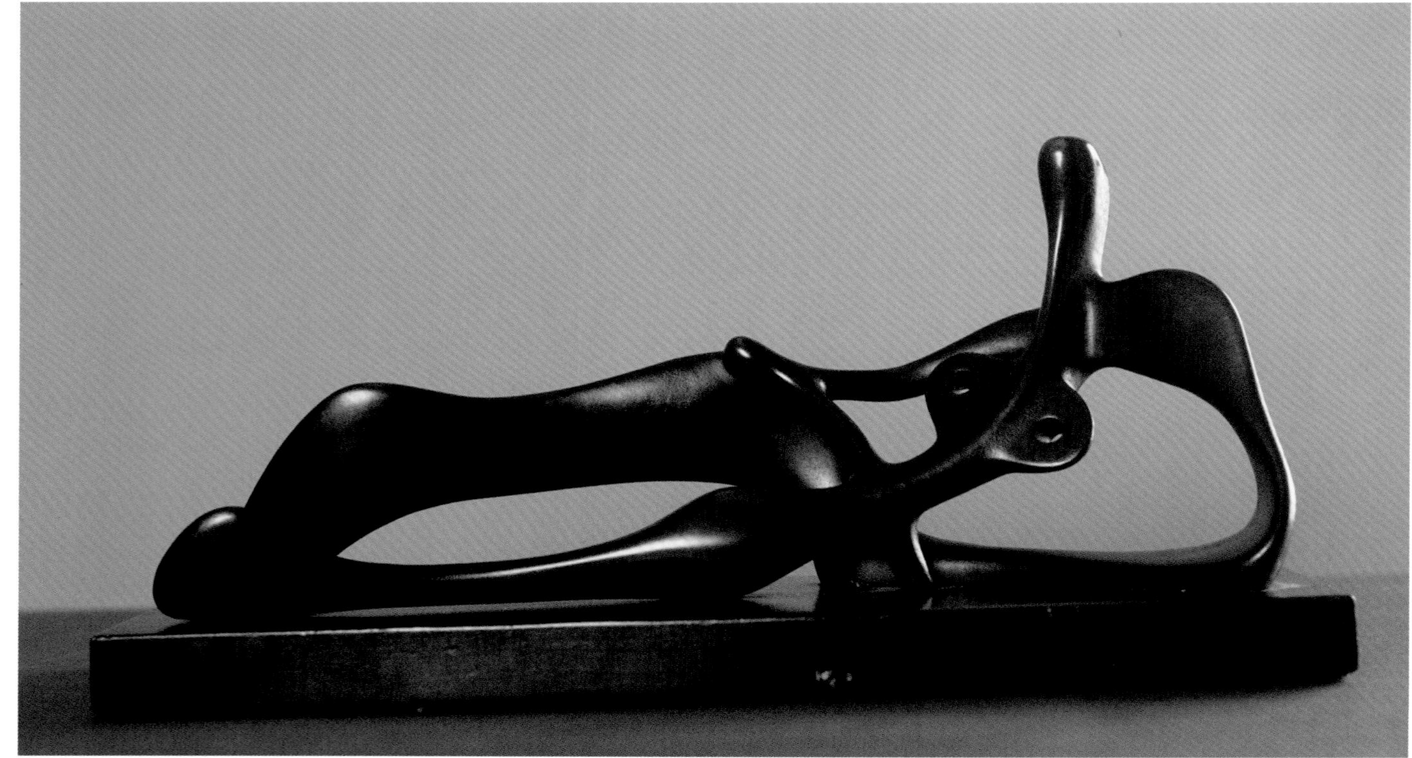

Reclining Figure: Snake, 1939-1940 gietsel /
cast 1959, LH 208a gietsel / cast 0, brons /
bronze, 13,6 × 30,6 × 10,7 cm

Rechter pagina / right page: *Working Model
for Reclining Figure: Internal/External Form*,
1951, LH 298 gips / plaster, gips met gekleurd
oppervlak / plaster with surface colour,
37 × 63 × 27 cm

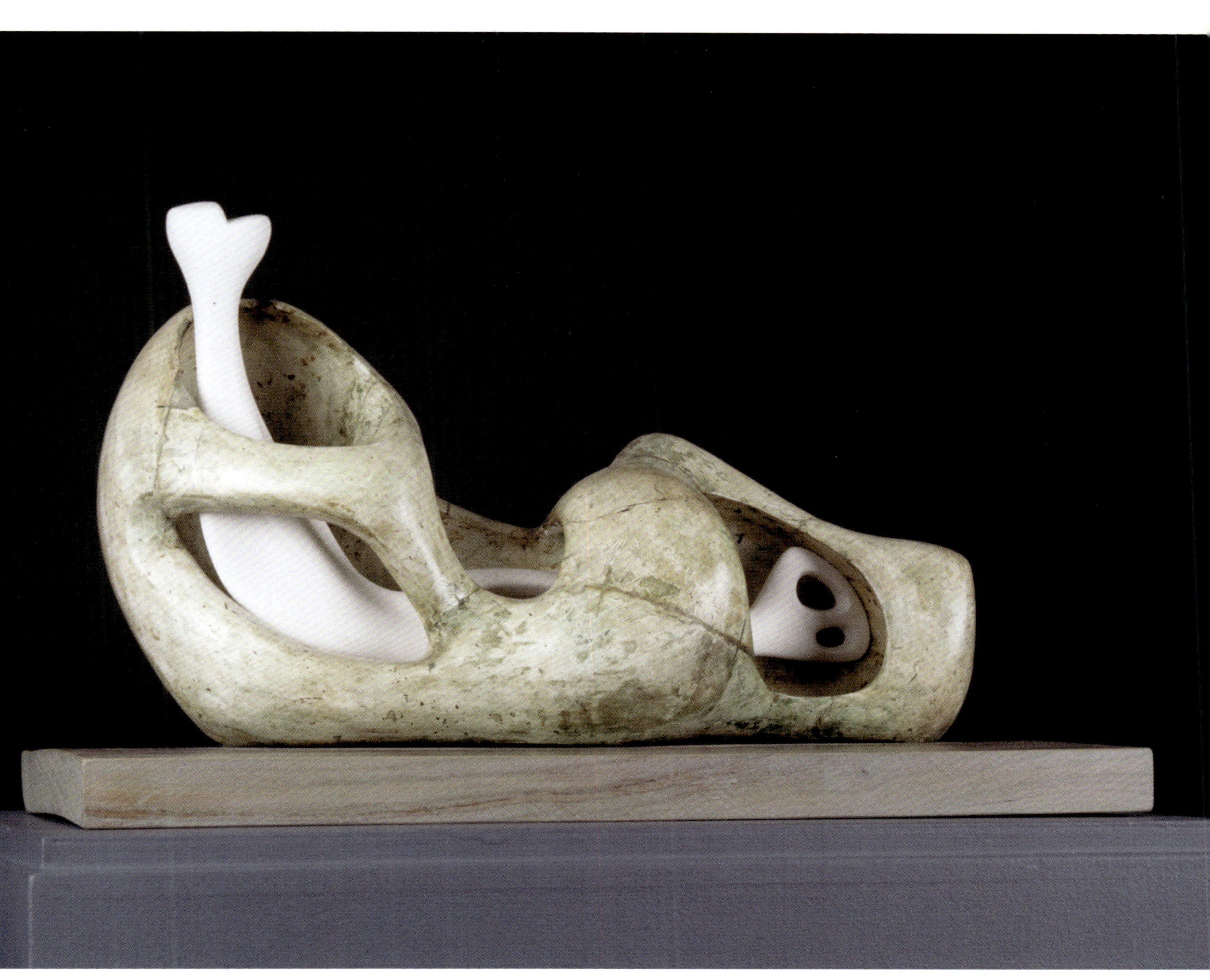

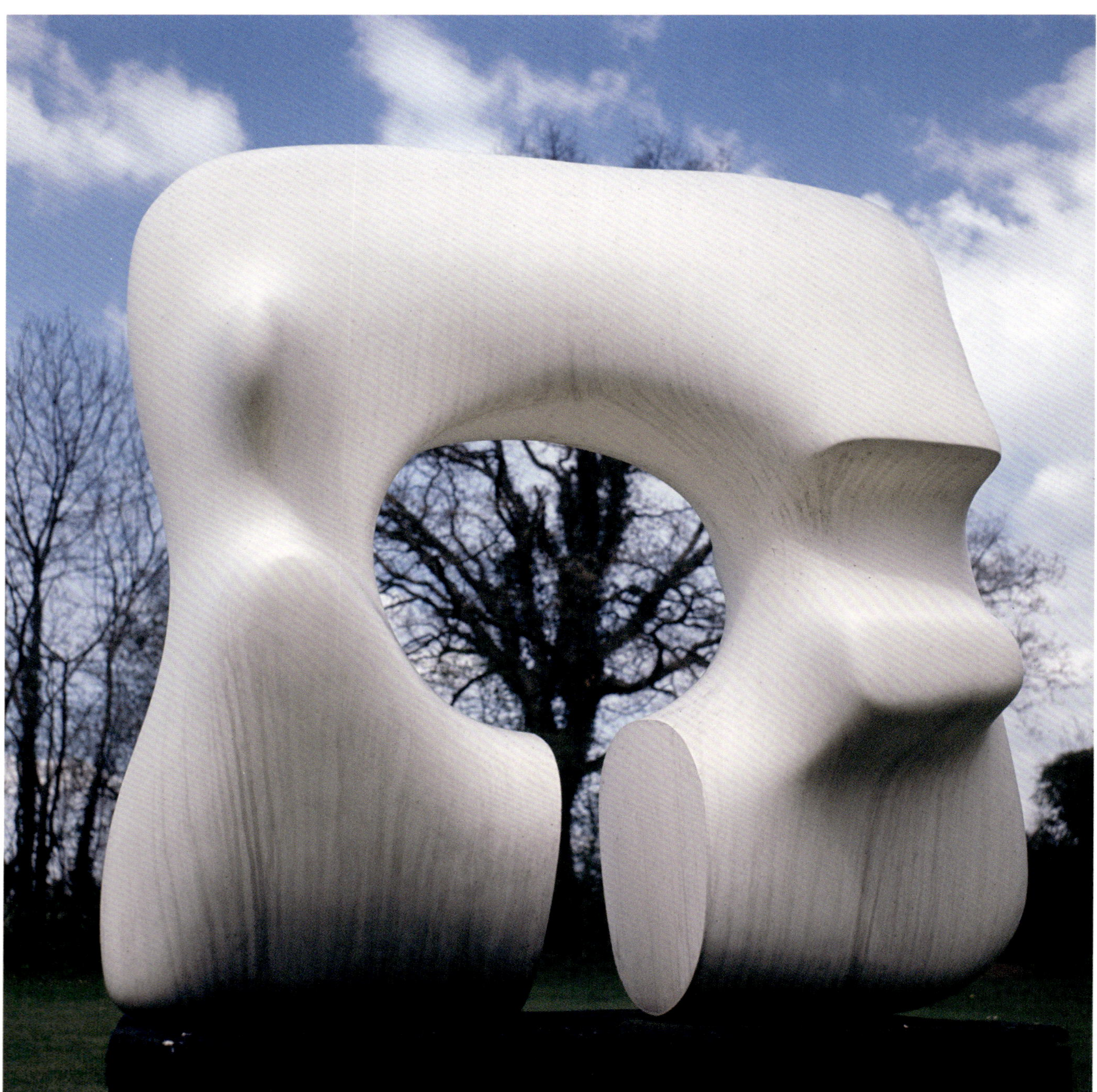

116

Square Form with Cut ,
1969, LH 598 glasvezel /
fibreglass, 134 × 137 × 77 cm

Rechter pagina / right page:
Architectural Project, 1969,
LH 602 gietsel / cast 0,
brons / bronze,
50 × 68,5 × 58 cm

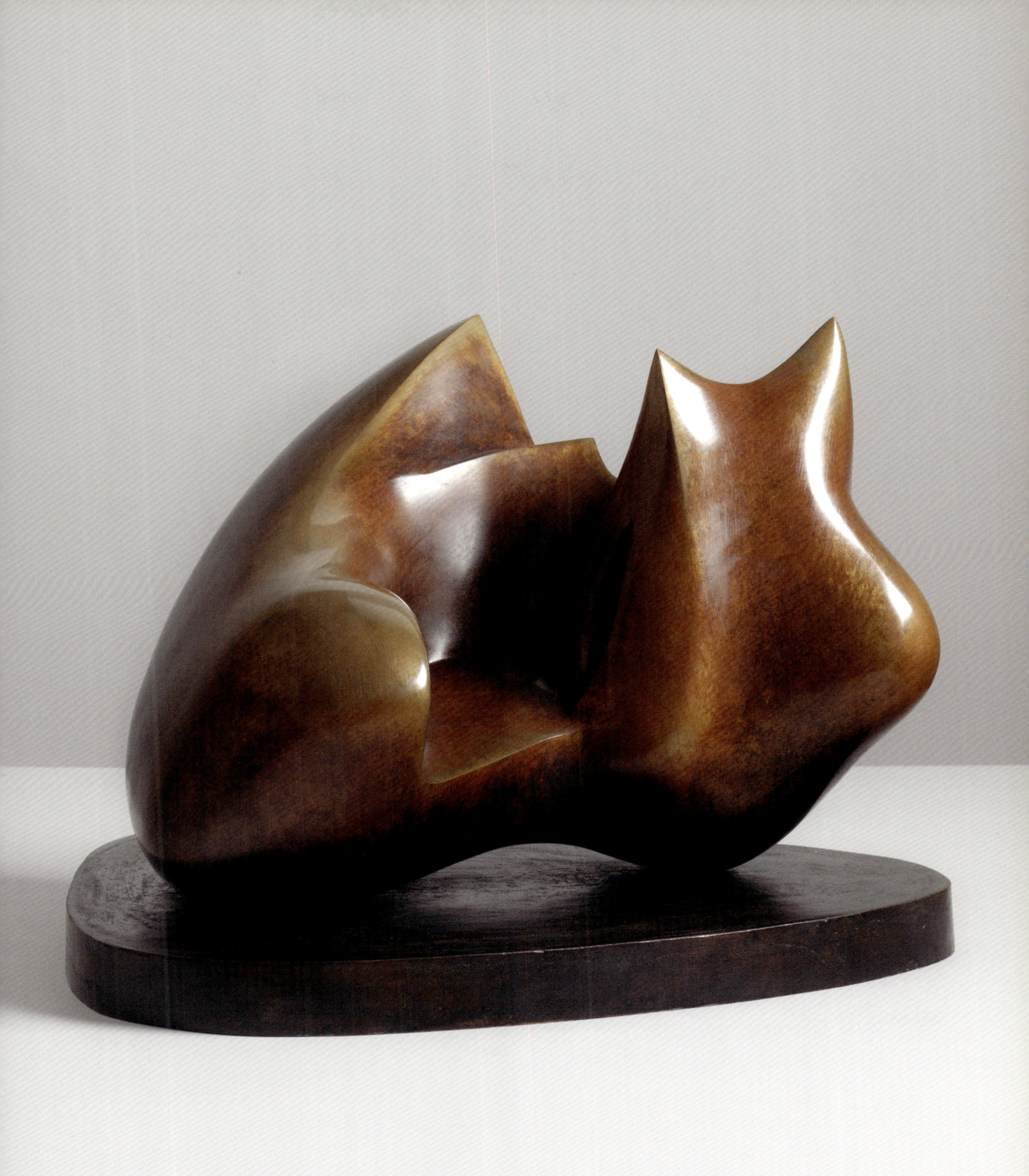

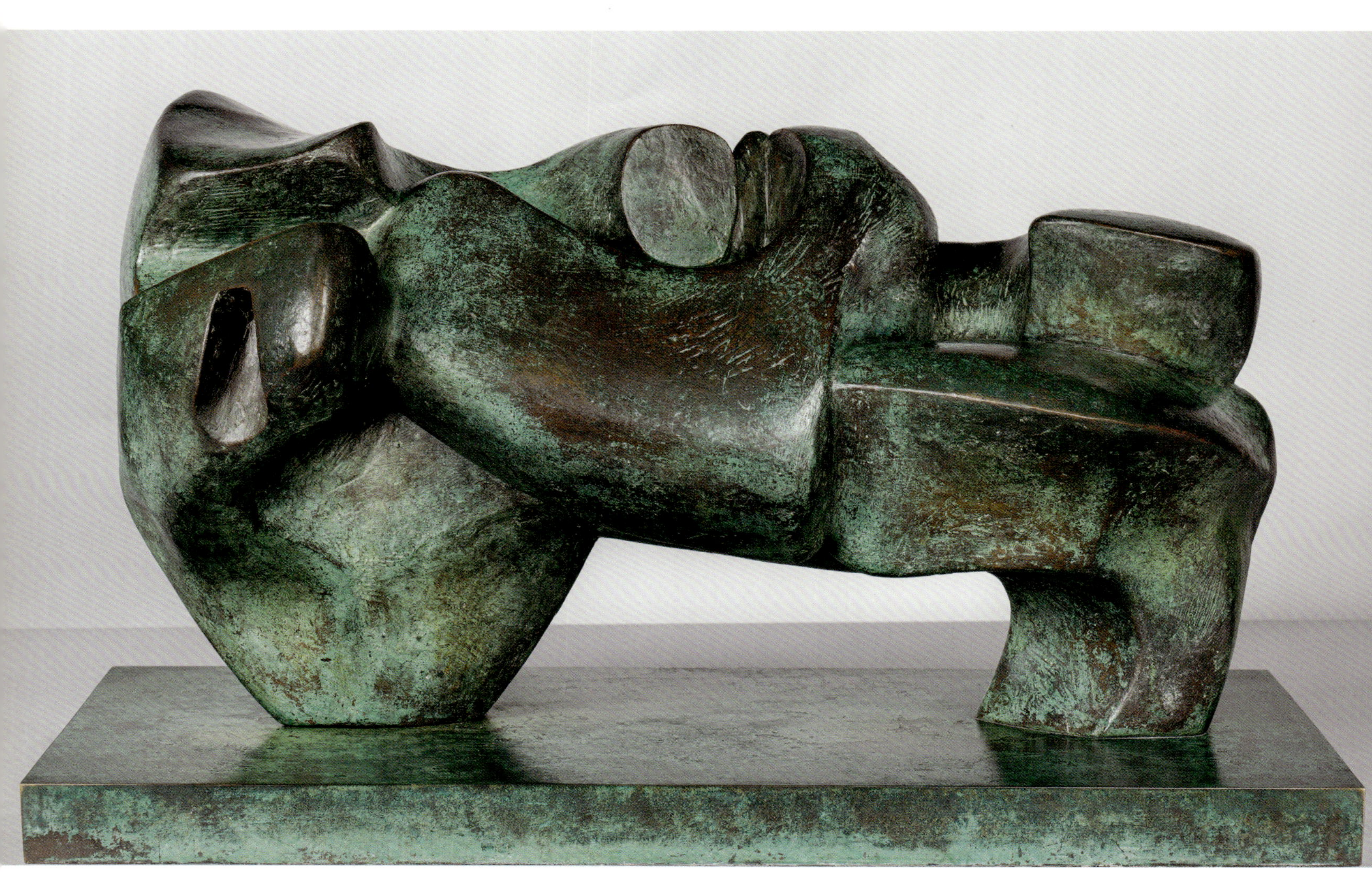

Links / left:
Large Slow Form,
1962 gietsel / cast
1968, LH 502a
gietsel / cast 00,
brons / bronze,
48 × 84,4 × 46 cm

*Reclining Figure:
Circle*, 1983, LH 903
gietsel / cast 0,
brons / bronze,
42 × 88 × 33 cm

Volgende pagna
/ folowing page:
Helmet Head No.6,
1975, LH 651 gietsel
/ cast 0, brons /
bronze, 44 × 49 ×
55 cm

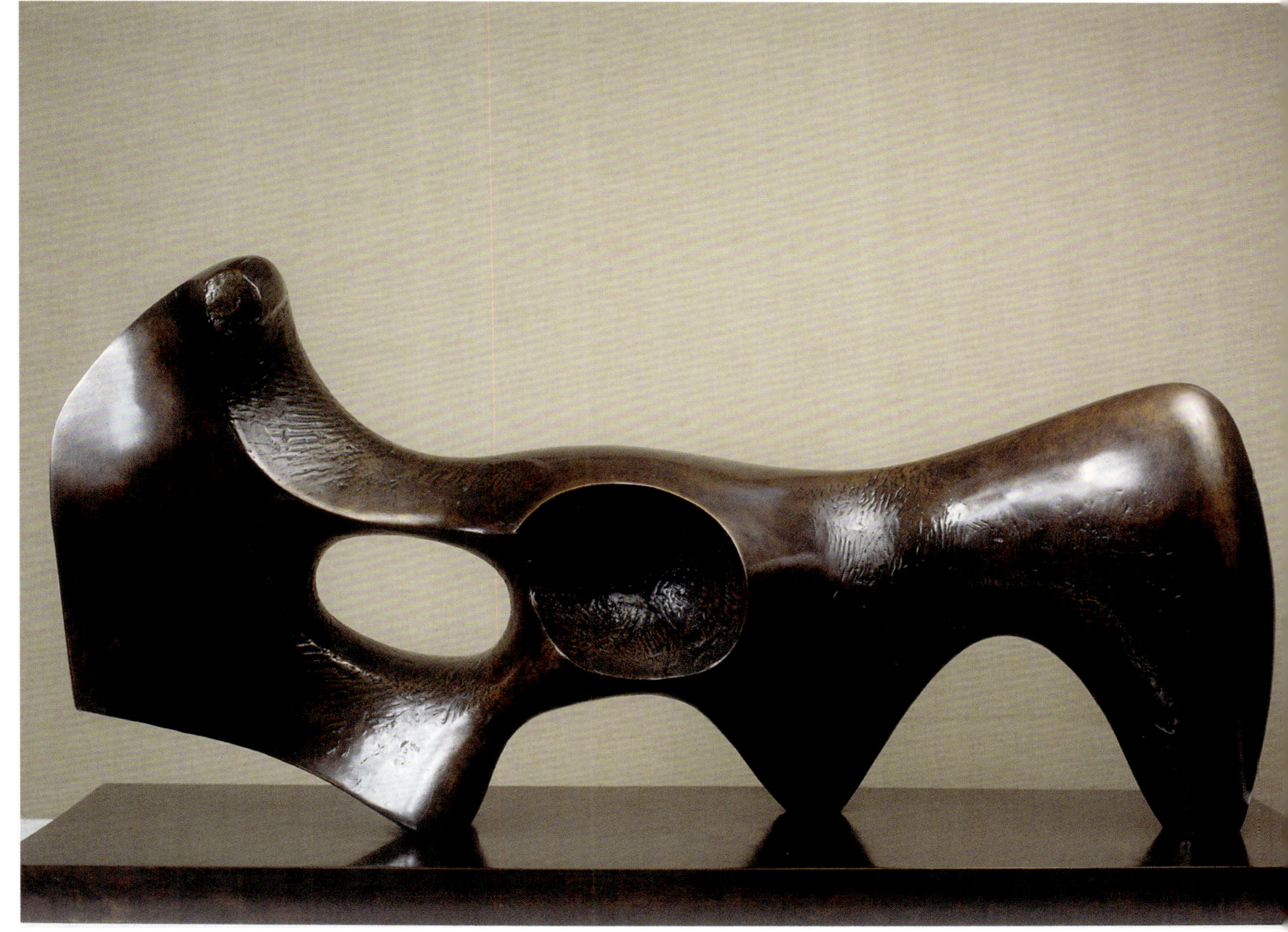

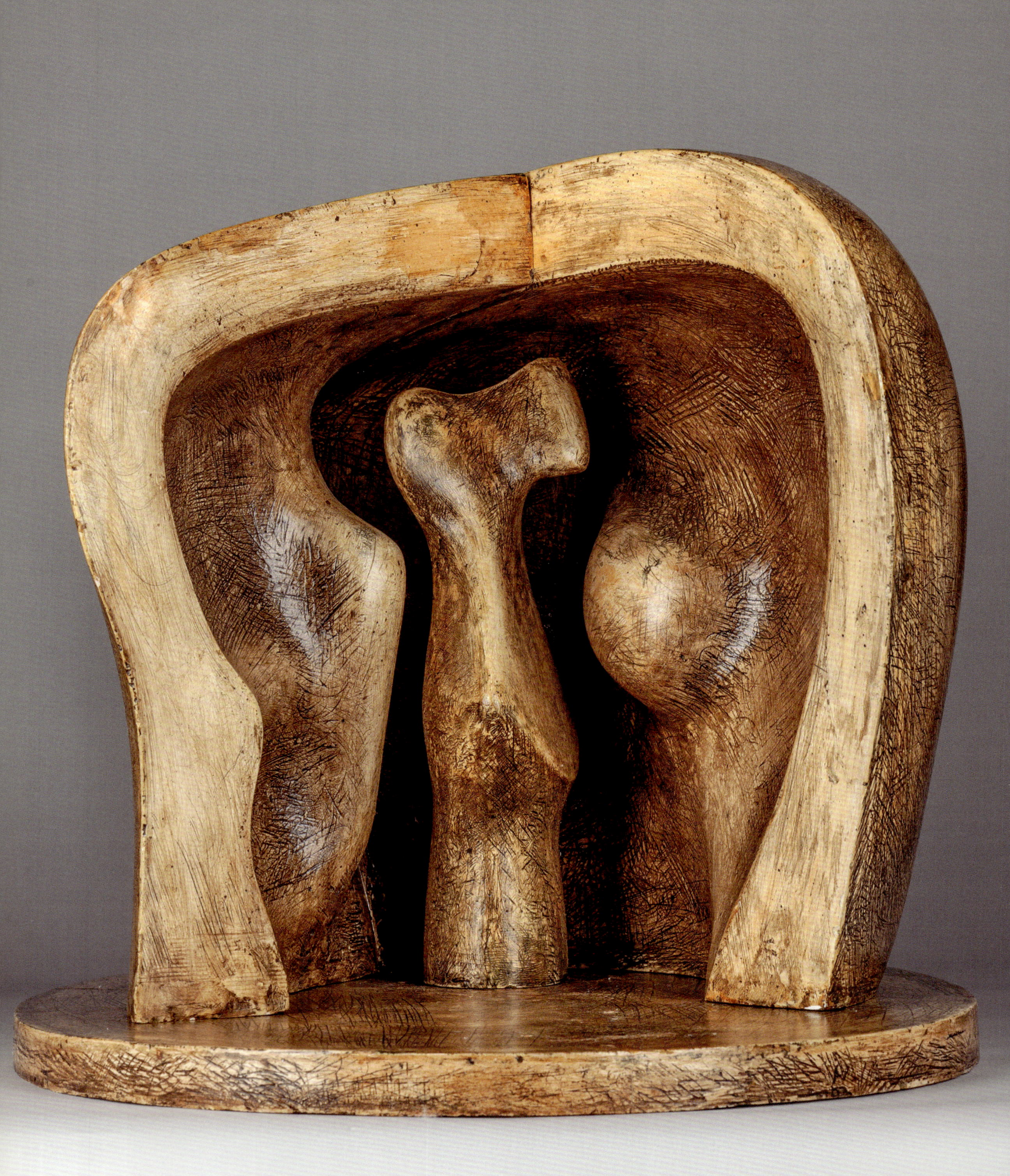

Lijst van tentoongestelde werken / List of exhibited works

Flint for Maquette for Seated Figure: Arms Outstretched (LH 463)
FO 1, vuursteen met voet van plasticine / flint with plasticine base, 9,5 × 11,8 × 3,8 cm, The Henry Moore Foundation: schenking van de kunstenaar / gift of the artist 1977

Cow tibia fragment
FO 31, been / bone, 4,5 × 12,4 × 7 cm, The Henry Moore Foundation: schenking van de kunstenaar / gift of the artist 1977

Flint for Dog's Head (LH 800)
FO 48, vuursteen met voet van plasticine / flint with plasticine base, 6 × 12,5 × 5,3 cm, The Henry Moore Foundation: schenking van de kunstenaar / gift of the artist 1977

Driftwood
FO 50, hout / wood, 26 × 11 × 9 cm, The Henry Moore Foundation: schenking van de kunstenaar / gift of the artist 1977

Flint mounted in plaster and polystyrene
FO 51, vuursteen, gips en polystyreen / flint, plaster, polystyrene, 27 × 12 × 13,5 cm, The Henry Moore Foundation: schenking van de kunstenaar / gift of the artist 1977

Driftwood
FO 67, hout / wood, 6,6 × 23 × 13 cm, The Henry Moore Foundation: schenking van de kunstenaar / gift of the artist 1977

Cow femur with plaster
FO 68, been en gips / bone and plaster, 42 × 13 × 13 cm, The Henry Moore Foundation: schenking van de kunstenaar / gift of the artist 1977

Box of stones and flints
FO 69, 20 × 30 × 24 cm, Gewicht / weight 6,15 kg, The Henry Moore Foundation: schenking van de kunstenaar / gift of the artist 1977

Dog
1922, LH 2, Marmer / marble, 17,8 × 13,7 × 10 cm, The Henry Moore Foundation: schenking van de kunstenaar / gift of the artist 1977

Woman with Upraised Arms
1924-1925, LH 23, Hopton Wood steen / stone, 48,2 × 21 × 15,7 cm, The Henry Moore Foundation: schenking van de kunstenaar / gift of the artist 1977

Mask
1929, LH 61, steen / stone, 14 × 18 × 12,5 cm, The Henry Moore Foundation: aangekocht in 2010 ter ere van David Mitchinson / acquired 2010 in honour of David Mitchinson

Seated Figure
1929, LH 65, gietbeton / cast concrete, 44,9 × 17,2 × 23,3 cm, The Henry Moore Foundation: schenking van / gift of Irina Moore 1979

Mother and Child
1930, LH 86, ijzerzandsteen / ironstone, 15,3 × 12,5 × 5,5 cm, The Henry Moore Foundation: aangekocht / acquired in 1998

Carving
1934, LH 142, Afrikaanse wonderstone / African wonderstone, 11,9 × 10,4 × 7,5 cm, The Henry Moore Foundation: schenking van / gift of Irina Moore 1977

Carving
1936, LH 164, Travertijn / travertine marble, 52 × 49,2 × 24 cm, The Henry Moore Foundation: schenking van / gift of Irina Moore 1977

Head
1937, LH 182a, groen serpentijn / green serpentine, 37,5 × 22 × 12,8 cm, The Henry Moore Foundation: schenking van de kunstenaar / gift of the artist, 1937

Stringed Figure: Bowl
1938, gietsel / cast 1967, LH 186c, gietsel / cast 0, brons en draad / bronze and string, 53 × 23 × 25,5 cm, The Henry Moore Foundation: schenking van de kunstenaar / gift of the artist, 1979

Reclining Figure
1985, LH 192a, gietsel / cast 0, brons / bronze, 15,6 × 36,8 × 16 cm, The Henry Moore Foundation: aangekocht / acquired in 1987

Reclining Figure: Snake
1939-1940, gietsel / cast 1959, LH 208a, gietsel / cast 0, brons / bronze, 13,6 × 30,6 × 10,7 cm, The Henry Moore Foundation: schenking van de kunstenaar 1979

Figure
1939, gietsel / cast 1974, LH 209, gietsel / cast 0, brons / bronze, 40,5 × 15 × 14,3 cm, The Henry Moore Foundation: schenking van de kunstenaar / gift of the artist 1977

Helmet Head No.1
1950, LH 279, gietsel / cast, lood / lead, 35,5 × 26 × 26 cm, The Henry Moore Foundation: schenking van / gift of Irina Moore 1977

Interior Form
1951, gietsel / cast 1981, LH 295a gietsel /cast 0, brons / bronze, 47 cm, The Henry Moore Foundation: aangekocht / acquired in 1986

Working Model for Reclining Figure: Internal/External Form
1951, LH 298, gips / plaster, gips met gekleurd oppervlak / plaster with surface colour, 37 × 63 × 27 cm, The Henry Moore Foundation: schenking van de kunstenaar / gift of the artist 1977

Standing Girl
1952, LH 319a, iepenhout / elmwood, 169 × 33,5 × 28 cm, The Henry Moore Foundation: schenking van de kunstenaar / gift of the artist 1977

King and Queen
1952-1953, gietsel / cast 1985, LH 350, gietsel / cast 00, brons / bronze, 167 × 140 × 85,5 cm, The Henry Moore Foundation: aangekocht / acquired in 1991

Wall Relief: Maquette No.2
1955, LH 366, gietsel / cast 0, brons / bronze, 33,5 × 45 × 4 cm, The Henry Moore Foundation: schenking van de kunstenaar / gift of the artist 1977

Wall Relief: Maquette No.2
1955, LH 366, gips / plaster, beschilderd gips / painted plaster, 34,4 × 46,5 × 2,6 cm, The Henry Moore Foundation: schenking van de kunstenaar / gift of the artist 1977

Wall Relief: Maquette No.6
1955, LH 370, gips / plaster, gips met gekleurd oppervlak / plaster with surface colour, 34,5 × 47 × 3,5 cm, The Henry Moore Foundation: schenking van de kunstenaar / gift of the artist 1977

Three Forms Relief
1955, LH 374, gips / plaster, gips en steen, met gekleurd oppervlak / plaster and stone, with surface colour, 18,6 × 33 × 2 cm, The Henry Moore Foundation: schenking van de kunstenaar / gift of the artist 1977

Upright Motive: Maquette No.3
1955, LH 380, gips / plaster, gips met gekleurd oppervlak / plaster with surface colour, 29 × 8 × 8 cm, The Henry Moore Foundation: schenking van de kunstenaar / gift of the artist 1977

Upright Motive No.5
1955-56, LH 383, gietsel / cast 0, brons / bronze, 213,5 × 47 × 60 cm, The Henry Moore Foundation: schenking van de kunstenaar / gift of the artist 1977

Upright Motive: Maquette No.7
1955, LH 385, gips / plaster, gips met gekleurd oppervlak /

plaster with surface colour, 33,2 × 8,5 × 9,7 cm, The Henry Moore Foundation: schenking van de kunstenaar / gift of the artist 1977

Upright Motive No.7
1955-56, LH 386, gietsel / cast 5, brons / bronze, 340 × 97 × 76 cm, The Henry Moore Foundation: schenking van de kunstenaar / gift of the artist 1977

Upright Motive: Maquette No.11
1955, LH 391, gips / plaster, gips met gekleurd oppervlak / plaster with surface colour, 32 × 5 × 8 cm, The Henry Moore Foundation: schenking van de kunstenaar / gift of the artist 1977

Maquette for Girl Seated against Square Wall
1957, LH 424, gietsel / cast f, brons / bronze, 27,6 × 25,2 × 25,3 cm, The Henry Moore Foundation: schenking van / gift of Irina Moore 1977

Maquette for Girl Seated against Square Wall
1957, LH 424, gips / plaster, gips / plaster, 20,2 × 11,7 × 5 cm, The Henry Moore Foundation: schenking van de kunstenaar / gift of the artist 1977

Relief No.1
1959, LH 450, gietsel / cast 6, brons / bronze, 231 × 135,5 × 76 cm, The Henry Moore Foundation: schenking van de kunstenaar / gift of the artist 1977

Mother and Child: Arch
1959, gietsel / cast 1967, LH 453a gietsel / cast 0, brons / bronze, 56 × 55,8 cm, The Henry Moore Foundation: schenking van de kunstenaar / gift of the artist 1977

Two Piece Reclining Figure No.2
1960, LH 458, gietsel / cast 0, brons / bronze, 135 × 259 × 140 cm, The Henry Moore Foundation: schenking van de kunstenaar / gift of the artist 1977

Working Model for Seated Figure: Arms Outstretched
1960, gietsel / cast 1984, LH 463a, gietsel / cast 0, brons / bronze, 61 × 51 × 51 cm, The Henry Moore Foundation: aangekocht / acquired in 1986

Mould for Working Model for Seated Figure: Arms Outstretched
1982, LH 463a, mal / mould, gipsmal / plastermould, 72 × 60 × 57 cm, The Henry Moore Foundation

Maquette for Seated Figure: Arms Outstretched
1960, LH 463, gietsel / cast 0, brons / bronze, 16,6 × 12 × 10 cm, The Henry Moore Foundation: schenking van de kunstenaar / gift of the artist 1977

Maquette for Seated Figure: Arms Outstretched
1960, LH 463, gips / plaster, beschilderd gips / painted plaster, 14,4 × 12,4 × 9,8 cm, The Henry Moore Foundation: schenking van de kunstenaar / gift of the artist 1977

Upright Motive: Saw Edge
1961, LH 498, gips / plaster, gips met gekleurd oppervlak / plaster with surface colour , 14,4 × 4,7 × 3 cm, The Henry Moore Foundation: schenking van de kunstenaar / gift of the artist 1977

Large Slow Form
1962, gietsel / cast 1968, LH 502a gietsel / cast 00, brons / bronze, 48 × 84,4 × 46 cm, The Henry Moore Foundation: schenking van de kunstenaar / gift of the artist 1977

Maquette for Atom Piece
1964, gietsel 1970, LH 524, gietsel / cast 0, brons / bronze, 16,2 × 13,3 × 13,3 cm, The Henry Moore Foundation: schenking van de kunstenaar / gift of the artist 1977

Three Way Piece No.1: Points
1964-1965, LH 533, gips / plaster, gips met gekleurd oppervlak / plaster with surface colour, 191 × 216 × 198 cm, The Henry Moore Foundation: schenking van de kunstenaar / gift of the artist 1977

Globe and Anvil
1966, LH 541, gietsel / cast 0, brons / bronze, 17,3 × 15,5 × 16 cm, The Henry Moore Foundation: overgedragen door de / transferred from the Henry Moore Trust 1978

Three Way Ring
1966, LH 550, gietsel /cast 0, porselein / porcelain, 26,5 × 37 × 34 cm, The Henry Moore Foundation: schenking van de kunstenaar / gift of the artist 1977

Maquette for Two Nuns
1966, LH 561, gietsel / cast 0, brons / bronze, 10,8 × 7,3 × 6,3 cm, The Henry Moore Foundation: schenking van de kunstenaar / gift of the artist 1977

Working Model for Divided Oval: Butterfly
1967 gietsel 1982, LH 571a, gietsel / cast 0, brons / bronze, 61 × 88 × 54,5 cm, The Henry Moore Foundation: aangekocht / acquired in 1986

Large Totem Head
1968, LH 577, gietsel / cast 0, brons / bronze, 246 × 133 × 122 cm, The Henry Moore Foundation: aangekocht / acquired in 1987

Upright Motive No.9
1979, LH 586a, gietsel / cast 0, brons / bronze, 335,5 × 92 × 92 cm, The Henry Moore Foundation: aangekocht / acquired in 1986

Square Form with Cut
1969, LH 598, glasvezel / fibreglass, 134 × 137 × 77 cm, The Henry Moore Foundation: schenking van de kunstenaar / gift of the artist 1977

Architectural Project
1969, LH 602, gietsel / cast 0, brons / bronze, 50 × 68,5 × 58 cm,, The Henry Moore Foundation: aangekocht / acquired in 1987

Maquette for Hill Arches
1972, LH 634, gietsel / cast 0, brons / bronze, 12 × 16,5 × 10 cm, The Henry Moore Foundation: schenking van de kunstenaar / gift of the artist 1977

Column
1973, LH 639, gips met gekleurd oppervlak / plaster with surface colour, 17,1 × 10,5 × 9 cm, The Henry Moore Foundation: schenking van de kunstenaar / gift of the artist 1977

Helmet Head No.6
1975, LH 651, gietsel / cast 0, brons / bronze, 44 × 49 × 55 cm, The Henry Moore Foundation: aangekocht / acquired in 1987

The Matron
1975, LH 661, gips / plaster, gips met gekleurd oppervlak / plaster with surface colour, 21,9 × 8 × 8 cm, The Henry Moore Foundation: schenking van de kunstenaar / gift of the artist 1977

Broken Figure
1975, LH 663, zwart marmer / black marble, 46 × 107,5 × 51,2 cm, The Henry Moore Foundation: schenking van de kunstenaar / gift of the artist 1979

Reclining Mother and Child: Shell Skirt
1975, LH 665, gietsel / cast 0, brons / bronze, 11,3 × 20,3 × 10,7 cm, The Henry Moore Foundation: schenking van de kunstenaar / gift of the artist 1979

Egg Form: Pebbles
1977, LH 718, gips / plaster, 8 × 11 × 9,5 cm, The Henry Moore Foundation: aangekocht / acquired in 1993

Mother and Child: Hair
1977, LH 729, gips / plaster, gips met gekleurd oppervlak (alleen voet) / plaster with surface colour (base only), 6,9 × 15,4 × 14 cm, The Henry Moore Foundation: aangekocht / acquired in 1993

Man and Woman II
1978, LH 743, gips / plaster, gips / plaster, 23,5 × 10 × 6,5 cm, The Henry Moore Foundation: aangekocht / acquired in 1993

Reclining Figure No.7
1980, LH 752, gips met gekleurd oppervlak / plaster with surface colour, 51 × 91 × 46 cm, The Henry Moore Foundation: aangekocht / acquired in 1993

Mother and Child with Tree Trunk
1979, LH 770, gips / plaster, gips / plaster, 24,5 × 26 × 15,7 cm, The Henry Moore Foundation: aangekocht / acquired in 1993

Tree Figure
1979, LH 771, gips / plaster, gips met gekleurd oppervlak / plaster with surface colour, 18,8 × 7,5 × 6 cm, The Henry Moore Foundation: aangekocht / acquired in 1993

Dog's Head
1980, LH 800, gips / plaster, gips met gekleurd oppervlak / plaster with surface colour, 7,5 × 13,8 × 7,4 cm, The Henry Moore Foundation: aangekocht / acquired in 1993

Small Shell Mother and Child
1980, LH 802, gietsel / cast 0, brons / bronze, 10,5 × 7 × 7 cm, The Henry Moore Foundation: aangekocht / acquired in 1986

Seated Mother and Child: Thin
1980, LH 804, gietsel / cast 0, brons / bronze, 23,5 × 10,8 × 12,4 cm, The Henry Moore Foundation: aangekocht / acquired in 1986

Rock Form
1982, LH 861, gips / plaster, gips met gekleurd oppervlak / plaster with surface colour, 14,7 × 6,7 × 9,2 cm, The Henry Moore Foundation: aangekocht / acquired in 1993

Two Small Forms
1982, LH 865, gietsel / cast 0, brons / bronze, 5,8 × 11,1 × 5,4 cm The Henry Moore Foundation: aangekocht / acquired in 1986

Standing Figure
1982, LH 866, gietsel / cast 0, brons / bronze, 22,4 × 8,2 × 7,9 cm, The Henry Moore Foundation: aangekocht / acquired in 1986

Twins
1983, LH 897, gietsel / cast 0, brons / bronze, 11 × 10,1 × 5 cm, The Henry Moore Foundation: aangekocht / acquired in 1986

Reclining Figure: Circle
1983, LH 903, gietsel / cast 0, brons / bronze, 42 × 88 × 33 cm, The Henry Moore Foundation: aangekocht / acquired in 1986

Seated Woman: Shell Skirt
ca.1969, gietsel / cast 1984, LH 911 gietsel /cast 0, brons / bronze, 19,5 × 11,3 × 12,4 cm, The Henry Moore Foundation: aangekocht / acquired in 1986

Cast Shell
LH X165, gips / plaster, 3,5 × 9,4 × 8,8 cm, The Henry Moore Foundation

Cast Shell
LH X166, gips / plaster, 4 × 8 × 5,3 cm, The Henry Moore Foundation

Olifantenschedel / Elephant skull (*Loxodonta africana*)
Bruikleen / lender Museon, Den Haag

Wervel van een walvisachtige / Whale vertebra, bruikleen / lender Museon, Den Haag

Collectie heksenstenen / Collection of hag stones, particuliere collectie / private collection

Collectie schelpen / Collection of shells, particuliere collectie / private collection

Noten

Traditie en vernieuwing: botsende tendenzen in het oeuvre van Henry Moore

1 Herbert Read (red.), *Unit One: The Modern Movement in English Architecture, Painting and Sculpture*, Cassell 1934, p. 29–30.
2 Henry Moore en John Hedgecoe, *Henry Moore: My Ideas Inspiration and Life*, Ebury Press 1986, p.87.
3 John Hedgecoe en Henry Moore, *Henry Moore*, Simon & Schuster 1968, p.450.
4 John Read, 'Broken Figure 1975', in David Mitchinson (red.), *Celebrating Moore*, The Henry Moore Foundation 1998, p. 313.

Over het onderzoeken en begrijpen van vorm: materiaal, werkwijze en kennisverwerving in het werk van Henry Moore

1 Moore heeft een omvangrijk oeuvre van tekeningen en prenten nagelaten en ontwierp daarnaast ook onder andere wandkleden, tapijten en boeken.
2 Zie bijvoorbeeld: 'On Carving' in: *New English Weekly*, 5 mei 1932, een interview van Arnold L. Haskell met Henry Moore.
3 Henry Moore, 'The Sculptor in Modern Society', International Conference of Artists, Venetië, 1952. Oorspronkelijk verschenen in: Alan Wilkinson, *Henry Moore Writings and Conversations*, Aldershot, 2002, p. 136.
4 Elizabeth Rankin, 'The Concept of Truth to Material', in: *De Arte*, Zuid-Afrika, 1979, deel 14, nr. 23, p. 3.
5 Ibid.
6 Voor Moores ideeën over Cycladische beeldhouwkunst, zie o.a. Wilkinson, p. 108.
7 Moores 'Sketchbook B' uit 1935 bevat een aantal tekeningen die hij in het British Museum maakte, waaronder die van sculpturen uit Papoea-Nieuw Guinea op pagina 36 en 37, met de aantekening: 'Vormen in vormen' (nr. HMF 1225 en HMF 1226 in de oeuvrecatalogus).
8 In: *The Listener* (24 april 1941) en op veel andere plekken roemde Moore de Mexicaanse beeldhouwkunst: '[..] "de nadruk op de steen", waarmee ik, de trouw aan het materiaal bedoel, de immense kracht ervan, zonder verlies aan gevoeligheid, de verbazingwekkende variatie en vruchtbaarheid van vormen, en de compromisloze driedimensionale benadering ervan maken het in mijn ogen tot een onovertroffen hoogtepunt in de geschiedenis van de beeldhouwkunst.'
9 Ibid. Het grootste deel van Moores artikel is opgenomen in Wilkinson, p. 102-106.
10 Roger Fry, *Vision and Design*, 1ste druk, Londen, 1920.
11 John Leslie Martin, Ben Nicholson en Naum Gabo, red. *Circle: International Survey of Constructive Art*, Londen, 1937.
12 John Desmond Bernal, 'Foreword', in: *Catalogue of Sculpture*, Barbara Hepworth, Londen (Alex Reid en Lefevre), oktober 1937, z. p.
13 Zie bijvoorbeeld de tentoonstellingscatalogus: *Conversations with Magic Stones,* Mark Edmonds, Hugo Anderson-Whymark, Ann Clarke, Antonia Thomas, Orkney, 2017. Of: *The World of Stonehenge,* Duncan Garrow en Neil Wilkin, Londen, 2022.
14 Rowan Bailey, 'In the Backyard at Burcroft: Henry Moore's Experiments in Lead.' In: *Lead in Modern and Contemporary Art*, Londen, 2021, p. 37-57.
15 Kenneth Clark, 'Henry Moore's Metal Sculpture.' In: *Magazine of Art*, Londen, mei 1951, deel 44, nr. 5, p. 171-174.
16 Clark, p. 172.
17 Henry Moore, geciteerd in: *Henry Moore, Head – Helmet*, Durham, 1982.
18 Martina Droth, Bronze, *The Power of Life and Death*, Leeds, 2006, met name pagina's 12-16. Ook de essays van Frits Scholten en Michael Cole in dezelfde catalogus gaan op deze kwestie in.
19 D'Arcy Wentworth Thompson, *On Growth and Form, Cambridge*, 1917, 2de druk, herdrukt in 1963, p. 934.
20 Zie bijvoorbeeld Moore, geciteerd in: *Five British Sculptors: Work and Talk*, van Warren Forma, Grossman, New York, 1964, p. 59, 63.
21 Zie: Rudolf Arnheim, 'The Holes of Henry Moore: On the Function of Space in Sculpture', *The Journal of Aesthetics and Art Criticism 7*, september 1948, nr. 1, p. 29-38 (geraadpleegd op 20 januari 2020, https://www.jstor.org/stable/426264).
22 Zie: Lyndsey Stonebridge 'Bombs, Birth, and Trauma: Henry Moore's and D. W. Winnicott's Prehistory Figments', in: *Cultural Critique*, herfst, 2000, nr. 46, p. 80-101 (geraadpleegd op 20 januari 2020, https://www.jstor.org/stable/1354409).
23 Zie voor een nadere uitwerking van deze theorie: Arnheim, 1948.
24 Henry Moore gebruikte deze uitdrukking voor het eerst in 1934 in: *Unit One: The Modern Movement in English Architecture, Painting and Sculpture*, Wilkinson, herdruk, 2002, p. 192.
25 Herbert Read, *Henry Moore: Sculptor*, London (Zwemmer Gallery), 1934, p. 14.

De aankoop van Henry Moore's *Warrior with Shield* door de stad Arnhem

1 A. Wilkinson (ed.), *Henry Moore. Writings and Conversations*, London 2002, p. 283: 'The idea for 'Warrior with Shield' came to me at the end of 1952 or very early in 1953. It was evolved from a pebble I found on the seashore in the summer of 1952, and which reminded me of the stump of a leg, amputated at the hip'.
2 Twintig jaar later zou Moore alsnog een groot uitgevoerde liggende figuur met schild maken, de *Goslar Warrior* uit 1973-1974.
3 Zie bijvoorbeeld van The Parthenon Sculptures: (South Metope IV) en (South Metope XXVIII).

125

4 Wilkinson, op.cit. (noot 1) p. 284.
5 Idem.
6 Anoniem, 'Engelse beeldhouwkunst zoekt nieuwe vormen', *De Volkskrant*, 29 juni 1957.
7 Tent.cat. *Henry Moore. Sculptuur en architectuur*, Kunsthal Rotterdam 2006-2007, p. 67.
8 Gelders Archief (GldA.): 2058 – 1.3 - 9, Tentoonstellingen in Sonsbeek (1949- 2009), Begroting en rekening van de tentoonstelling in 1955, exploitatierekening. Sonsbeek '55 werd afgesloten met een nadelig saldo van fl 55.981,83. De provisie afkomstig van verkochte beelden bedroeg fl 6.447,63).
9 Anoniem, 'Elf werken van "Sonsbeek" werden reeds verkocht', *Arnhemsche Courant,* 20 september 1955.
10 Anoniem, Middelheim, Antwerpen. 'Beelden in het park van Sonsbeek. Liefde tot brokstukken en heimwee naar een groot verleden. Een prachtige tentoonstelling', *De Tijd*, 18 juni 1955.
11 Anoniem, 'Gemeente wil het beeld van Moore voor de stad aankopen', *Het Vrije Volk*, 18 augustus 1955.
12 Anoniem, '"De Krijgsman met schild" door Arnhem aangekocht', *Arnhems Dagblad*, 19 augustus 1955.
13 Anoniem, 'Zwevende krijgsman', *De Telegraaf*, 24 september 1955. Deze beeldengroep van Jan Bronner (1881- 1972) was bestemd voor de stad Haarlem. In 1914 kreeg Bronner de opdracht, pas in 1962 zou het monument worden onthuld.
14 GldA.: 2198- inv.nr. 1606, Henry Moore aan Fri Heil, 6 augustus 1955: '*I think the idea is wonderful and makes me very happy*'.
15 : GldA.: 2198- inv.nr. 1606 , J.A. de Goeijen aan Burgemeester en Wethouders van Arnhem, 18 augustus 1955. De uiteindelijke oplage bedroeg 7 exemplaren.
16 GldA.: 2141- inv.nr. 285, B&W van Arnhem aan K.K. Schuurmans, 5 september 1953.
17 GldA.: 2198- inv.nr. 1606, A.J. de Lorm aan het College van Burgemeester en Wethouders, 29 september 1955. De Lorm was ook jurylid van Sonsbeek '55.
18 GldA.: 2198- inv.nr. 1606, Henry Moore aan Fri Heil, 15 augustus 1955 en Bestuur Stichting Sonsbeek '49 aan B&W der Gemeente Arnhem, 14 oktober 1955.
19 GldA.: 2198- inv.nr. 1606, Henry Moore aan Mw. Heide- Hemsing, 15 oktober 1955.
20 GldA.: 2198- inv.nr. 1606, Commissie voor Onderwijs en Kunstzaken aan B&W, 16 februari 1956. De commissie was vrijwel unaniem, slechts één lid achtte zich 'vanuit financiële redenen niet verantwoord aan de aankoop mee te werken'.
21 Henry Moore Archive, Henry Moore aan architect J.W.C. Boks, 26 maart 1956. Met dank aan Emma Stower en Tom Laver.
22 GldA.: 2198- inv.nr. 1606, Fri Heil aan B&W, 22 maart 1956 en 285, Henry Moore aan Mr. De Lorm, 15 juni 1956.
23 GldA.: 2141 - inv.nr. 285, Hugh Paget, British Council Representative in the Netherlands aan De Lorm, 20 juni 1956.
24 GldA.: 2141- inv.nr. 285, A.J. de Lorm aan Henry Moore, 4 september 1956.
25 GldA.: 2141- inv.nr. 285, Henry Moore aan De Lorm, 9 augustus 1956.
26 GldA.: 2198- inv,nr. 1606, Burgemeester van Arnhem aan Henry Moore, 28 april 1958.
27 GldA.: 2141- inv.nr. 285, A.M. Hammacher aan A.J. de Lorm, 26 januari 1959.
28 GldA.: 2141- inv.nr. 285, A.J. de Lorm aan A.M. Hammacher, 28 januari 1959.
29 GldA.: 2141- inv.nr. 285, Anoniem, 'Arnhems Gemeentebestuur is geheimzinnig met beelden', *Arnhems Dagblad*, 23 april 1960. Het beeld staat op dat moment opgesteld binnenin het museum, de reeds lange tijd gereed zijnde sokkel bevond zich nog in de opslag van Gemeentewerken.
30 Met dank aan Theo Brink van de Stichting Kunst in de Publieke Ruimte in Arnhem voor het inzichtelijk maken van alle opeenvolgende verblijfplaatsen van het beeld.
31 Anoniem, 'Beeld van sokkel gelopen', *Algemeen Dagblad*, 5 januari 1980.
32 De naamsverandering van de Rijnbrug vond plaats in 1978.
33 Met dank aan Joanna Minderop, Teamleider Collectiemanagement van Museum Arnhem.

Leven en nalatenschap van Henry Moore

1 Russell, John. *Henry Moore.* (Penguin Books: 1973), p. 13-14
2 Ibid., p.15
3 Tate. "Henry Moore's Sculptures." *Tate*, https://www.tate.org.uk/art/artists/henry-moore-om-ch-1659/henry-moores-sculptures.
4 Russell, John. *Henry Moore.* (Penguin Books: 1973),p.18
5 Russell, John, en Sir Norman Reid. *The Henry Moore Gift: a Catalogue of the Work by Henry Moore in the Tate Gallery Collection Published to Celebrate the Artist's Recent Gift of Sculptures: Tate Gallery 1978.* (Tate Gallery Publications:1978),p. 70
6 Moore, Henry, et al. *Expo Henry Moore, Zürich: Kunstausstellung Beim Zürichhorn über Das Lebenswerk Des Englischen Bildhauers Henry Moore = an Exhibition of Modern Art in Zurich, the Work of the British Sculptor Henry Moore: Zürcher Forum, 3. Juni-28. August 1976.* (Zürcher Forum: 1976),p.16
7 Ibid
8 Russell, John. *Henry Moore.* (Penguin Books: 1973), p. 22-23
9 Ibid
10 Oxenaar, R W.D, en J C Ebbinge Wubben. *70 Years of Henry Moore*, geredigeerd door David Mitchinson, Rijksmuseum Kröller-Müller, Museum Boymans-Van Beuningen, Otterlo, Rotterdam, 1968
11 Russell, John. *Henry Moore.* (Penguin Books: 1973), p. 23
12 Ibid., p. 24
13 Oxenaar, R W.D, en J C Ebbinge Wubben. *70 Years of Henry Moore*, geredigeerd door David Mitchinson, Rijksmuseum Kröller-Müller, Museum Boymans-Van Beuningen, Otterlo, Rotterdam, 1968
14 Russell, John. *Henry Moore.* (Penguin Books: 1973), p. 40

15 Russell, John, en Sir Norman Reid. *The Henry Moore Gift: a Catalogue of the Work by Henry Moore in the Tate Gallery Collection Published to Celebrate the Artist's Recent Gift of Sculptures: Tate Gallery 1978.* (Tate Gallery Publications:1978), p. 70

16 Mitchinson, David. *Henry Moore.* (Fondation Pierre Gianadda: 1989), p. 25, 309

17 Russell, John, en Sir Norman Reid. *The Henry Moore Gift: a Catalogue of the Work by Henry Moore in the Tate Gallery Collection Published to Celebrate the Artist's Recent Gift of Sculptures: Tate Gallery 1978.* (Tate Gallery Publications:1978), p. 70-71

18 Oxenaar, R W.D, en J C Ebbinge Wubben. *70 Years of Henry Moore*, geredigeerd door David Mitchinson, Rijksmuseum Kröller-Müller, Museum Boymans-Van Beuningen, Otterlo, Rotterdam, 1968

19 Ibid

20 Mitchinson, David. *Henry Moore.* (Fondation Pierre Gianadda: 1989), p. 26

21 Russell, John. *Henry Moore.* (Penguin Books: 1973), p. 112

22 Mitchinson, David. *Henry Moore.* (Fondation Pierre Gianadda: 1989), p. 26, 310

23 "Henry Moore's Story." *Henry Moore Foundation*, https://henry-moore.org/discover-and-research/discover-henry-moore/henry-moores-story/.

24 Hedgecoe, John, en Henry Moore. *Henry Spencer Moore. (Photographed and Edited by John Hedgecoe. Words by Henry Moore.) with Portraits.* (Simon and Schuster: 1968), p. 173, 221

25 Berthoud, Roger. *The Life of Henry Moore.* Giles De La Mare Publishers, 2003. P. 221,261

26 Mitchinson, David. *Henry Moore.* (Fondation Pierre Gianadda: 1989), p. 26, 45

27 "Timeline of Henry Moore's Life." *Henry Moore Foundation*, https://henry-moore.org/discover-and-research/discover-henry-moore/timeline/.

28 Spender, Stephen, en Frank Stanton. "The Sponsor Gentle Warmth." (The New York Times Co: 1986), p. 8-9

29 Mitchinson, David. *Henry Moore.* (Fondation Pierre Gianadda: 1989), p. 26

30 "History of the Institute." *Henry Moore Foundation*, https://henry-moore.org/what-we-do/about-the-henry-moore-institute/history-of-the-institute/.

31 Tate. "Henry Moore – Display at Tate Britain." *Tate*, https://www.tate.org.uk/visit/tate-britain/display/henry-moore

32 "The Henry Moore Sculpture Centre." *Art Gallery of Ontario*, https://ago.ca/exhibitions/henry-moore-sculpture-centre.

126

Notes

Tradition and Innovation: Creative Oppositions in the Sculpture of Henry Moore

1 Herbert Read (ed.), *Unit One: The Modern Movement in English Architecture, Painting and Sculpture*, Cassell 1934, pp.29–30.

2 Henry Moore and John Hedgecoe, *Henry Moore: My Ideas Inspiration and Life*, Ebury Press 1986, p.87.

3 John Hedgecoe and Henry Moore, *Henry Moore*, Simon & Schuster 1968, p.450.

4 John Read, 'Broken Figure 1975', in David Mitchinson (ed.), *Celebrating Moore*, The Henry Moore Foundation 1998, p.313.

***To Grasp and Understand Form*: Material, Process and the Acquisition of Knowledge in the Work of Henry Moore**

1 Moore was a prolific draftsman and printmaker and also designed textiles, tapestries, and book projects.

2 For example 'On Carving' in *New English Weekly*, 5 May 1932, a printed interview between Henry Moore and Arnold L. Haskell.

3 Henry Moore, 'The Sculptor in Modern Society', International Conference of Artists, Venice 1952 as published in Alan Wilkinson, *Henry Moore Writings and Conversations*, Aldershot, 2002, p. 136.

4 Elizabeth Rankin, 'The Concept of Truth to Material' in *De Arte*, South Africa, 1979, Vol. 14, no. 23, p. 3

5 *ibid*

6 Moore's comments on Cycladic sculpture are published in Wilkinson, p. 108.

7 Moore's *'Sketchbook B'* of *c.* 1935 contains a number of drawings made at the British Museum, including on pages 36 and 37 those of New Ireland carvings both annotated 'forms inside forms' (numbers HMF 1225 and HMF 1226 in the Henry Moore catalogue raisonné).

8 In *The Listener*, 24 April 1941, and repeatedly elsewhere, Moore praised Mexican carving: 'Its 'stoniness', by which I mean its truth to material, its tremendous power without loss of sensitiveness, its astonishing variety and fertility of form- invention and its approach to a full three-dimensional conception of form, make it unsurpassed in my opinion by any other period of stone sculpture.'

9 ibid. Much of Moore's article is also reproduced in Wilkinson pp. 102-106.

10 Roger Fry, *Vision and Design,* first published in 1920, London.

11 John Leslie Martin, Ben Nicholson and Naum Gabo, eds., *Circle: International Survey of Constructive Art*, London, 1937.

12 John Desmond Bernal, 'Foreword' to *Catalogue of Sculpture by Barbara Hepworth,* London (Alex Reid and Lefevre), October 1937, n.p.

13 See for example the exhibition catalogues *Conversations with Magic Stones* by Mark Edmonds, Hugo Anderson-Whymark, Ann Clarke, Antonia Thomas, Orkney 2017 or *The World of Stonehenge* by Duncan Garrow and Neil Wilkin, London 2022.

14 Rowan Bailey, 'In the Backyard at Burcroft: Henry Moore's Experiments in Lead' in *Lead in Modern and Contemporary Art, 2021,* London, pp. 37-57.

15 Kenneth Clark, 'Henry Moore's Metal Sculpture' in *Magazine of Art*, London, May 1951, Vol.44, no. 5, pp171-174.

16 Clark, p. 172.

17 Henry Moore, quoted in *Henry Moore, Head – Helmet*, Durham, 1982.

18 Martina Droth, *Bronze, The Power of Life and Death*, Leeds, 2006, especially pages 12-16. Further essays by Frits Scholten and Michael Cole in the same catalogue also expand on this point.

19 D'Arcy Wentworth Thompson, *On Growth and Form*, Cambridge, 1917, second edition reprinted 1963, p. 934.

20 See for example Moore quoted in Warren Forma, *Five British Sculptors: Work and Talk*, Grossman, New York, 1964, pp. 59, 63.

21 See Rudolf Arnheim, 'The Holes of Henry Moore: On the Function of Space in Sculpture', *The Journal of Aesthetics and Art Criticism* 7, September 1948, no. 1, pp. 29–38. (Accessed 20 January 2020, https://www.jstor.org/stable/426264.)

22 See Lyndsey Stonebridge 'Bombs, Birth, and Trauma: Henry Moore's and D. W. Winnicott's Prehistory Figments' in *Cultural Critique*, Autumn, 2000, no. 46, pp. 80–101. (Accessed 20 January 2020, https://www.jstor.org/stable/1354409.)

23 See Arnheim, 1948 for expansion on this theory.

24 Henry Moore first uses this phrase in *Unit One: The Modern Movement in English Architecture, Painting and Sculpture*, in 1934, reprinted in Wilkinson 2002, p. 192.

25 Herbert Read, *Henry Moore: Sculptor*, London (Zwemmer Gallery), 1934, p. 14.

The acquisition of Henry Moore's *Warrior with Shield* by the city of Arnhem

1 A. Wilkinson (ed.), *Henry Moore. Writings and Conversations*, London 2002, p. 283: 'The idea for 'Warrior with Shield' came to me at the end of 1952 or very early in 1953. It was evolved from a pebble I found on the seashore in the summer of 1952, and which reminded me of the stump of a leg, amputated at the hip'.

2 Twenty years later Moore was to make a large recumbent figure with a shield, the *Goslar Warrior* of 1973-1974.

3 See, for example, The Parthenon Sculptures: (South Metope IV) and (South Metope XXVIII).

4 Wilkinson, op. cit. (note 1) p. 284.

5 Idem.

6   Anonymous, 'Engelse beeldhouwkunst zoekt nieuwe vormen', *De Volkskrant*, 29 June 1957.

7   Exhib. cat. *H enry Moore. Sculptuur en architectuur*, Kunsthal Rotterdam 2006-2007, p. 67.

8   Gelders Archief (henceforth GldA.): 2058 – 1.3 - 9, Exhibitions in Sonsbeek (1949- 2009), Budget and accounts of the 1955 exhibition, operating account, Sonsbeek '55 closed with a deficit of Dfl. 55,981.83. The commission for the sale of sculptures came to Dfl. 6,447.63).

9   Anonymous, 'Elf werken van "Sonsbeek" werden reeds verkocht', *Arnhemsche Courant,* 20 September 1955.

10   Anonymous, Middelheim, Antwerp . 'Beelden in het park van Sonsbeek. Liefde tot brokstukken en heimwee naar een groot verleden. Een prachtige tentoonstelling', *De Tijd*, 18 June 1955.

11   Anonymous, 'Gemeente wil het beeld van Moore voor de stad aankopen', *Het Vrije Volk*, 18 August 1955.

12   Anonymous, '"De Krijgsman met schild" door Arnhem aangekocht', *Arnhems Dagblad*, 19 August 1955.

13   Anonymous, 'Zwevende krijgsman', *De Telegraaf*, 24 September 1955. This figure group by Jan Bronner (1881- 1972) was intended for the city of Haarlem. Bronner received the commission in 1914, but the monument was not unveiled until 1962.

14   GldA.: 2198- inv. no. 1606, Henry Moore to Fri Heil, 6 August 1955: 'I think the idea is wonderful and makes me very happy'.

15   : GldA.: 2198- inv. no. 1606 , J.A. de Goeijen to the Burgemaster and Aldermen of Arnhem, 18 August 1955

16   GldA.: 2141- inv. no. 285, Burgomaster and Aldermen of Arnhem to K.K. Schuurmans, 5 September 1953.

17   GldA.: 2198- inv. no. 1606, A.J. de Lorm to the College of Burgomaster and Aldermen of Arnhem, 29 September 1955. De Lorm was also a member of the Sonsbeek '55 jury.

18   GldA.: 2198- inv. no. 1606, Henry Moore to Fri Heil, 15 August 1955 and Board of the Sonsbeek '49 Foundation to the College of Burgomaster and Aldermen of Arnhem, 14 October 1955.

19   GldA.: 2198- inv. no. 1606, Henry Moore to Mrs Heide-Hemsing, 15 October 1955.

20   GldA.: 2198- inv. no. 1606, Committee of Education and the Arts to the College of Burgomaster and Aldermen of Arnhem, 16 February 1956. The committee's decision was almost unanimous, with just one member considering it 'unjustified for financial reasons to participate in the purchase'.

21   Henry Moore Archive, Henry Moore to architect J.W.C. Boks, 26 March 1956. With thanks to Emma Stower and Tom Laver.

22   GldA.: 2198- inv. no. 1606, Fri Heil to the College of Burgomaster and Aldermen of Arnhem, 22 March 1956, and 285, Henry Moore to A.J. de Lorm, 15 June 1956.

23   GldA.: 2141- inv. no. 285, Hugh Paget, British Council Representative in the Netherlands to A.J. de Lorm, 20 June 1956.

24   GldA.: 2141- inv. no. 285, A.J. de Lorm to Henry Moore, 4 September 1956.

25   GldA.: 2141- inv. no. 285, Henry Moore to De Lorm, 9 August 1956.

26   GldA.: 2198- inv. no. 1606, Burgomaster of Arnhem to Henry Moore, 28 April 1958.

27   GldA.: 2141- inv. no. 285, A.M. Hammacher to A.J. de Lorm, 26 January 1959.

28   GldA.: 2141- inv. no. 285, A.J. de Lorm to A.M. Hammacher, 28 January 1959.

29   GldA.: 2141- inv. no. 285, Anonymous, 'Arnhems Gemeentebestuur is geheimzinnig met beelden', *Arnhems Dagblad*, 23 April 1960. The sculpture was installed in the museum at the time. The plinth had long been waiting in the storeroom of the City Works Department.

30   With thanks to Theo Brink of the Stichting Kunst in de Publieke Ruimte in Arnhem for disentangling all the successive locations of the sculpture.

31   Anonymous, 'Beeld van sokkel gelopen', *Algemeen Dagblad*, 5 January 1980.

32   The name of the Rijnbrug was changed in 1978.

33   With thanks to Joanna Minderop, Team Leader, Collection Management of Museum Arnhem.

The Life and Legacy of Henry Moore

1   Russell, John. *Henry Moore*. (Penguin Books: 1973), p. 13-14

2   Ibid., p.15

3   Tate. "Henry Moore's Sculptures." *Tate*, https://www.tate.org.uk/art/artists/henry-moore-om-ch-1659/henry-moores-sculptures.

4   Russell, John. *Henry Moore*. (Penguin Books: 1973),p.18

5   Russell, John, en Sir Norman Reid. *The Henry Moore Gift: a Catalogue of the Work by Henry Moore in the Tate Gallery Collection Published to Celebrate the Artist's Recent Gift of Sculptures: Tate Gallery 1978*. (Tate Gallery Publications:1978),p. 70

6   Moore, Henry, et al. *Expo Henry Moore, Zürich: Kunstausstellung Beim Zürichhorn über Das Lebenswerk Des Englischen Bildhauers Henry Moore = an Exhibition of Modern Art in Zurich, the Work of the British Sculptor Henry Moore: Zürcher Forum, 3. Juni-28. August 1976*. (Zürcher Forum: 1976),p.16

7   Ibid

8   Russell, John. *Henry Moore*. (Penguin Books: 1973), p. 22-23

9   Ibid

10   Oxenaar, R W.D, en J C Ebbinge Wubben. *70 Years of Henry Moore*, geredigeerd door David Mitchinson, Rijksmuseum Kröller-Müller, Museum Boymans-Van Beuningen, Otterlo, Rotterdam, 1968

11   Russell, John. *Henry Moore*. (Penguin Books: 1973), p. 23

12   Ibid., p. 24

13   Oxenaar, R W.D, en J C Ebbinge Wubben. *70 Years of Henry Moore*, geredigeerd door David Mitchinson, Rijksmuseum Kröller-Müller, Museum Boymans-Van Beuningen, Otterlo, Rotterdam, 1968

14   Russell, John. *Henry Moore*. (Penguin Books: 1973), p. 40

15   Russell, John, en Sir Norman Reid. *The Henry Moore Gift: a Catalogue of the Work by Henry Moore in the Tate Gallery Collection Published to Celebrate the Artist's Recent Gift of Sculptures: Tate Gallery 1978*. (Tate Gallery Publications:1978), p. 70

16   Mitchinson, David. *Henry Moore*. (Fondation Pierre Gianadda: 1989), p. 25, 309

17   Russell, John, en Sir Norman Reid. *The Henry Moore Gift: a Catalogue of the Work by Henry Moore in the Tate Gallery Collection Published to Celebrate the Artist's Recent Gift of Sculptures: Tate Gallery 1978*. (Tate Gallery Publications:1978), p. 70-71

18   Oxenaar, R W.D, en J C Ebbinge Wubben. *70 Years of Henry Moore*, geredigeerd door David Mitchinson, Rijksmuseum Kröller-Müller, Museum Boymans-Van Beuningen, Otterlo, Rotterdam, 1968

19   Ibid

20   Mitchinson, David. *Henry Moore*. (Fondation Pierre Gianadda: 1989), p. 26

21   Russell, John. *Henry Moore*. (Penguin Books: 1973), p. 112

22   Mitchinson, David. *Henry Moore*. (Fondation Pierre Gianadda: 1989), p. 26, 310

23   "Henry Moore's Story." *Henry Moore Foundation*, https://henry-moore.org/discover-and-research/discover-henry-moore/henry-moores-story/.

24   Hedgecoe, John, en Henry Moore. *Henry Spencer Moore. (Photographed and Edited by John Hedgecoe. Words by Henry Moore.) with Portraits*. (Simon and Schuster: 1968), p. 173, 221

25   Berthoud, Roger. *The Life of Henry Moore*. Giles De La Mare Publishers, 2003. P. 221,261

26   Mitchinson, David. *Henry Moore*. (Fondation Pierre Gianadda: 1989), p. 26, 45

27   "Timeline of Henry Moore's Life." *Henry Moore Foundation*, https://henry-moore.org/discover-and-research/discover-henry-moore/timeline/.

28   Spender, Stephen, en Frank Stanton. "The Sponsor Gentle Warmth." (The New York Times Co: 1986), p. 8-9

29   Mitchinson, David. *Henry Moore*. (Fondation Pierre Gianadda: 1989), p. 26

30   "History of the Institute." *Henry Moore Foundation*, https://henry-moore.org/what-we-do/about-the-henry-moore-institute/history-of-the-institute/.

31   Tate. "Henry Moore – Display at Tate Britain." *Tate*, https://www.tate.org.uk/visit/tate-britain/display/henry-moore

32   "The Henry Moore Sculpture Centre." *Art Gallery of Ontario*, https://ago.ca/exhibitions/henry-moore-sculpture-centre.

Colofon / credits

Deze publicatie verschijnt ter gelegenheid van de tentoonstelling *Henry Moore – Vorm en Materiaal* in Museum Beelden aan Zee van 7 april tot en met 22 oktober 2023.

This book is published on the occasion of the exhibition *Henry Moore – Form and Material* in Museum Beelden aan Zee from 7th April to the 22nd of October 2023.

Uitgave / Publishers
Waanders Uitgevers, Zwolle
Museum Beelden aan Zee, Den Haag

Auteur / Author
Sebastiano Barassi, Joost Bergman, Hannah Higham,
Emanuela Varga

Vertaling / Translation
Percy Balemans, Michael Hoyle

Ontwerp / Design
Bart van den Tooren

Lithografie / Lithography
Benno Slijkhuis, Wilco Art Books

Druk / Printing
Wilco Art Books, Amersfoort

Fotoverantwoording / Photocredits
Afbeeldingen met dank aan The Henry Moore Archive / Images courtesy of The Henry Moore Archive.
Afbeeldingen van werken van Henry Moore gereproduceerd met toestemming van de Henry Moore Foundation / Images of Henry Moore's works reproduced by permission of The Henry Moore Foundation.
Fotografen / photographers: John Hedgecoe, Jonty Wilde, Errol Jackson Michael Phipps, Sarah Mercer, Nigel Moore, Michel Muller, Felix Man, Chris Ware, Brian Coxall, Reuben Saidman, Mike Bruce, Ferdinand Ulrich, Enrico Ferorelli.

ISBN 978 94 6262 465 8
NUR 644

WWW.WAANDERS.NL
WWW.BEELDENAANZEE.NL

Deze tentoonstelling wordt georganiseerd in samenwerking met de Henry Moore Foundation. / This exhibition is organized in collaboration with the Henry Moore Foundation.

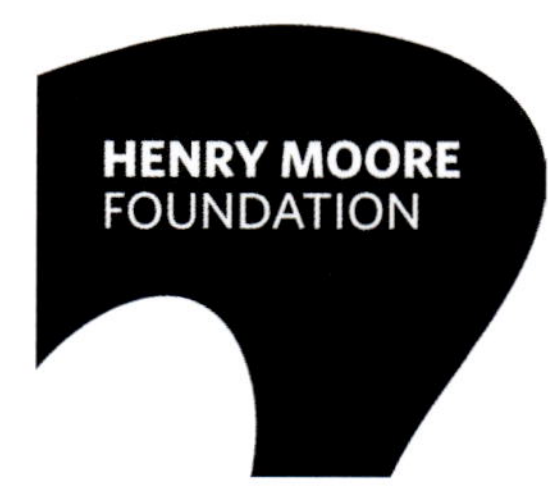

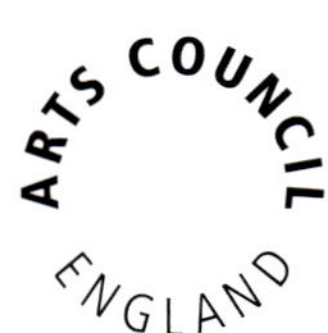

Partner:

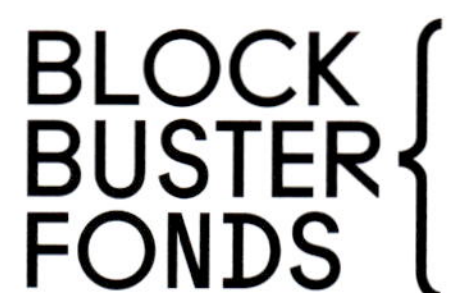

Sponsors:

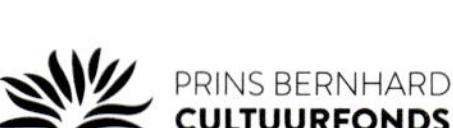

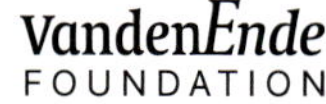

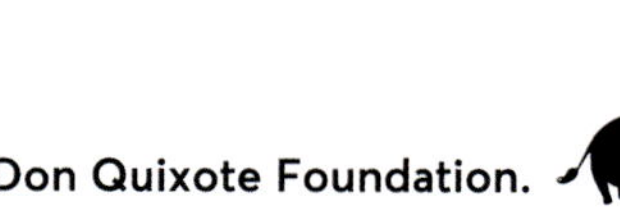

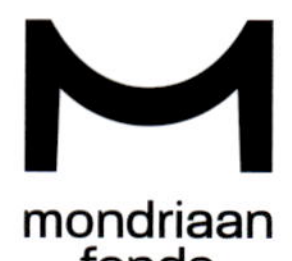

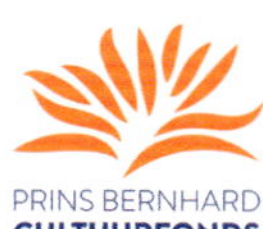

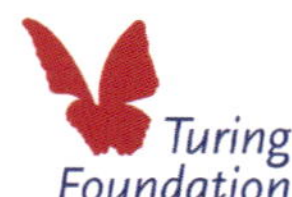

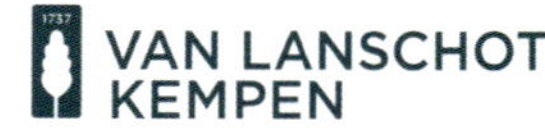

Met dank aan / With thanks to
Board of Trustees, Sculpture Club, Zakenvrienden, Gouden Vrienden, Vrienden en vrijwilligers van museum Beelden aan Zee.

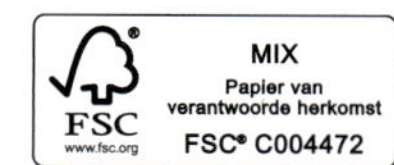